Understanding
the History of China
from a Global Perspective

全球史下看中国

从大河文明到地缘文明

翁启宇 —— 著

上海社会科学院出版社
SHANGHAI ACADEMY OF SOCIAL SCIENCES PRESS

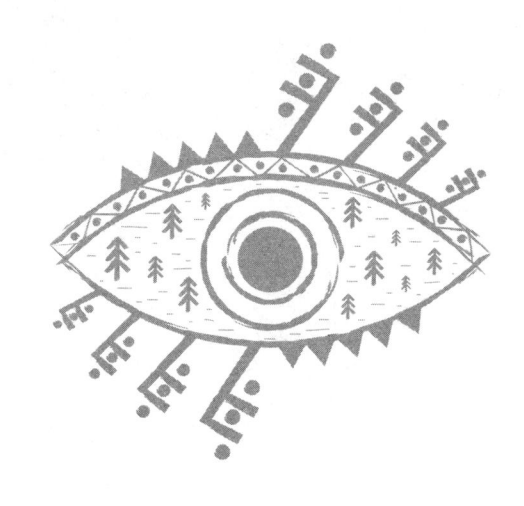

以往历史研究的一大缺陷，就是把民族国家作为历史研究的一般范围，这大大限制了历史学家的眼界。事实上，没有一个国家能够独立地说明自身的历史问题。应该把历史现象放到更大的范围内加以比较和考察。

——［英］汤因比，《历史研究》
（Arnold Joseph Toynbee，1889—1975）

总序

这是一部全球史,也就是说这是一部讲述全球各文明而不是某一国家或地区文明的历史;是一部以全球为舞台,展现世界各文明发展与交流的历史。同时这也是一部以中国历史为主线的全球史,中国历史及中国与世界的联系与对比,将是这部全球史的重点内容,全球史上的各个时期也将对照中国历史上的各时期进行划分。

一、创作这部全球史的目的

人类共处在同一个世界,故任何文明的发展都不是孤立的,而是在与其他文明的碰撞、交融中发展演变的。一个国家的重大历史事件,需放到同时期世界历史背景下才能更好地分析其成因和影响。同样,中国历史也是世界历史的一部分,不可能完全分割出来。以往国内的许多历史书都习惯将中国史和世界史分开,将世界历史的内容隔在"中国史"之外,而"世界史"则更多是指"中国以外的世界历史",进而造成对中国历史与世界历史解读上的脱节,读过世界史不知道外国同时期对应的是中国哪个朝代,世界各国之间的历史事件发生的先后顺序同样无法一目了然,更难以了解同时期中国与世界的互动与影响。事实上,中国历史的发展离不开世界,世界历史的发展也离不开中国,只有将中国史与世界史联系起来，才能更清楚地了解中国历史与世界历史的进程。

人类的历史证明，文明交流对国家发展至关重要，一个国家就算再大，其资源和人力也是有限的，只有通过和世界各国更多地交流，才能获得更多相互学习和帮助的机会；大体上，能有效吸取其他文明成果的地区更可能成为相对发达的地区，而在古代，相对与世隔绝的美洲、澳洲、撒哈拉以南非洲等地区在近代交通发达之前就是相对落后的地区。世界上最原始的部落也大多是那些长期与世隔绝的小部落。

随着人类通信设备和交通工具的不断进步，曾经"无尽"的世界变成现在的地球村，全球化的浪潮已经势不可当，任何拒绝与世界接轨的国家都将被世界孤立进而淘汰。在世界全球化、中国走向世界的今天，以全人类历史发展为研究对象的全球史已然兴起，以中国历史为主线来研究全球史也显得更有意义。

二、中华文明在世界历史中的位置

一部全球史自然是包括世界历史上各个时期、各个地区的国家与文明的历史。中华文明作为延续至今的古老文明，在世界历史舞台上长期扮演重要的角色，参与了人类文明史各个阶段的发展进程。在世界历史这个舞台上，先后登场的国家与文明多到难以计数，中华文明是第一批登场的。古埃及、古巴比伦、古希腊、古罗马等都曾经与其站在同一时期的历史舞台上，但它们最终都一一退场，唯独中华文明贯穿了这部全球史的始终。

三、这部全球史的结构

《全球通史》的作者斯塔夫里阿诺斯认为，全球史的"研究重点应该放在那些具有世界性影响的运动之上[①]"。霍华德·斯波德克的《全球通史：从公元前500万年至今天》则以体现各个历史时段的全球趋势为主题进行分篇，以把握人类发展的大势。本书则将侧重于通过全球各文明的发展进程展现人类文明由地域性向全球性发展的趋势。

各文明在发展过程中会呈现出传播性与扩张性，随着各文明的传播、扩张与交通、通信工具的进步，原本相对孤立的地域文明开始不断相互交流、碰撞甚至融合。本书将从最初的地域性文明入手，具体叙述各文明的发展、扩张、交流与融合，通过军事、外交、贸易、技术传播、文化交流等具体历史事件，将原本零散的世界各国文明联结起来，展现出各文明从孤立走向联系、从分散走向整体、从地域走向全球的进程。

---

① 斯塔夫里阿诺斯：《全球通史》，吴象婴、梁赤民译，上海社会科学院出版社1999年版，第56页。

引言

人类文明的发展从来不是一帆风顺的。约公元前 2200—前 1750 年间的全球性灾难，使最古老的苏美尔文明退出了历史的舞台，四大河流域古文明中的印度河文明也惨遭断流，而华夏文明则在这次灾难性冲击中实现突破，从此迈入青铜时代，世界文明史的格局就此改写。华夏文明将迎来前所未有的迅猛发展。世界文明的几大中心区域将会出现改变，而人类文明的主要类型也将不再仅仅是大河文明，原本的一些地域性文明将跨出地域，实现从地域王国向洲际帝国的转变。那么到底哪些文明才是这一时期世界历史舞台上最出众的角色？中国最早在何时成为世界第一大国？当时在各大文明之间又有哪些交流与冲突？

目 录

总序

引言

第一章

复兴与新生的古代文明
（约公元前 2000—前 1600 年）

第一节　夏商之争 ··· 002
一、夏启建制　002
二、太康失国与少康中兴　004
三、华夏第一都——二里头　006
四、夏都还是商都？　011

第二节　爱琴文明的兴起 ··· 015
一、爱琴海上的王宫文明　016
二、米诺斯文明　017

第三节　阿蒙神的国度 ··· 025
一、古埃及中王国　026
二、中王国时期的科学文化成就　030

第四节　古巴比伦王朝 ··· 034
一、伊辛第一王朝　034

二、拉尔萨与巴比伦的兴起	035
三、古亚述的"天下四方之王"	038
四、汉谟拉比一统天下	043
五、《汉谟拉比法典》	047
六、古巴比伦王国的文明成果	050
第五节 游牧民的入侵	055
一、赫梯古王国与加喜特巴比伦王朝	055
二、雅利安人大迁徙	061
三、古埃及的牧羊王朝	067
四、古埃及第十七王朝与第二中间期的学术成果	072
第六节 世界文明的新格局	075
历史大事件对照表	077

第二章

四大地域文明的发展

（约公元前1750—前1500年）

第一节 古埃及新王国	080
一、古埃及复国战争	080
二、古埃及帝国时代的开始	083
三、"古埃及的武则天"	087
四、"古埃及的拿破仑"	091
五、埃及、米坦尼、赫梯的三角外交	097
六、新王国时代的太平盛世	100
七、新王国时期的科技与文化发展	105
八、阿顿之辉	108
第二节 赫梯崛起	113
一、改造战车与使用铁器的赫梯帝国	113
二、赫梯称霸与亚述复兴	117
三、埃赫战争	120

四、赫梯帝国的全盛时期 125
第三节 古希腊青铜时代的文明 129
 一、希腊人的传说 129
 二、迈锡尼文明 133
第四节 早商时代的华夏文明 141
 一、古蜀国三星堆文化 141
 二、早商王朝 146
历史大事件对照表 152

第三章

鼎盛与衰败

（约公元前1300—前1180年）

第一节 殷商盛世 154
 一、盘庚迁殷 154
 二、武丁盛世 155
第二节 埃赫争霸 162
 一、帝国再生者 162
 二、卡迭石之战 164
 三、《银板和约》 169
 四、亚述称霸 172
 五、传奇法老 175
第三节 出埃及记 181
 一、上帝的选民 181
 二、走出埃及 184
 三、摩西十诫 189
第四节 海上民族大迁徙 193
 一、海上民族的入侵 194
 二、最后的大法老 196
 三、特洛伊战争和海上民族的起源 203

| 第五节　地中海文明的摧毁与重建 | 212 |
| 历史大事件对照表 | 214 |

第四章

更迭、新生与没落

（约公元前1180—前950年）

第一节　西周王朝	216
一、小邦周取代大邑商	216
二、周公摄政	221
三、封建与礼乐	224
四、西周盛世	228
五、锟铻之剑	231
第二节　黑铁时代的到来与腓尼基文明的兴起	232
一、古希腊黑铁时代	233
二、腓尼基文明	236
第三节　以色列王国	239
一、大卫王	239
二、所罗门王	244
第四节　尼罗河与两河文明	250
一、古埃及文明的衰败	250
二、巴比伦第四王朝	254
三、中亚述盛世	256
四、阿拉米人的大马士革王国	260
第五节　结语	263
历史大事件对照表	266

| 主要参考文献 | 267 |

第一章
复兴与新生的古代文明
（约公元前 2000—前 1600 年）

从约公元前 2000 年开始，上古四大河流域文明都逐步进入了新的历史阶段，尼罗河流域的古埃及文明迈入中王国时期，两河流域文明过渡到古巴比伦时期，印度河文明则走向灭亡，兴起于黄河流域的中华文明也将进入中国历史上第一个王朝。国内的历史学界通常将夏朝视为中国第一个王朝，但在国际学界却有不同观点，如《全球通史》的作者斯塔夫里阿诺斯就认为"中国的第一个王朝为商朝"，那么中国最早的王朝到底是夏是商？目前的考古遗址能否证明夏王朝的存在？本章的内容将从中国古代最早的两个世袭王朝——夏与商开始。

第一节　夏商之争

中国学术界现在已经基本上接受了夏王朝就是相当于二里头这个阶段的说法。这一点我们在西方也都知道，是不是这样子，从纯粹考古学的立场来说好像是不重要的。西方对这个问题往往兴趣比较弱，而且西方学者在研究中国古代文明的时候最有兴趣的是更加抽象的问题，如社会复杂化过程，等等。

——美国艺术与科学院院士罗泰，《罗泰（Lothar Von Falkenhausen）教授访谈》，《考古与文物》2012 年第 1 期

一、夏启建制

在中国传说的舜帝时期，有四位著名的大臣，分别是掌水土事的司空大禹，掌民事的司徒契，掌农事的司农后稷，掌山泽的朕虞伯益，在史书中，这四位大臣后来依次成为夏、商、周、秦四朝的始祖。其中排名首位的大禹因治水有功，成为舜帝的继承人，建立夏朝。排名末位的伯益则因协助大禹治水有功，所以大禹在临终前任命他代行天子之事。

伯益为禹服丧三年后，将帝位让给禹的儿子姒启，然后回到自己的

领地。不过伯益不是真心想让出权力，而是遵守先前禅让制的惯例，当初舜帝去世时，大禹即位，也是服丧三年后，辞去帝位，让给舜帝的儿子商均，自己回到阳城，结果各诸侯都离开商均去朝拜禹，然后禹才在天下诸侯的簇拥下继位成为天子，舜继承尧帝位时也是如此。所以伯益效仿舜禹的惯例，先让位给启，然后再等天下各诸侯前来拥戴自己正式继位为天子。

结果由于大禹将大权转给伯益的时间不长，而大禹的儿子姒启一直就被任要职，天下人心都归向于他。因此，天下诸侯都离开伯益而去朝拜启。不甘心失去权力的伯益想要拘禁启，启联合诸侯杀死伯益，正式登上天子之位，是为夏后帝启①。根据《战国策·燕策一》"禹授益，而以启为吏，及老，而以启为不足任天下，传之益也。启与支党攻益而夺之天下，是禹名传天下于益，其实令启自取之"的史载可知，大禹其实事先就有此意。至此，"公天下"变成了"家天下"，天子之位由禅让制转为世袭制。

伯益像

夏启像
出自明《三才图会》。

---

① 唐朝张守节认为"夏"是大禹受封在阳翟为"夏伯"后而得名，启不再使用"伯"这个称号而改用"后"，即"夏后帝启"。从此"后"字成为夏朝君主的称谓，如"后桀"等。

对此心怀不满的有扈氏起兵叛乱，启以"恭行天之罚"的名义发兵讨伐，将有扈氏之族全都变为奴隶，于是天下莫有不服，夏朝世袭制就此确定下来。在此之前的五帝时代，先后共有五个国号，黄帝为有熊，帝颛顼为高阳，帝喾为高辛，帝尧为陶唐，帝舜为有虞，这些部落联盟的都邑也随天子所在部落的地点而变化。由于大禹是夏后氏部落首领，所以他定国号为夏，启则通过政变夺权让夏成为一个长久的国号，夏朝也成为中国第一个世袭王朝。夏族原指大禹的部族夏后氏，今又指夏王朝统治下的全体臣民。到周代时，臣服于周天子的各个诸侯国都称为"诸夏"或"华夏"，《说文解字》中也称："夏，中国之人也。"可见夏王朝对后世中国的巨大影响。

二、太康失国与少康中兴

夏启确立的世袭制有利于防止王权与都邑频繁变化，巩固了国家政权的稳定，但权力世袭的最大缺点就是可能会让一个昏庸无能之人成为影响国家命运的重要人物。夏启在任初期还能选贤任能，勤政节俭，到了晚年，就开始腐化堕落，穷奢极欲。

夏启死后，他的儿子太康整天不理朝政，沉湎于酒食声色之中，尤爱外出打猎。这一时期位于夏王朝东部的东夷族各部日渐强大，东夷族以擅长射箭而出名，《说文解字》称："夷，平也。从大，从弓。东方之人也。"从文字构成上看，一人身上带把弓是夷，东夷人含有东方弓箭手之意，① 东夷族的有穷氏部落首领羿是神射手中的神射手。他趁太康外出狩猎数月不归之时，带领部下拦住他的归路，太康被迫流亡在外。然后羿拥立太康的弟弟仲康为后当傀儡，自己掌握实权，"家天下"的夏朝才传了两位君王，权力就落到了外姓人手中。等到仲康死后，羿直

---

① 有学者认为甲骨文中的夷实际是尸或者人字，因此他们认为夷字为弓箭手可能是后人穿凿附会之说。

接把仲康的儿子相赶走,夺了夏朝的王位,成为夏王朝第六任君王,称后羿。后羿代夏使夏朝的统治中断了四十余年,史书上称作"太康失国"。

后羿得位以后,骄傲自大,也变得像太康一样,终日沉溺于酒色游猎,将政事完全交与义子寒浞处理。寒浞掌握实权后,排挤后羿亲信,笼络人心,朝中的大臣都成了他的党羽。趁后羿一次打猎回来不备,寒浞联合忠于自己的下属,将后羿"杀而烹之",自立为王,改国号为寒国。为了防止夏朝复辟,他派人追杀夏朝前任君主相,相自知无法逃生,便前往自家门前领死,暗地里却让他已怀孕的妻子后缗从狗洞逃生,后缗东逃至位于山东母家有仍氏之地,生下遗腹子少康。

弹乌解羽图

[清]萧云从绘,画的是后羿射日的故事,射日的后羿相传是尧时期的人物。

寒浞在位时,统治不得人心,少康长大后,联合忠于夏后氏的大臣、部落,成功夺回王位。夏朝从太康到少康这约一百年的时间里,由于天下动乱,致使生产荒废、民不聊生。少康复国后吸取祖辈奢腐失国的教训,勤于政事,发展农业,在他的治理下,夏朝进入了政治稳定、国势向上的发展时期,史称"少康中兴"。

夏朝内部平定了,但是外患依然存在,少康从东夷族寒浞那里夺回王位后,引发华夏与东夷的战争,直到少康过世后战争还没结束。少康之子杼（也作"予"）继位后，为了战胜擅长弓箭的东夷族，发明了可以防箭的皮甲和用于进攻的长矛，通过一系列战争，终于打败东夷。自杼以后的槐、芒、泄、不降、扃、胤甲等七代夏朝君主都能继承少康和杼的政策，使天下安定，四海朝歌，夏朝进入最昌盛的时期。

三、华夏第一都——二里头

夏朝中兴后，到夏代的第十四个国君孔甲执政时期，因其"好方鬼神，事淫乱"，使得夏朝国势再次衰败，诸侯不朝，史称"孔甲乱夏"，传至他曾孙夏桀时，各部落首领大多已经脱离夏朝的统治。夏桀立志要重振国势，他一即位就出兵征讨那些久不入朝的诸侯。夏桀力大勇猛，能手格猛兽，众诸侯都因畏惧他而臣服。有施氏部落被夏桀击败后，被迫献出美女妹喜求和。夏桀一见到妹喜就万分宠爱，当即立她为新后，从此开始了和妹喜的淫乐人生。

妹喜是史载的第一位"倾国倾城"的王后，因为妹喜爱听撕裂绢帛的声音，夏桀便搜刮全国的绢帛，命宫女在她身旁日夜不停地撕。妹喜嫌弃旧宫殿不够华丽，夏桀就征召民众修建起豪华的新宫殿，日夜与妹喜及宫女在宫中饮酒作乐，不出听政。

《古本竹书纪年》中记载夏桀定都于伊洛平原上的斟鄩，1959年夏，考古学家徐旭生先生在伊洛平原寻找"夏墟"时，在洛阳偃师市翟镇乡二里头村发现了一处大型遗址，将其定名为"二里头文化"。

把人当坐骑的夏桀

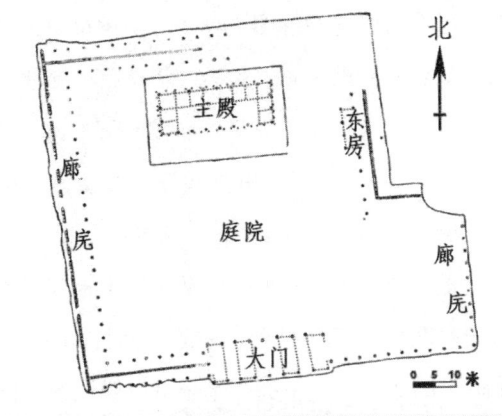

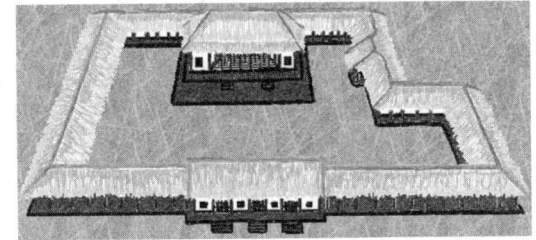

二里头文化起于约公元前 1735 年，最初不过是一个陶器和石器文化的村落遗址，到了约公元前 1600 年，二里头迅速发展成为具有宫殿、青铜文化的王都遗址，应是当时中国最大的城市。而这一时期正好处于夏末商初之际，因此许多学者认为二里头遗址可能就是夏都斟鄩遗址，而传说中夏桀兴修的宫殿原型可能便是二里头遗址中的宫城。

二里头1号宫殿平面图与复原图

二里头宫城平面略呈长方形，是中国最早的中轴线布局的宫室建筑群，总共占地面积约 10.8 万平方米，虽然远不及北京故宫的 72 万平方米，但已经超过了占地 6 万多平方米的沈阳故宫。

在宫城内已确认有两组大型建筑基址群，它们分别以 1 号、2 号大型宫殿基址为核心呈纵向分布。1 号宫殿是宫城内面积最大的宫殿，总面积达 1 万平方米。整个宫殿以殿堂为中心，四周用廊庑和围墙围成庭院，殿堂对面的正南方设有大门，宫殿下有陶制的水管，屋顶则以木为架，上面用茅草覆盖。① 这种由殿堂、庭院、廊庑和大门组成的宫殿建筑格局被以后的历代宫殿所沿用，开创了中国古代宫殿建筑的先河，所

---

① 二里头宫殿遗址内也发现了筒瓦，但由于生产力与建筑水平等因素限制，仅用于少数局部建筑。这种茅草屋宫殿是君主的房屋，普通人在当时还是以半地穴式房屋为主。

以二里头宫殿常被许多人称为"中国最早的王宫",而拥有"最早王宫"的二里头遗址也因此被称为"华夏第一王都"。

二里头考古工作队队长许宏表示二里头更应该被称为"都邑",而不是"都城",因为二里头并没有城墙,只在内部宫城设有宽约 2 米的夯土墙。有考古学家提出:"从中国最早的广域王权国家——二里头国家(夏王朝后期或商王朝前期)诞生,到汉代的两千余年间,居然绝大部分时间里都城是没有大城的。"而二里头都邑就是"大都无城"的一个最早的典范。二里头是迄今可以确认的中国最早的具有明确规划的都邑,后世中国古代都城的营建规划与其一脉相承。①

二里头都邑以宫城为中心,宏伟的宫殿区和周边矮小的半地穴居民区被截然隔开,通过建筑的规划和布局体现社会等级权威。在宫殿区的外围,四条东西南北方向垂直相交的井字形大道是中国最早的城市干道网,其中南北大道的长度近 700 米,两条东西大道的长度有 300 多米,在大道上留下的车辙痕迹是中原地区最早使用车轮的证据。许多学者认为,轮式马车的出现是地势平坦、一马平川的中原地区能够迅速崛起成为中华文明中心的重要原因之一。

二里头的城市道路之间是大型围垣官营作坊区,内有制骨、制陶、制玉和中国最早的青铜冶铸作坊遗址。二里头文化是中原地区最早步入青铜时代的考古学文化,也是东亚地区青铜时代最早的大型都邑遗址。在二里头文化一期已发现焙铸遗迹,到二期时出现铜铃和铜牌等少量小件青铜器,三期开始出现青铜工具和武器以及以青铜容器为代表的礼器。

二里头出土的青铜工具包括锛、凿、斧、鱼钩、镰、锥、针等,数量稀少。青铜武器数量则相对较多,有戈、刀、戚、镞、矛、斧、匕首

---

① 许宏:《大都无城:中国古都的动态解读》,生活·读书·新知三联书店 2016 年版。

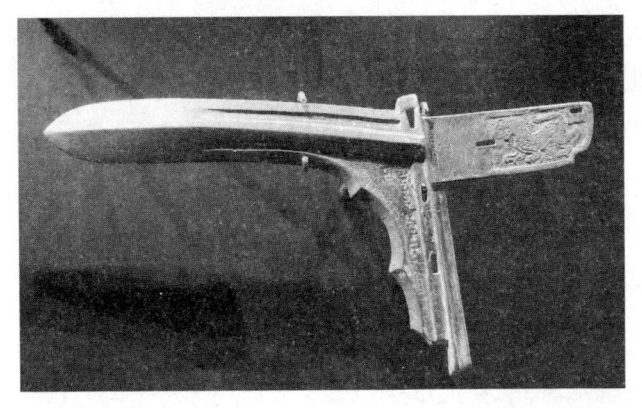

可勾可啄的青铜戈

等，中国迄今为止出土最早的青铜戈就是在二里头遗址中发现的，戈为装有横刃的长柄武器，可勾可啄，由石器时代的石镰、骨镰发展而来，是中国特有的青铜兵器。

从技术来讲，二里头青铜器的锻造水平不如同时期中国西北的四坝等青铜文化，但是二里头的铸造技术和器型种类却远超过西北地区。所谓锻造是指通过锻打、锻压等外部加工手法制作金属器械，使经过锻造的器械更坚韧实用，适用于加工武器和工具。而铸造是指将熔炼金属浇入事先造好的铸型中以获得特定形状的器械，适合于制作多种多样造型精美的工艺品和礼器。中原地区在进入青铜时代后优先将青铜主要用于祭祀和礼仪，以铸造精美的礼器为主，这也是以后中国青铜文明的一大特色。在二里头遗址出土的成组的青铜礼器是中国最早的青铜礼乐器群。二里头文化三期出现

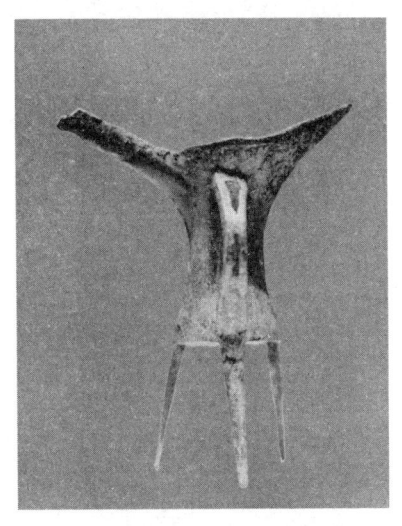

二里头青铜爵

的模仿陶爵制成的青铜容器爵，是目前所知中国最早的青铜容器。到二里头文化四期，青铜容器又增加了鼎、斝、盉等器型，还出土了铜铃、圆片、管、指环、鼻环和耳环等铜装饰品和乐器。

迄今为止已知中国铸造时期最早的青铜鼎就是二里头遗址的方格纹铜鼎，铜鼎的前身是原始社会的陶鼎，本来是日用的饮食容器，从夏朝开始，铜鼎成为祭祀天帝和祖先的重器和身份地位的象征，据《左传·宣公三年》载："昔夏之方有德也，远方图物，贡金九牧，铸鼎象物，百物而为之备，使民知神、奸。"夏铸九鼎象征华夏九州，从此九鼎成为天子权利的象征，被奉为国之重器、传国之宝，青铜鼎也成为夏商周时期最为重要的礼器。

在青铜器出现之前，中国文明最重要的礼器是玉器，青铜礼器兴起后，玉礼器并未因此走向衰微，二里头的玉器制作也同样达到了中国玉文化的新高峰，这里发现了目前所知的中国最早的绿松石器作坊。绿松石又称土耳其玉，为西亚和欧洲流行的玉石制品，在二里头遗址发现的绿松石龙形器被命名为"中国龙"，出土的嵌绿松石铜牌饰则是现知中国最早的铜镶玉制品。

据学者推算，二里头都邑兴盛期的人口至少多达2万人，是这一时期中国最大的城市，与此形成鲜明对比的是，同时期的普通聚落人口一般不超过1000人。人口如此高度集中于中心聚落（都邑）及近畿地区，在东亚地区尚属首现。许宏认为，二里头都邑就是当时的"中央之邦"，最早的"中国"就起

二里头文化嵌绿松石铜牌饰

始于二里头文化,他提出:"我们可以把整个上古史分为两个阶段:以二里头为界,往上是前中国时代;往下是以中原为中心的时代。二里头开启了东亚大陆的青铜时代,以二里头为分界的标志,二里头之前是无中心的满天星斗;二里头开始则是月明星稀,即有中心的多元王国时代。"

四、夏都还是商都?

虽然学术界目前更倾向二里头是夏都的结论,但由于二里头年代正处夏商之交,在缺乏"当时的文字材料"的情况下,对于二里头究竟是"夏都"还是"商都",历来争论不断。

《诗经·商颂·玄鸟》云:"天命玄鸟,降而生商。"商部族是与夏朝同时期、以玄鸟为图腾的强大

燕子

《楚辞·离骚》王逸注:"玄鸟,燕也。"多认为商族人的图腾玄鸟可能就是燕子。

部族,主要活动范围最初在夏王朝以东的黄河下游地区,其始祖契与夏朝的始祖禹同为舜帝时期的大臣,禹为掌水土事的司空,契为掌民事的司徒。契的别称为"阏伯",他是中国上古时期的天文学家,曾在封地商筑造阏伯台观察星辰,发明以火纪时的历法。阏伯死后葬于封地阏伯台之下,由于阏伯的封号为"商",他的墓冢也被称为"商丘",今河南商丘市即由此而来。

虽然根据《史记》记载,商部族归属夏朝统管,但是商人的甲骨文中却从未提及商族曾经臣服于任何势力。夏朝国君称"后",商朝首领则称"王",契的六世孙王亥是中国历史上首位被称作"王"的君主,王亥前面的王就是国王之意。在商朝祭祀中,他又常被称作"高

商部族始祖契
明代朱天然《历代古人像赞》。

祖亥"和"高祖王亥",在甲骨文中只有三个人被称为高祖,分别为始祖夒、王亥和史载的商朝开国君主商汤。而这三人中,又以王亥为"祭祀最隆重者",商人甚至用祭祀天地的礼仪来祭祀他,在有关他名号的卜辞上还刻画着商族的玄鸟图腾,由此可见王亥在商族中的尊贵地位。传说王亥服牛驯马,拉车贩货,开创了商业贸易的先河,他因此成为经商之人的祖师爷,数千年来受到商人的供奉,商部落也从王亥时期开始,成为一支以商业贸易而闻名的部族。

在一次长途贸易中,满载货物的王亥经过河北有易氏(今河北易水一带)的土地。有易氏的首领绵臣为了夺取财物,突袭杀害了王亥。王亥之子上甲微继位后为替父王亥报仇,联合河伯氏,灭了有易氏。今甲骨文所见关于上甲的卜辞多达1100余条,位居诸商王之首,从殷墟甲骨整理出来的《商王世系表》是目前国内年代最早的王表,其中上甲(上甲微)是排名第一的商王,上甲在殷人的周祭顺序中排列首位,祈雨卜文均以"自上甲……"开始,上甲后的商王甲骨开始有明确的世系排列,与后世的记载也大体相符,而《史记》等后世文献有关上甲微之前的帝王名称与顺序则多与商朝甲骨中的记载不符,许多学者认为可能是因为商族在上甲之后才开始用文字记载商王的世系,而之前的商王世系源于传说。

考古发现的河北省邯郸漳河流域的下七垣文化遗址被认为可能是这个时期商部落的活动遗址,故又被称为先商文化遗址,先商文化是指商汤灭夏以前商族创造的考古学文化。商部族自建立后经常迁徙，从始祖契至汤十四世，共迁徙八次，到商汤时期，开始定都亳邑（一说今河南商丘虞城县谷熟镇），渗透到夏王朝的统治地区。

这一时期，夏朝君主桀为建造新宫大兴土木，劳民伤财，大臣关龙逢直言劝谏，却被夏桀下令处死，从此言路堵塞，再无人敢进谏。与实行暴政的夏桀相反，商汤以仁义治理国家，相传在一次狩猎中，商汤见下属张网四面祷告说："上下四方的禽兽尽入网中。"汤命令去其三面，只留一面，并祷告说："禽兽愿逃者逃之，不愿逃者入我网中。"这也是"网开一面"和"网开三面"成语的由来。商汤网开三面的消息传到诸侯耳中，诸侯都称赞汤的仁德可以施予禽兽，必能施予诸侯，纷纷背夏归商。

夏桀得知商汤在扩大势力，于是假召他入朝议事，将他囚禁于夏王朝监狱——钧台。直到商汤的大臣将国内的珍宝和美女都送给夏桀，贪财好色的夏桀才释放商汤，让其重返商国。夏桀囚禁商汤之事在夏朝各方国中引起了巨大恐慌，待得知商汤归国，各方国都纷纷投奔商，商汤的势力也越来越大，而夏桀的统治则陷于分崩离析的境地。

等到各方诸侯大多背叛夏朝，商汤遂发动全国的兵力，召集各诸侯在亳誓师，亲自统领共70辆战车、6000名士兵的联军西进伐夏，在山

商汤像
[南宋]马麟《道统五祖像》。

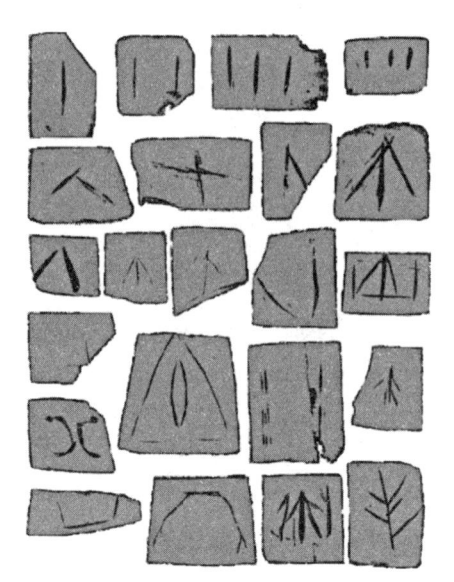

二里头遗址出土的陶纹符号

对于夏朝有无文字记录，目前尚存争议。有学者认为，图中的二里头遗址出土的陶纹符号是甲骨文的前身，也有学者认为这只是简单的刻画符号。

西夏县鸣条之野大败夏军，随后趁胜攻入夏王朝都城斟鄩，夏桀兵败被俘。商汤在斟鄩举行了祭天仪式，在众诸侯的拥护下，正式登上天子之位，宣告了商王朝的建立。他将夏桀流放到南巢（今安徽巢湖），自己则在夏都斟鄩附近另建新都，称西亳。汤以商代夏，开创了中国王朝更替的历史，史称"商汤革命"。

《尚书》明确记载："惟殷先人，有典有册，殷革夏命。"也就是说只有殷商的先人才有记载历史的典册，记载了商汤灭夏的事。然而目前在包括甲骨文在内的所有已知商朝文献中都没有出现商汤灭夏的记载，虽然甲骨文主要用于占卜，但所占卜的事情中最多的一类就是战争，在甲骨文中祭祀商汤的卜辞多达数百条，却没有提及商汤灭夏这一最重要的事件，甲骨文中的商汤也不是商朝的创立者，而是一位中兴之君。

商朝文献不仅没记载灭夏，甚至连夏朝也没有出现过，在目前出土的甲骨文中，还找不到公认为"夏"字形体的文字，在商朝时人们只把一年分成两季，即春和秋，而没有夏冬。而夏朝末代帝王桀的故事和商朝末代帝王纣王的故事基本如出一辙，都是末代国君，刚继位时复兴国势，然后便沉迷酒色，宠幸绝色的妖姬（夏桀的妺喜、商纣的妲己），兴建宫殿，杀死进谏的忠臣（夏朝的关龙逄、商朝的比干），夏桀将商汤囚禁于钧台也和商朝末代帝王商纣囚禁周文王于羑里的故事类似。最终两位暴君都导致诸侯反叛，军队倒戈，起义的新王在众诸侯拥护下改朝换代。如此相似的情节导致很多学者认为，夏桀与妺喜的故事就是以商纣和妲己为原型编造出来的。

至于被认为是夏都的二里头遗址也被认为可能是商都遗址。据《史记正义》《汉书》等史料记载，商汤灭夏后建立的都城西亳位于今洛阳偃师，正好和洛阳偃师二里头遗址地理位置相同，而二里头文化的年代下限是约公元前1500年，这个时期无疑已经进入了商代，二里头遗址在发现之初就一度被认为是"商汤都城"。

二里头附近偃师商城的发现在一定程度上解决了二里头归属的问题。偃师商城地处洛河北岸，与二里头遗址东西相对，两者相距约6千米，其建成时间约为公元前1600年。正好在这一时期，二里头文化开始由盛转衰，进入第四阶段的衰退期，二里头的宫殿也正是在这一时期被焚毁。二里头遗址宫殿和建筑基址的朝向为南偏东，而偃师商城遗址则与郑州二里岗商城等商代城市遗址的朝向一样，同为南偏西；二里头没有城墙，偃师商城与郑州二里岗商城外围则都有厚实的夯土城墙环绕。偃师商城的出现与二里头遗址1号宫殿的废弃，似乎正好和商汤灭夏后在斟鄩附近另建新都的记载吻合。因此学术界有一个著名的假说：二里头是夏朝末代的都邑斟鄩，而偃师商城则是商汤灭夏后所营建的新都城西亳。然而由于还没有出土能够证明城市主人身份的遗存，所以这个假说仍然有待进一步证实。

第二节 爱琴文明的兴起

有个地方叫克里特，在深绿色的海中央，美丽又富裕，四面是海洋，人口多得数不清，九十座城市林立在海上。

——［古希腊］荷马《奥德赛》

一、爱琴海上的王宫文明

宫殿建筑群是王权国家最显著的标志建筑,二里头文化的宫殿证明当时的中国已经出现强大的王权国家,而且这个国家很有可能是史载中国最早的世袭王朝——夏朝。无独有偶,在这个时期的欧洲也出现了大型的王宫建筑,欧洲最早的文明正是从王宫时期开始的。

与兴起于大河流域的亚非四大文明不同,欧洲文明发源于爱琴海区域,爱琴海上的基克拉迪群岛是爱琴海地区最早的青铜文化中心,西亚的青铜文化正是从这里传播到希腊。约公元前2000年,爱琴海青铜文化中心从基克拉迪群岛转移到希腊第一大岛——克里特岛,爱琴文明就此兴起。

如果说地图上犹如沙砾大小的基克拉迪群岛不过是爱琴文明最初的零星之火,那么位于爱琴海最南部的克里特岛就是被基克拉迪文化点亮的一把熊熊火炬,照亮了爱琴海域的上空。克里特岛总面积8336平方千米,是地中海第五大岛屿,南面是地中海,北面是爱琴海,岛上多山,森林茂密,盛产瓜果鲜花,有"海上花园"和"爱琴海最南面的皇冠"的美誉。王宫是克里特文明的核心,表明这一时期王权的强大。学术界多根据王宫建筑兴衰将克里特文明分成古王宫时期(约公元前2000—前1700年)、新王宫时期(约公元前1700—前1450年)和后王宫时期(约公元前1450—前1100年)三个阶段。

在克里特文明出现之前的前王宫时期(约公元前3000—前2000年),克里特岛上虽然已经出现了青铜器,但没有标志性的王宫建筑,也尚未进入文明时期。到约公元前2000年后,克里特进入古王宫时期,这一时期青铜器已经得到普遍使用,并出现了许多宫殿,形成克诺索斯、玛利亚、法埃斯特、戈尔尼亚、菲拉卡斯特罗和萨克罗等多个以王宫为中心的城邦国家,每个城邦都是由一个中心宫殿和环绕宫殿的城

克诺索斯王宫遗址

镇、村落组成。这些王宫国家在约公元前 1900—前 1700 年为争夺岛上的霸权相互征战，形成了以克里特岛中部北岸港口城市克诺索斯和中部南岸港口城市法埃斯特为首的两大城邦联盟。克诺索斯在南北争霸中取得最后的胜利，征服了法埃斯特，统一了克里特岛，并在克诺索斯和法埃斯特之间修建了道路，克诺索斯成为当时欧洲最大的城市，人口约有 1.8 万至 3 万人，以古王宫时代的开始为标志，克里特岛进入文明时代。

二、米诺斯文明

克里特文明因传说中的克里特王米诺斯而又得名米诺斯文明。在古希腊神话中，天神宙斯喜欢上了亚洲地中海沿岸腓尼基推罗城的公主欧罗巴，于是变成一头白牛，引诱欧罗巴坐上牛背，将其带到亚洲对岸的另一片大陆，在那里向她求爱，并封她为这片大陆的女神，欧罗巴的名字也被宙斯定为这片大陆的名字，也就是欧洲，欧罗巴为宙斯生下的儿子便是米诺斯。而据希罗多德听到的腓尼基人的描述，真实的情况是一群克里特人到腓尼基沿岸劫掠时，劫走了推罗城的公主欧罗巴。

克诺索斯王宫内的米诺斯王座

欧罗巴的儿子米诺斯后来以克诺索斯为都成为克里特之王，他在位时以公正严明的法治著称，因此死后成为希腊神话中冥府的判官。在他统治期间，克里特王国发展为最强大的海上国家。希罗多德在《历史》中称米诺斯为"海上统治者"，他成功征服了许多土地，是一个战无不胜的国王。修昔底德则在《伯罗奔尼撒战争史》中记载："米诺斯是第一个组建海军的人，他用这支舰队征服了希腊海上的所有小岛，将以小岛为据点的海盗一扫而光，并令几乎整个爱琴海周边地区都向他纳贡。"

传说中的米诺斯王常被视为克里特新王宫时代的开创者。约公元前1700年，在华夏二里头文化兴起之时，克里特文明也迎来了新王宫时代。当时一场大地震摧毁了克里特岛上各城的旧宫殿，但是很快岛上就重建起比之前规模更大、更为富丽堂皇的新宫殿，所以这一时期被称为新王宫时代，各城宫殿又以主王城克诺索斯王宫最为宏伟豪华、构造复杂，代表了克里特王宫建筑的最高水准。

克诺索斯城的王宫依山而建，面积达2.2万平方米，是由围绕着中央庭院的多座2—3层的砖石建筑组成的庞大复杂的建筑群。整个王宫千门百户、宫室密布，包括国王宫殿、王后寝宫、觐见室、神庙圣殿、剧场、学堂、宝库、作坊、地下室等。宫殿内部采用天井取光，各房间设有冬可保暖、夏可通风的折叠门扇。

宫殿和走廊的墙壁上都绘有精美瑰丽、形象生动的壁画，虽然历经近4000年，但是依然色泽鲜艳。绘画内容包括自然风景、海豚戏水等各种动植物图画和庆典活动的场面，以及栩栩如生的人物画，男性健壮威武，多在进行拳击和斗牛等比赛，女性分为白肤卷发、身穿华丽礼服的贵妇和红棕色皮肤、半赤裸的女仆，正参加出游、宴会等活动。最大的一幅人物画《戴百合花的王子》为高2.22米的着色浅浮雕，画中的年轻王子头戴王冠，正在百合花丛中主持祭祀活动，堪称古代艺术的杰作。

戴百合花的王子
克诺索斯壁画。

宫殿中最先进的是其复杂完备的供排水卫生系统，通过引水沟槽将宫外的山泉水引入宫内陶制的水管中，形成原始自来水设备，其下水道的入口很大，方便工匠进入修理，各种巧妙的设计可让雨水直接冲洗下水道以保持干净。在王后寝宫内还配备了装有冲水马桶和带浴缸的浴室，以及一个附有化妆室的独立卫生间，如此先进的卫生设备在整个古代世界中都是十分罕见的。

克诺索斯王宫共有大小宫室1700余间，各宫室之间通过长廊、门厅、通道、阶梯、复道和一扇扇重门紧密相连，楼道走廊曲折多变、高低错落、迂回相通，有些通道还往下延伸至地下密室，错综复杂的构造让外人进去后很快就会迷失方向，故有"迷宫"之称。

有"迷宫"之称的克诺索斯王宫的复原图

在神话传说中,米诺斯当上克里特岛的国王之后,祈求得到海神波塞冬的庇佑,波塞冬从海中升起一头白色的公牛,命令米诺斯将其献祭给自己。但是由于白色的公牛过于稀有,贪婪的米诺斯将白牛据为己有,另外宰了一头公牛献祭给波塞冬。愤怒的海神施法让米诺斯的妻子爱上了那头白牛,结果她请人制造了一头木制母牛,自己藏在其中吸引白牛来与之交配,后来生下了一个牛首人身、专吃童男童女的怪物弥诺陶洛斯,米诺斯只好建造了一座庞大的迷宫关押这个怪物。

牛头怪的传说可能源自克诺索斯王宫中对牛图腾的崇拜,在这座以公牛为主题的王宫中发现了大量和牛相关的陶器、壁画、青铜像、雕塑、印章、首饰等,以及儿童的尸骨,说明当时存在用儿童祭祀的现象,这可能是牛头人吃童男童女传说的由来。

米诺斯文明黑皂石公牛头酒具
其牛头用黑皂石、贝壳、水晶制成,牛角则用黄金制作,十分精美逼真。

传说中迷宫里的牛头人使用的武器是双刃斧，而在克诺索斯王宫的墙壁和石柱上便常常刻有双刃斧的形象，米诺斯迷宫也因此被称为双斧宫。美国历史学家威尔·杜兰特认为："重叠的双刃斧是献祭的工具，它所

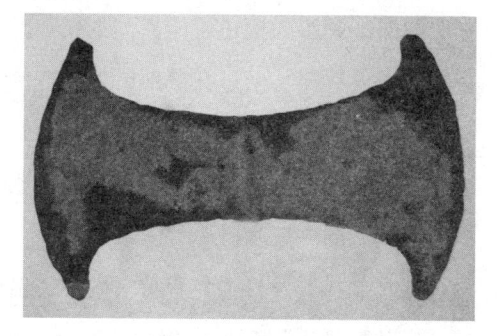

克诺索斯王宫内的青铜双刃斧

杀伤动物的血可使其更具神力，它也可以作为神力引导下的一件神圣武器。"

青铜剑也是克里特王宫内的常见兵器，人类早期制作的青铜剑都是只比匕首长一点的短剑，这是因为青铜比较脆，剑太长容易折断，这种短剑只能用于刺击，所以当时的士兵最重要的近战武器是斧头。后来克里特人通过增加青铜剑中的铅成分来柔化青铜并进行锻打，使之具有良好的韧性，先是造出可以用于砍杀的短剑，后又在此基础上进一步打造出长达90多厘米的青铜长剑，这和中国战国末期的秦剑（81—94.8厘米）几乎一样长（当时中土各诸侯国青铜剑平均长度为50—60厘米）。

此外，克里特人还设计出牛角形和十字形等式样的剑护手，提供手部防护，防剑脱手。和沉重的斧头相比，长剑更加轻盈，两边有刃，杀伤范围更大，不仅能砍，还能刺，

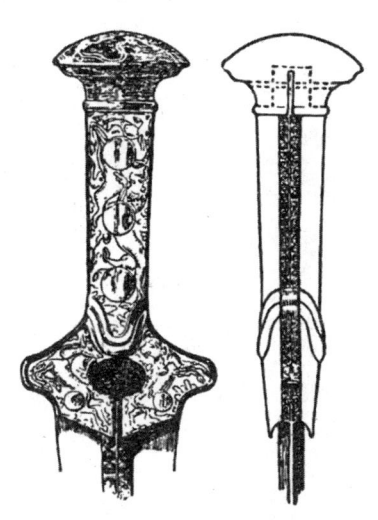

一截克里特剑柄的描摹图
这截剑柄的圆头由玛瑙制成，外层覆盖金壳，上面刻着狮子、山羊等图案。

在对战时，斧头的柄还可能会被剑砍断。长剑的出现让剑开始替代斧成为近战主要兵器，不过在早期，长剑造价十分昂贵，是只有贵族才能佩戴的奢侈品。出土的克里特宝剑的剑柄圆头多用珍贵的宝石、玛瑙、象牙或黄金制成，剑柄上多镀有黄金，镂刻镶嵌有各种精美的图案，代表武器使用者的高贵身份。

除青铜武器外，在克里特宫殿中还出土了许多精美的手工艺品和奢侈品，包括精雕细琢的金银珠宝饰品、华丽的服饰以及优质的金银碗、金铜插座的烛台等。持蛇女神像是克里特王宫中最常见的女神雕像。女神双手持蛇，袒露出丰满高耸的乳房，代表克里特人对母性神的崇拜。

以克诺索斯为首的克里特岛城市在新王宫时代达到全面繁荣，据考古学者推测，当时克诺索斯城中人口约达5万，如果加上海港与附近的卫星城镇，人口可能多达10万人，其他较大城市如菲拉卡斯特罗有2万人，玛丽亚有1万人左右，整座岛的人口达到约25万，克诺索斯王朝不仅统治克里特岛，还占领着基克拉迪群岛等爱琴海中的其他岛屿。克里特的商站和殖民点遍布整个东地中海地区，东及罗德岛和小亚细亚沿岸，北达希腊大陆的阿提卡半岛和伯罗奔尼撒半岛，西到意大利的利巴拉群岛，形成了一个庞大的贸易网。

和起源于大河流域的农耕文明不同，爱琴海上的克里特文明属于典型的商贸文

克里特宫殿中的持蛇女神像

明，孕育克里特文明的不是大河而是海洋，与中国多台风的东南部海域相比，地中海的海面风平浪静，能保证古代的简陋船只航行安全。克里特岛北面是欧洲大陆，南面是非洲，东面是亚洲，正好处于欧、亚、非三大洲海运中心，十分有利于攫取欧、亚、非三大洲的资源，曲折的海岸线使其拥有许多优良港湾，岛上茂密的森林适合发展造船业。同时，由于克里特岛的地中海气候不适合种植粮食作物，而更适合油橄榄、葡萄、无花果等经济作物的生长，世界上顶级的橄榄油就产自希腊的克里特岛，所以从一开始，贸易就是克里特文明的生命线，只有通过贸易，才能换取更多的粮食，养活更多的人口，这也是以后希腊文明的主要特色。

橄榄油和葡萄酒是克里特出口的大宗商品，在克里特王宫库房中存储油和酒的巨瓮堆积如山，数以千计。除出口橄榄油和葡萄酒外，克里特还是羊毛和海产品的主要供应中心，克里特的陶器也非常精美，这里生产的彩陶器壁薄如蛋壳，上绘有海洋生物等精美图案。克里特人驾着

克里特文明陶器

单桅海船，运载着其特有的经济作物和精美的手工艺品，来往于地中海各地，换回爱琴群岛的大理石、小亚细亚的白银、塞浦路斯的铜、黎巴嫩的雪松木，尤其是埃及的粮食和黄金。据考古发现，克里特的产品在东地中海地区十分流行，遍及埃及、叙利亚、小亚细亚、意大利，甚至远在地中海以外的两河流域也发现了克里特的产品。

商贸活动的交流性有利于吸收周边文明的成果，克里特岛东北是亚洲的小亚细亚半岛，东南则是古老的埃及王国，这使克里特能够充分吸收东方亚非文明的成果。从小亚细亚半岛传入的青铜文化是克里特青铜文明的源头，而古埃及文明更是直接影响了克里特文明的诞生。

早在约公元前2500年左右，就有来自埃及的移民迁至爱琴海的克里特，与当地居民交流融合，从埃及输入蓝釉陶珠、彩色石瓶、甲壳虫印章、象牙制品和各类装饰品的制作工艺。在古埃及的地图上，克里特岛正好在地中海航线西北线上，埃及是克里特最重要的贸易伙伴，克里特不仅粮食供给十分依赖埃及，其所用的黄金、象牙、皂石印章和高级奢侈品也大多来自埃及，克里特人的黄金工艺最初也源于古埃及，但很快就形成了自己的特色，并成为新兴的黄金制作中心。

文字是文明诞生的重要标志，而克里特文字的直接源头就是古埃及的象形文字。在古王宫时代，克里特宫殿中就出现了用于记账的文本，和古埃及文字属于同类型的象形文字（见费斯托斯圆盘图）。到新王宫时期，克里特象形文字逐渐简化为由线条组成并向音节符号演进的线形文字，被称为线形文字A。有研究者认为，克里特的象形文字来自对古埃及象形文字的模仿，而线形文字则是对克里特象形文字的草写，表明了古埃及文明对克里特文明的深远影响。

目前在国内有一种较为流行的观点认为：爱琴文明是古埃及文明与两河文明在爱琴海汇合而成的产物。这种观点过于高估两河文明对爱琴文明的直接影响，从地理位置上也可直接看出，两河流域距离爱琴海十

费斯托斯圆盘的正反两面

现存字数最多的克里特象形铭文是在费斯托斯皇宫遗址发现的费斯托斯圆盘，费斯托斯皇宫是克里特岛上规模仅次于克诺索斯皇宫的宫殿建筑，占地9000平方米。费斯托斯圆盘两面各布有5圈文字，总共有241个印记和45种不同的象形符号，这些符号都是通过刻有字符的活字印章压印上去的，总共需要至少45个活字字模，这些字模可重复使用，随时拼版，费斯托斯圆盘也因此被誉为迄今所知最早的活字印刷品。

分遥远，两者在当时仅有少许的间接贸易关系。反倒是埃及地处爱琴海与两河流域的海陆中间位置，与两处都有直接贸易联系。确切地说，文明之火最初是从两河流域传到尼罗河流域的埃及，再从埃及传到爱琴海上的克里特岛。如果从时间上看，克里特文明兴起的时间正好也是古埃及的中王国时期，而这一时期也正是古埃及文明的中兴时代。

第三节　阿蒙神的国度

你是人类的创造者，你区分他们的种族，给予他们生命，使他们肤色互不相同。

——［古埃及］《献给阿蒙神的赞美诗》

一、古埃及中王国

自古王国崩溃后,埃及进入动乱长达 100 多年的第一中间时期(约公元前 2184—前 2040 年)。在此期间,埃及再次进入上下埃及对峙的南北朝时代,其中北方下埃及由古埃及第十王朝统治,都城在太阳神拉的崇拜中心赫利奥波利斯;南方上埃及则归属古埃及第十一王朝统治,其都城在崇拜风神阿蒙的主城底比斯。

中国历史上的政权大多是北方征服南方,而古埃及正好相反,南北战争中的胜利者大多是南方上埃及。其中的一个重要原因是南方上埃及河谷地处高地,入口险要,易守难攻,而一马平川的下埃及三角洲平原地势低平、无险可守,上埃及顺流而下易,下埃及逆流而上难,因此上埃及与下埃及相比在军事上拥有极大的地理优势。

约公元前 2060 年,南方上埃及底比斯第十一王朝因提夫家族的第五位国王孟图霍特普二世继位,他招募西部利比亚人和南部努比亚①人扩充军队,强化了直属自己的常备近卫队,各部队的军官也从近卫军中选拔。这支近卫队常用武器有战斧、矛、弓箭、圆锤、回旋镖、标枪等,其中还有一种由两人抬着的超长矛,用于攻城时刺戳城墙上的守军,还出现了可以遮盖全身的圆形巨盾。孟图霍特普二世通过这支装备精良的新军不断

孟图霍特普二世站立雕像

---

① 努比亚是对埃及尼罗河阿斯旺第一瀑布与苏丹第四瀑布之间地区的称呼,主要位于今苏丹国北部。

取得对北方战争的胜利,在其继位后的第 20 年(约公元前 2040 年)成功攻占下埃及第十王朝首都赫利奥波利斯,重新统一全国,开启了埃及历史上继古王国之后的统一时期——中王国时期(约公元前 2040—前 1785 年)。

中王国时期的埃及虽然重获统一,但是中央集权远不像古王国时期那么强大。地方贵族在第一中间期的长期割据中仍然保存了一定独立的势力,地方州长(诺马尔赫)的职位自古王朝末期以来就一直是世袭的,他们集一州的财政、军权、宗教等各项大权于一身,连国王有时也不得不向他们让步,各州长在各方面都纷纷攀比王室,甚至建起堪比王陵的豪华坟墓。

第十一王朝的国王为加强中央集权,长期和地方势力进行斗争,但是最终以失败而告终。新统一的第十一王朝只统治了短短 40 多年,传不过三代,就被宰相(维齐尔)阿蒙涅姆赫特联合地方贵族发动政变篡位,古埃及就此进入第十二王朝(约公元前 1991—前 1786 年)。

由于不是王室成员出身,篡位的阿蒙涅姆赫特一世通过拉拢阿蒙神庙来维护其统治的合法性,先前第十一王朝统一全国后,其都城底比斯也成为新统一王国的首都,底比斯的守护神风神和空气之神阿蒙则被当作王权的保护神。阿蒙涅姆赫特一世延续了对底比斯主神阿蒙的崇拜,

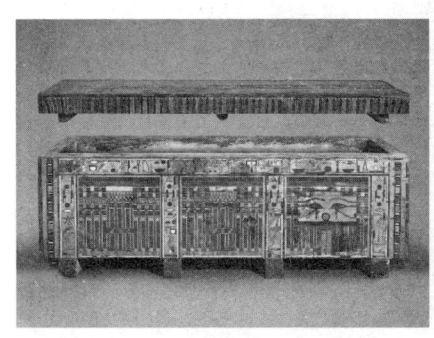

地方州长的木乃伊棺
中王国时期各州长的墓葬十分奢华,从图中的木乃伊棺便可看出。

并把阿蒙的名字加进自己的王名"阿蒙涅姆赫特"的前位。同时，为了防止第十一王朝旧势力的反扑，他将都城从第十一王朝的大本营底比斯迁至自己的领地法尤姆。

靠地方贵族扶持上位的阿蒙涅姆赫特一世虽然短暂恢复了地方贵族的特许权力，但很快便因地方权力太大而重启中央集权的改革，他下令：划定各州疆界，禁止各州之间的争斗，将赋税收归中央，限制州长的世袭权力，等等。

为应对改革的复杂局面，阿蒙涅姆赫特一世确立了共治制度，立其子塞索斯特里斯一世（约公元前1971—前1928年）为共治者，在与塞索斯特里斯一世同治的第十年，因改革得罪地方贵族的阿蒙涅姆赫特一世，在征伐利比亚时被谋杀。塞索斯特里斯一世继承其父的遗训，继续打击地方贵族势力，强化中央王权。为神化王权，他在国内各地新建神庙，神庙中直刺天穹的方尖碑是中王国建筑艺术最重要的标志性建筑。这一时期方尖碑不仅被放在神庙庭院的中心，也被安置在庙宇大门的两侧，以显庄严，中王国最大的赫利奥波利斯方尖碑高达30米，由阿苏安的红色花岗岩制成，就是由塞索斯特里斯一世所立。

塞索斯特里斯一世统治时期，多次发动对外战争，占领了南部努比亚和西部利

塞索斯特里斯一世在位时修建的赫利奥波利斯方尖碑

比亚的金矿。他的继承者阿蒙涅姆赫特二世即位后也多次对南部努比亚发动远征，侵占多处金矿和铜矿，向东则成功控制西奈半岛，积极开采当地的铜矿和绿松石矿。埃及国王如此热衷于开采矿产，是因为在中王国时期冶金术得到快速发展，青铜器已开始在埃及大量使用。但是和两河流域相比，在埃及青铜器依然没有普及，其金属礼器仍然以红铜器为主，农具也基本还是石器、骨角器和木器。青铜革命则主要体现在武器革新上，青铜斧、青铜矛头、青铜箭镞已成为近卫军的主要装备。

青铜武器的普及使埃及的军事扩张能力大大加强，在第十二王朝第四位国王塞索斯特里斯二世（约公元前1897—前1878年在位）及其子塞索斯特里斯三世（约公元前1878—前1843年在位）统治时期，埃及开始了频繁的对外扩张。埃及的军队向东横穿西奈半岛，占领了巴勒斯坦地区的城邦；向南跨过尼罗河第二瀑布，修建了多座军事堡垒。埃及国王塞索斯特里斯三世自封为埃属努比亚的保护神，并立下石碑，碑文宣称第二大瀑布以北的努比亚地区都属埃及的领土，只有投靠埃及的努比亚人才能穿越这一边界。为巩固埃及对努比亚的控制，使尼罗河南下的船能够避开埃及与努比亚之间尼罗河第一大瀑布的激流险滩，他绕过尼罗河第一瀑布，开凿了连接下努比亚和上埃及尼罗河的运河，从而将两地紧密联系在一起。

也正是在塞索斯特里斯二世父子统治时期，埃及开始在都城法尤姆地区建设规模庞大的水利灌溉工程。法尤姆地区是位于尼罗河三角洲西岸的一块低地，由于地势较低洼，泛滥的尼罗河水在此沉积，形成埃及面积最大的一片湿地绿洲。塞索斯特里斯二世父子组织了大量的人力，在这片湖泊沼泽地区兴建水利排灌工程，成功开发了千万亩的良田。这项千年大计一直持续到第十二王朝第六任君主阿蒙涅姆赫特三世（约公元前1842—前1797年）统治时期才宣告完工。在阿蒙涅姆赫特三世时期，法尤姆地区的水利建设达到顶峰，兴建了规模庞大的美里多沃湖水

阿蒙涅姆赫特三世像

库。经历了从塞索斯特里斯二世到阿蒙涅姆赫特三世爷孙三代对这片湖泊沼泽地的开发，终于使法尤姆地区2500多公顷的沼泽变成良田。

在这一时期该地区还普及了桔槔汲水浇灌，推广了便于深耕的装有梯形把手的木犁，法尤姆因此成为埃及最重要的粮仓。法尤姆城也迅速发展成为尼罗河流域的中心城市，考古发现的法尤姆古城遗址城墙高大，街道四通八达，建筑沿着湖岸而建，错落有序，是一座十分宏伟繁华的都市。

埃及中王国时期的国力也在此时达到极盛，通过历代国王的对外征战，埃及的版图扩大，奴隶数量大大增加，国势蒸蒸日上，王权也日益巩固。阿蒙涅姆赫特三世进一步推行加强中央集权政策，削弱地方特权，让权力重新集中到王室的手中。从第十二王朝建立开始，历时六任国王的中央集权改革，在阿蒙涅姆赫特三世统治时期才算最终完成，此时埃及已经恢复了古王国时期强大的王权，地方贵族再也无法和中央政权对抗，代表地方权贵实力的豪华墓葬也不再出现。

二、中王国时期的科学文化成就

中王国时期是古埃及科学文化的繁荣时期，学校教育在这一时期得到迅速发展。在中王国时期有宫廷学校、职官学校、神庙学校、书吏学校四种类型的学校。宫廷学校设在宫廷内，负责教育王室成员与朝臣子弟。职官学校由政府机关设立，负责培养政府机构的官吏。神庙学校设在神庙内，负责培养祭司，由于古埃及祭司还肩负着解释自然现象与医治疾病的任务，因此神庙学校也是古埃及的科学教育中心。书吏学校则由书吏私人创办，一般设在书吏家中。

书吏学校虽然在四类学校中地位最低，但因为书吏阶层不是世袭的，所以这是劳动阶层通往统治阶层最重要的途径。"万般皆下品，唯有读书高"是当时的主流思想。中王国时期最著名的教谕文学作品《对各职业的嘲讽》文章开头就强调"要热爱读书甚于爱自己的母亲"，然后文中详细列举了 18 种劳动职业的悲惨命运，如："制陶工像猪一样在泥里拱，捕鱼者每天生活在鳄鱼的血口之下，农夫终日弯腰折背耕作……唯有书吏能使你免于辛苦的劳役，你可以不用扛着锄头去犁地，也不用提着篮筐去劳作，生活优越而又体面。"

古埃及第四王朝时期的书吏像

由于崇尚读书，埃及学校教育非常严格，盛行体罚，在古埃及语中鞭棍同时又代表教学的意思。对教育的推崇促进了古埃及学术文化的蓬勃发展，考古学家在这一时期埃及的宫廷、神庙、学校、图书馆等遗址中发现了大量学术文化文献。

在第十一王朝都城底比斯发现的《兰德纸草书》是现存世界上最古老的留有作者署名的数学书，该书由埃及数学家阿梅斯于约公元前 1800 年撰写，他声称此书是根据年代更早（约公元前 2000—前 1800 年）的材料写成的，他在书中提到："数学能洞察一切事物的存在，彻底研究一切事物的变化，揭示一切秘密的关键所在。"全书分成三部分，一是算术，二是几何（土地测量），三是杂题。算术的内容已包括一元一次方程以及对分数的计算，几何内容主要为对各种面积土地的测量计算，杂题共有85个实用数学习题的解答方法，包括对劳动者酬金的分配、不同谷物量的换算等实际问题。

在第十二王朝都城法尤姆遗址发现的《拉洪纸草卷》则是已知世界上极早的医学文献之一，主要论述妇科方面的内容。在较晚的时期（约公元前1850年）所开的药方中，还出现了最早用于避孕的药。埃及人的药物无奇不有，甚至包括蜥蜴血、孕妇乳、人与动物的粪便、符咒水、腐肉等，在第十一王朝王后陵寝内，就发现了一个藏有药钵、药匙及许多丸药与草药的药柜。

书吏作为古埃及的低级知识分子阶层，不使用只有古埃及祭司才通晓的复杂精美的圣书体象形文字，而是使用更便于记录的僧侣体象形文字①，中王国时期的僧侣体象形文字已经简化到仅有大约700个字符，其中有20多个字符被用来表示纯粹的发音概念，这些音节字符是已知最早的字母，埃及的这些早期字母正是后来字母文字的直接源头。

文字的成熟进一步促进了古埃及文学的发展，在埃及中王国时期出现了已知世界上最早的一批小说故事，《魔术师的故事》是现存最早的一篇古埃及故事。它的雏形形成于古王国时期，到中王国第十二王朝时写定成文，讲述了魔术师将动物砍头再接回等表演，以及他所讲的三个王者诞生的故事。这一时期其他的小说代表作还有《一个能言善辩的农夫》《水手遇难记》《辛努亥的故事》等。

在《水手遇难记》中，一艘埃及船在航行前往亚洲西奈半岛的途中，因遭遇风浪，被吹到了相反的方向，并因碰撞沉没了，只有一名水手侥幸存活下来，他上岸后发现自己到达了东非的蓬特（位于非洲

---

① 到约公元前700年，从僧侣体文字中又演变出一种经过进一步简化的、用来记录非宗教事务的"世俗体文字"，僧侣体才变成了专门的宗教文字。

东海岸的索马里和厄立特里亚一带），便从当地带回了香料、肉桂、檀香木等大量珍贵物品。这则故事反映了中王国时期的埃及对外贸易活动，在中王国时期，埃及与周边地区的商贸交往日益频繁，埃及的商船穿梭于红海与地中海之上，向东最远抵达塞浦路斯，向西北抵达克里特，向南到达东非的蓬特进行贸易和拓殖。埃及

中王国时期的木柜箱

同叙利亚、巴勒斯坦地区的商业交流也十分活跃，在今耶路撒冷西北的盖塞尔古城遗址中，考古人员就发现了来自古埃及的花岗岩雕像、象牙制品等。在这座城市中，还有属于埃及风格的建筑物和神庙，可能是来这里经商的埃及人建造的。

中王国时期的《辛努亥的故事》中也提及在叙利亚、巴勒斯坦地区有大量的埃及商队，在这里可听到讲埃及语的人。叙利亚往东就是西亚的文明中心两河流域，早在埃及古王国时期，尼罗河流域的埃及文明就与两河流域的苏美尔文明建立起紧密的商贸联系，后来随着埃及古王国与苏美尔乌尔第三王朝的崩溃，两大文明的经贸交流近乎中断。1935年，考古人员在埃及中王国时期的托德神庙废墟中出土的四个箱子内，发现了来自两河流域的印章和护身符等物品，表明在埃及中王国时期，尼罗河流域与两河流域的贸易交流已经恢复，只不过尼罗河流域的埃及已从古王国时期发展至中王国时期，而两河流域的主人也从苏美尔人变成了巴比伦人。

第四节　古巴比伦王朝

以牙还牙，以眼还眼。

——［古巴比伦］《汉谟拉比法典》

一、伊辛第一王朝

在苏美尔乌尔王朝末年，生活在叙利亚和巴勒斯坦"阿摩利人的山脉"的阿摩利人开始成批拥入两河流域，给乌尔第三王朝带来了重大打击。苏美尔人统治下的异族阿卡德人[①]也趁此机会脱离乌尔第三王朝独立，乌尔王朝的阿卡德将军伊什比埃拉在伊辛建立伊辛第一王朝。苏美尔人的世仇埃兰人[②]则趁火打劫，联合长期被苏美尔人欺压的东方各异族发动了对苏美尔都城乌尔的规模庞大的远征，于约公元前2006年攻入乌尔城，人类最古老的苏美尔文明最终以如此悲壮的方式落下了帷幕。

复原苏美尔女王头像

在苏美尔乌尔第三王朝灭亡后，伊辛第一王朝的创立者伊什比埃拉成功将占领乌尔城的埃兰人赶走，成为乌尔王统的继承人，号称"苏美尔和阿卡德之王"。伊辛王朝的统治者虽然是阿卡德人，民间用语也通

---

① 阿卡德人主要生活在巴比伦尼亚北部的阿卡德地区，他们为闪米特人中的一支，他们使用的阿卡德语成为后来巴比伦尼亚的通用语。
② 埃兰位于两河流域东部、伊朗高原西南角的胡泽斯坦（来源于古波斯的埃兰名字）省，自古以来这里就是两河流域平原主要的资源供应地。

用阿卡德语，但是伊辛王朝依然以苏美尔语作为唯一的官方语言，他们自认为是苏美尔文明的继承者，并以复兴和保存苏美尔文化为己任，伊辛王朝继承了乌尔第三王朝的国家管理体制和王室礼仪，国王继位之日也和乌尔王一样举行和女神伊南娜的"圣婚"仪式，自称为"神"和"天下四方之王"，伊辛王朝的历代国王还把自己的名字载入尼普尔的《苏美尔王表》，他们也是王表上记录的最后一个王朝。

刻着献给伊辛之王的赞美诗的六菱柱

二、拉尔萨与巴比伦的兴起

伊辛虽然是继乌尔之后的两河流域霸主，但是却从未能像乌尔第三王朝那样统一两河流域，尤其是阿摩利人建立的拉尔萨国更是向来不服伊辛的霸主地位。早在乌尔第三王朝灭亡之前（约公元前2025年），一支阿摩利人就在其首领纳普拉努姆的带领下，攻占苏美尔人的太阳神之城拉尔萨，建立了拉尔萨国。

拉尔萨在当时和伊辛一样，是一个拥有4万人口的城市，实力足以挑战伊辛，拉尔萨国王冈古农在位时期（约公元前1932—前1906年），开始

拉尔萨王表

使用王的称号，并使用自己颁布的年名。为争取两河流域各城邦的支持，他发动了对埃兰的入侵，一路势如破竹，攻占了埃兰西马什王朝的首都安善，西马什王朝就此灭亡，报了埃兰灭亡乌尔第三王朝的一箭之仇，冈古农威震两河。

拉尔萨对埃兰取得的巨大胜利使先前通过和亲讨好埃兰的伊辛王朝声威尽失，两河流域各城邦纷纷背叛伊辛，归附拉尔萨。冈古农趁势向伊辛发起进攻，伊辛王里皮特·伊什塔①战败，被迫放弃了波斯湾附近的大片土地，乌尔、埃利都、拉格什、基苏腊等城也全都投靠拉尔萨，冈古农自称"乌尔王、苏美尔与阿卡德之王"。阿卡德人创建的伊辛王朝和阿摩利人创建的拉尔萨王朝就此开始了在两河流域南部长达百余年的争霸，这一时期因此被称为"伊辛—拉尔萨时期"。

冈古农的继承人阿比萨莱在位时期（约公元前1905—前1895年）将战果进一步扩大，他在约公元前1896年大败伊辛军队，击毙伊辛王乌尔·尼努尔塔。不幸的是，他本人在第二年过世，他的继承人苏穆埃尔按照他的遗训，将河水从伊辛改道，断绝伊辛水利优势，并从伊辛王朝手中夺取了两河流域的圣城尼普尔。

为对付拉尔萨，伊辛与北方的巴比伦建立联盟，巴比伦意即"神之门"，该城位于两河流域幼发拉底河中游，靠近底格里斯河的咽喉部位，控制南北交通，是两河流域重要的交通枢纽。此地土壤肥沃、水源丰富，是建都的理想城市，巴比伦之后的塞琉古王国都城塞琉西亚、安息与萨珊波斯都城泰西封、阿拉伯阿拔斯王朝都城以及现代伊拉克首都巴格达也在这一地带周边。早在阿卡德王朝时期的文献中就提及了巴比伦城，在乌尔第三王朝时期，巴比伦城已成为地方首府。在乌尔第三王朝

---

① 里皮特·伊什塔是伊辛王朝的第五位统治者，他在位时（约公元前1934—前1924年）颁布了《里皮特·伊什塔法典》，内容涉及经济、婚姻、农业、刑罚以及日常生活的方方面面，是了解两河流域古代习俗的宝贵资料。

覆灭后，巴比伦城逐渐被大批拥入两河流域的阿摩利人所控制。到约公元前1894年，阿摩利人酋长苏姆阿布姆夺取了巴比伦城的统治权，正式建立巴比伦第一王朝。

巴比伦王朝的早期国王在这一时期的城邦争霸中致力于搞好各大国关系，在相对和平的外交环境中发展建设，通过奖励商业、制定法律、兴修水利、高筑城墙、扩建庙宇，让巴比伦得以快速崛起。在伊辛和拉尔萨争霸的同时，巴比伦也成功控制了北部的基什、卡扎鲁、马尔达、库塔等重要城邦，成为一股不可忽视的强大力量。

约公元前1835年，伊辛通过联合巴比伦和埃兰取得对拉尔萨的巨大胜利，杀死拉尔萨国王西里·阿达德，重新夺回霸主地位，但这次胜利不过是伊辛王朝覆灭前的回光返照。约公元前1822年，瑞姆辛一世继任拉尔萨国王，为恢复拉尔萨的霸权，他兴修水利和要塞，训练新军，大肆吞并周边的小城。伊辛与巴比伦、乌鲁克、腊比图和苏图五城邦建立反拉尔萨的五国联盟，与拉尔萨轮番作战，能征善战的拉尔萨王瑞姆辛一世多次击败五国联军，乌鲁克王战死，乌鲁克城也在约公元前1803年被拉尔萨攻陷。

乌鲁克城沦陷后，巴比伦王辛·穆巴里特见势不好，便见风使舵背弃伊辛，转而和拉尔萨结盟，并直接参与拉尔萨进攻伊辛的行动，夺取

拉尔萨遗址出土的用青铜与黄金制成的跪拜者像

了伊辛的一些城市，反拉尔萨联盟变成了反伊辛联盟。孤立无援的伊辛最终于约公元前1793年被在位第30年的拉尔萨王瑞姆辛一世攻陷，历经15王、227年的伊辛王朝到此结束，两河流域东南部全都落入拉尔萨的手中。为了纪念这一伟大的胜利，瑞姆辛一世将以后各年命名为"攻占伊辛后的第2年、第3年……直到他统治的最后一年——第30年"。

唇亡齿寒，伊辛被拉尔萨消灭后，巴比伦也开始变得岌岌可危。约公元前1792年，在拉尔萨攻占伊辛后的次年，巴比伦历史上最著名的君主，巴比伦第一王朝的第六位国王，年轻有为、雄才大略的汉谟拉比登上王位。他一上任就显示出杰出的军事战略才能，为防止巴比伦被日益强大的拉尔萨吞并，他采取远交近攻的战略，先后战胜了已归属拉尔萨的乌鲁克和伊辛，击败东邻强国马勒库，占领巴比伦四周的要塞重镇，从而挫败了拉尔萨吞并巴比伦的野心。但是从他在位的第11年起，他放弃争霸，开始致力于和拉尔萨搞好外交关系，承认拉尔萨在南部的霸权统治，汉谟拉比的转变可能源于这一时期北方亚述王国的强势，巴比伦被夹在南方拉尔萨和北方亚述两个强国之间，巴比伦王汉谟拉比因此不得不与南北两强结好，以防止被拉尔萨与亚述南北瓜分。而拉尔萨也同样因为巴比伦与亚述之间的同盟关系不敢轻易向北扩张，以防得罪强大的亚述王国，两河流域南部暂时进入相对和平的时期。

三、古亚述的"天下四方之王"

在两河南部伊辛、拉尔萨、巴比伦三雄争霸的同时，两河流域北部则上演着亚述、马里、埃什南纳三国演义。三国中亚述控制巴比伦北部底格里斯河的中上游西岸地区，马里（今叙利亚的特尔哈利利）控制巴比伦西北部幼发拉底河的中游到拜利赫河交汇地区，埃什南纳（今伊拉克泰勒艾斯迈尔）则控制底格里斯河中游支流的迪亚拉河地区。这三座城市因距离苏美尔地区较远，在乌尔第三王朝时期就保持半独立状态，在乌尔王朝崩溃后,三城各自独立为王。

在南方伊辛和拉尔萨争霸初期,北方则是一片和平发展的景象,亚述、马里、埃什南纳三国发展经济,建设神庙,其中的亚述城(阿淑尔城)在这一时期成为两河流域与小亚细亚的贸易中心。阿淑尔城的名字来源于该城守护神阿淑尔,该城位于底格里斯河中游西岸山区,东接伊朗,西靠小亚细亚,南抵巴比伦,北至亚美尼亚,是商业贸易的必经之路。古亚述城邦利用自身的地理交通优势,垄断了两河流域和小亚细亚的贸易,并在贸易路线上建立了许多商贸点,其中规模最大的商贸中心是位于小亚细亚卡尼什城内的一处由亚述商人自治的"商港",在"商港"中发现了一块盖有亚述统治者萨尔贡一世印章的泥版,说明了他在这里的控制权。这里发掘出的商业文书上记载:"阿淑尔城的驴商队满载着货物,到达小亚细亚的卡尼什城,他们把羊毛织物和锡等货物转卖给本地的商人,再从这里运回金和银。"

北方的和平局面很快被入侵的阿摩利人打破,一支和巴比伦王室同源的阿摩利人来到亚述附近定居下来,他们以舒巴特-恩利尔与亚述对面的埃卡拉图为根据地,向四周扩张。约公元前1830年,这支阿摩利

亚述古王国时期圆筒印章图案(左图、右图)

亚述主神阿淑尔

日轮战神阿淑尔是亚述主神，他身处一个双翼日盘之中。双翼日盘图像最早出现于古埃及，代表鹰神荷鲁斯与太阳神拉的结合。双翼日盘图像传入亚述后，没有人类外形，它象征着太阳神沙玛什，而有了人类外貌，它就象征着亚述主神阿淑尔。

人在首领伊拉卡波卡布的带领下，展开了和西面马里、东南面埃什南纳的战争。伊拉卡波卡布亲自率兵向西扩张进攻马里，他的大儿子阿米奴向东南扩张侵略埃什南纳，他的次子沙姆什·阿达德则负责驻守都城舒巴特-恩利尔。两线作战，很快就让这支阿摩利人尝到了失败的滋味，西线的伊拉卡波卡布被马里王亚基德林赶走，东南线的阿米奴也最终被埃什南纳新王伊皮可阿达德①击败，不久后死去。

长兄阿米奴去世后，沙姆什阿达德得以继承王位，但他面临着西部马里和东南部埃什南纳两个强敌的威胁。与此同时，来自扎格罗斯山地区②的野蛮部落鲁鲁人也乘机突袭他的领地，攻陷他的两大根据地——舒巴特-恩利尔和埃卡拉图。沙姆什阿达德被迫出逃，他前往自己的亲

---

① 埃什南纳国王伊皮可阿达德自称为"神"和"天下之王"，并以神的名义颁布了著名的《埃什南纳法典》。这部法典的一些内容和以后出现的《汉谟拉比法典》相同，后者可能参考了前者的条文。
② 扎格罗斯山脉是伊朗第一大山脉，位于伊朗高原西南部，山脉西南侧的胡泽斯坦地区是古埃兰文明的所在地，与两河流域的巴比伦尼亚相毗邻。

族——同为阿摩利人的巴比伦国王辛·穆巴里特（汉谟拉比的父亲）那里，求得援兵，然后率兵北上，成功东山再起，收复舒巴特-恩利尔和埃卡拉图。

为加强防御、避免都城再次被攻破，沙姆什阿达德在舒巴特-恩利尔兴建了高大的城墙与巨大的卫城。随后他改进武器，训练新军，开始了亚述地区的统一大业。经过三年征战，他成功占领阿淑尔，废黜当时的亚述王伊里舒姆二世，自封亚述王，并把阿淑尔作为自己的宗教首都。他重建城内的主神庙，将神庙内供奉的神由原来的恩利尔神改为亚述的地方神阿淑尔，从此阿淑尔神替代恩利尔神成为亚述的最高神和帝国的战神。控制阿淑尔古城后，沙姆什阿达德声威大震，亚述地区各邦望风而降，沙姆什阿达德很快就统一了亚述地区。

沙姆什阿达德一世的霸业引起了西方霸主马里王亚赫顿林的不安，他趁着亚述初定、沙姆什阿达德立足未稳之时，联合12个同盟国出兵，在幼发拉底河击败了沙姆什阿达德，攻占亚述重镇那旮尔。但是谋略过人的亚述王沙姆什阿达德通过以退为进、诱敌深入的方法，成功逆转局势，一举击败马里联军。马里王亚赫顿林的儿子苏穆亚曼乘其父败归，废黜其父，夺取了王位，并清洗前王的旧党，进而遭到国内长老贵族的反对。沙姆什阿达德暗中联合马里的反对派发起进攻。约公元前1798年，马里的官员在沙姆什阿达德强大的军事攻势面前，发动政变杀掉苏穆亚

马里神庙内的祈祷人像

曼，献城投降，沙姆什阿达德成功占领马里及其所控制的地域，将马里定为亚述王国西部地区的首府。

解决帝国西线的危机后，亚述王沙姆什阿达德将矛头对准了东南面的对手埃什南纳。此时的埃什南纳也已经统一了底格里斯河支流的迪亚拉流域，埃什南纳国王纳腊姆辛为了增加兵源抵抗亚述，下令打碎所有写有债务的泥版文书，从而解除了贫民沦为债务奴而无法充军的问题，并激起了他们的爱国热情。依靠这次政治改革扩充的兵源，埃什南纳成功击退了亚述王沙姆什阿达德的军队，并攻占了底格里斯河上的重镇曼基苏，成功扼制住亚述向下游发展的势头。

为彻底击败亚述，埃什南纳王纳腊姆辛试图和巴比伦王汉谟拉比联合夹击亚述国，但亚述王沙姆什阿达德与同属阿摩利部落的汉谟拉比在此前已达成联盟协议，支持各自在南北发展势力，亚述王后还曾亲访巴比伦与之结好，并将马里下游的沥青产地送给巴比伦。埃什南纳和巴比伦结盟失败后，转而同亚述言归于好，亚述和埃什南纳共同对今日伊朗和土耳其交界的上下扎布河地区的胡里安人国家发起征服战争，攻陷其都喀波腊。亚述占领了相邻的上下扎布河地区的全部土地，而远道而来的埃什南纳军队则满载财宝和奴隶作为酬劳归国。

随后，沙姆什阿达德征服了整个幼发拉底河东岸的支流巴里赫河地区，并派其两个儿子分兵并进北上，一路凯旋抵达北方底格里斯河源头——今土耳其安纳托利亚山区，沙姆什阿达德就此自称"天下四方之王"。

在沙姆什阿达德统治的第30年，进行了全国公民普查，为西征叙利亚组织了2万人的兵源，沙姆什阿达德的两个儿子率领两路大军西进叙利亚，打败延哈德（以叙利亚阿勒颇①为统治中心）等强国，将亚述

---

① 阿勒颇是叙利亚北部的交通要地，直到今天，这里依然是叙利亚地位仅次于首都大马士革的中心城市。在2011年叙利亚战争爆发前，阿勒颇是叙利亚第一大城市，比叙利亚首都大马士革的人口还多。

的边境线推进到今地中海东岸的黎巴嫩共和国,并在此立上刻有沙姆什阿达德名字的纪念碑,使亚述霸权向北远扩及地中海沿岸。这次西征把亚述的国威推到顶峰,周边的国家纷纷表示臣服,亚述王国成为两河流域最强大的国家,就连巴比伦王汉谟拉比也只能承认其霸权。

四、汉谟拉比一统天下

约公元前1783年,汉谟拉比在位的第17年,古亚述王国的统治者"天下四方之王"沙姆什阿达德去世,其长子伊什美达干继位,靠武力维持的亚述王国很快就显露出内部的不稳定性。在叙利亚地区被亚述打败的延哈德国王乘机支持原马里王族后裔金瑞林推翻亚述在马里的统治,金瑞林自称马里王。马里和延哈德组成的叙利亚联军在幼发拉底河附近粉碎了亚述派来平叛的大军,彻底终结了亚述的霸权,原来归顺亚述的城邦纷纷倒向马里王,庞大的亚述王国瞬间土崩瓦解。

新任的亚述王伊什美达干无法抵御马里王金瑞林率领的反亚述联军,只得向他的东南方盟友埃什南纳求助,尊其为盟主。埃什南纳乘机将势力扩张至亚述地区,在亚述国内扶植亲近埃什南纳的政权,风光一时的亚述就这样沦为了埃什南纳的附属,随后埃什南纳成功帮助亚述抵制了马里的入侵,成为两河流域北方的最强邦。

为了对付日益强大的埃什南纳,马里王金瑞林和巴比伦王汉谟

埃什南纳遗址出土的祈祷人像

拉比结为联盟，两国君主以兄弟相称，并约定在外交上联合一致，在军事上互相支持。他们还和埃什南纳背后的埃兰结成秘密联盟，从东、西、南三面对其形成包围。约公元前1766年，埃兰因和埃什南纳争夺扎格罗斯山脉的重要商道，在马里和巴比伦的支持下大败埃什南纳的军队，埃什南纳王伊巴勒皮埃勒兵败身亡，埃兰乘胜追击，一路势不可当，吞并埃什南纳、亚述等许多城邦，进而控制了马里以东、巴比伦以北的两河流域东北部。

得意忘形的埃兰王茨帕拉尔胡帕企图率领得胜之师南下一举统一整个两河流域，他向两河流域南部的两个最强城邦巴比伦和拉尔萨同时派出使者，一边要求巴比伦帮助他攻打拉尔萨，一边声称要联合拉尔萨瓜分巴比伦，企图挑起两国冲突。

埃兰的离间之计不但没有成功，反倒促使巴比伦和拉尔萨组成反埃兰联盟。埃兰王于是集结臣服于自己的埃什南纳、亚述、库提和马尔吉的数万同盟军南下，与巴比伦王汉谟拉比召集的城邦联军在两河流域中部的黑瑞图城决战。然而，身为巴比伦盟友的拉尔萨却在这一关键时刻试图坐收渔利，躲在战场后方作壁上观。

虽然没能得到拉尔萨的援助，但汉谟拉比依然率领巴比伦军队以大无畏精神率先向埃兰军队发起猛攻，巴比伦的勇士们个个奋不顾身，杀得埃兰军队溃不成军。两河流域的其他城邦见巴比伦旗开得胜，也纷纷趁机向埃兰发起反攻。战败的埃兰军队尸积如山、死者枕藉，被直接横扫出美索不达米亚，埃什南纳等城顺利复国，平民出身的埃什南纳将领茨里辛被推举为新任埃什南纳王。

这一年是汉谟拉比在位的第29年，在此之前，由于巴比伦身处南部拉尔萨和北部的亚述、埃什南纳几大强国之间，他根本无力称雄。汉谟拉比知道厚积薄发、隐忍处事的重要，他采用了加强防御、提升实力，结好邻邦的战略方针，审时度势，通过和平外交，在相对安稳的环境里积攒了足以称霸的实力。

他进行军事改革，立法规定："军官不能侵犯士兵财产，违者处死；军队士兵可以从国家处领取一份世袭土地，但不能买卖，普通群众用银子购买士兵的房屋或牲畜，不仅要如数返还，而且不能退回买时所花的银子。"这些措施保障了军人利益，培养了一支忠于国家的军队，正是这支军队为他赢得了对埃兰战争的胜利，也让他意识到巴比伦已经具有"统一天下"的实力，从此开始统一两河流域的进程。

汉谟拉比石碑

拉尔萨在埃兰战争中坐收渔利的行为，已经在巴比伦与拉尔萨间埋下了战争的火种，埃兰军队才刚撤退，两国间就爆发了战争。汉谟拉比的老盟友马里王金瑞林继续站在巴比伦一边，而刚复国的埃什南纳新王茨里辛则选择与拉尔萨王瑞姆辛结盟对抗巴比伦。为此，汉谟拉比采取远交近攻的策略，与埃什南纳后方的埃兰王茨帕拉尔胡帕重归于好，以牵制埃什南纳。

瑞姆辛统领的联军号称有40万之众，人数远在汉谟拉比之上，但因为在战线布置上过于分散，老迈年高的瑞姆辛又无法驰援各线战场，被年盛力强的汉谟拉比集中力量各个击破。约公元前1763年，汉谟拉比在位第30年，瑞姆辛在位第60年，瑞姆辛被巴比伦和马里的联军围困在拉尔萨城中，巴比伦军队采取攻城锤、攻城塔、土坡等多种攻城方法也无法攻陷拉尔萨高大的城墙，于是改为对其进行长达6个月的围困。拉尔萨城内粮尽，民众易子而食，老王瑞姆辛被迫出城和巴比伦王汉谟拉比决一死战，最终落得兵败身俘的下场，巴比伦成功占领了两河流域南部全境。

在拉尔萨灭亡后的第二年，汉谟拉比又在底格里斯河地区大败拉尔萨的盟友埃什南纳、亚述以及库提等国的联军，夺取埃什南纳在底格里斯河上的重镇曼基苏和周围地区，彻底瓦解了其在两河流域东北部的势力。

汉谟拉比的扩张行为使他的盟友马里王金瑞林有了唇亡齿寒的危机感，他召回支援巴比伦的军队，并与巴比伦发生边界冲突。盟友的背叛让汉谟拉比愤怒异常，他当即停止对埃什南纳的进攻，挥师西北，直逼马里及其同盟马勒库。马里王金瑞林在兵败后向汉谟拉比投降，看在昔日盟友的分上，汉谟拉比让他继续担任马里总督。但是两年后，金瑞林趁着汉谟拉比在东北作战的间隙，再次勾结马勒库城举兵反叛，盛怒的汉谟拉比残酷地镇压了这次叛乱，并拆掉两城城墙，移走城内人口，将这两座城市付之一炬，繁荣昌盛的马里城连同城内豪华的马里王宫最终

马里王宫遗址内的残存壁画
马里王宫是这一时期两河流域规模最大的宫殿建筑群，包括前殿觐见室、一个中央庭院花园和300多间宫室，宫殿的墙壁上都装饰着精美的壁画和镶嵌图案。

在一片大火中化为焦土。

火烧马里城后，在汉谟拉比在位第 37 年，因埃什南纳久攻不下，他摧毁上游堤坝，放出大水冲毁埃什南纳城，埃什南纳王茨里辛死于城中，一代名城埃什南纳和马里一样从此沦为废墟，直到近代才重见天日。

埃什南纳被摧毁后的次年，亚述地区也被巴比伦吞并，此时巴比伦已成为囊括今伊拉克、科威特及叙利亚东北部的超级大国，分裂了 200 多年的两河流域终于在巴比伦王汉谟拉比统治时期再次统一。在统一两河流域之后的第 5 年（约公元前 1750 年），在位 43 年的汉谟拉比离开了人世。在他的统治下，巴比伦尼亚像埃及那样建立起强大的中央集权，巴比伦尼亚各城邦结为统一的整体，进而结束了两河文明分裂长于统一的历史局面，历时 11 个王朝 1300 多年的巴比伦王国从此开始。巴比伦人继承了苏美尔人和阿卡德人的文明成果，并将两河文明推到一个新的高度，巴比伦尼亚成为两河流域南部的名称，巴比伦文明也因此被后世所铭记，而没有像苏美尔和阿卡德文明一样逐渐被淡忘，直到近代考古活动才使其重见天日。

五、《汉谟拉比法典》

作为上古两河流域最伟大、最著名的君王，汉谟拉比的英名之所以能永垂青史，不仅是因为他的统一伟业，也源于他在位时颁布的《汉谟拉比法典》。《汉谟拉比法典》（下简称《法典》是上古两河流域最完整、最系统的法律文献，法典的制定时间大致在汉谟拉比在位的第 33 年至第 38 年间，完成于巴比伦尼亚统一之后。法典内容刻在巴比伦公共广场一块高 2.4 米的黑色玄武岩石碑上，以便昭告天下。石碑上部刻有汉谟拉比从主管司法的太阳神沙玛什手中接过象征王权的权杖的情景，下部则是用阿卡德语写成的法典全文。

汉谟拉比的审判

《法典》全文由序言、正文和后记三部分组成。序言简单介绍了汉谟拉比统治的功绩和立法宗旨：他（汉谟拉比）是上天派来的统治者，是"众王之统治者""常胜之神""巴比伦的太阳"等，他受命于神，为万民立法，"以公正统治国家，发扬正义于世，摧毁人间罪恶，以便强者不能欺凌弱者，像太阳一样给大地带来光明，为人民带来幸福"。

《法典》正文共包括282条法律条文，大体上可分为三部分。第一部分是第1—25条，主要为刑法内容；第二部分是第26—42条，是关于国民权利和义务的内容；第三部分是第43—282条，为经济、婚姻等民法内容。《法典》反映的古巴比伦社会风貌的特征主要有：

第一,在身体伤害案中遵循"以牙还牙,以眼还眼"的原则。如被别人打断了腿,就可以打断别人的腿作为补偿;害死了别人的儿子,则他自己的儿子也要被处死。

第二,维护奴隶制度。私自剃去奴隶头顶标志的理发师将被处以断指的刑罚。奴隶分为不同的等级,债务奴隶为地位比较高的奴隶,不可以自由转让或出卖,只要为债主劳动3年后就可恢复为自由民,欠债者还可以用妻子作为债务奴隶抵债。不过如果一个身负债务的人因自然灾害交不出债务,那么那一年可以不用交债。

第三,婚姻家庭法规定如果一个军人被俘,只要他家里还有吃的,他妻子就有守贞义务,不可以改嫁。如果一个人收养了养子后自己又生了孩子,想要将养子赶出家门,那么养父要拿出他三分之一的财产才能让他离去。

刻有《汉谟拉比法典》的石碑

第四,以神明起誓作为判案的重要证据。犯罪嫌疑人只要在神前起誓就能证明自己所说属实,这显示了当时社会对神灵的敬畏。人们相信,如果在神面前说谎,将会受到比法律更严厉的惩罚,后来西方法庭中证人用《圣经》起誓就源于古代两河流域的传统。

《法典》后记再次宣扬,汉谟拉比王立法是为了保护城邦中的贫弱公民、孤老寡幼,希望《法典》能传之后世,并诅咒破坏《法典》石碑的人。这部法典的完整程度远远超过两河流域之前的《乌尔纳姆法典》等法典，是迄今为止出土的世界历史上第一部比较完备的成文法典，深刻影响了后来世界的法律体系，直到今天，在美国最高法院的建筑中依然能看到汉谟拉比从巴比伦太阳神沙玛什手中接受《法典》的形象，汉谟拉比也是美国国会大厦众议院会客厅大理石浅浮雕上雕刻的23位立法者之一。

六、古巴比伦王国的文明成果

在《汉谟拉比法典》中对水利灌溉有十分详细的规定，并提及每个人都必须及时修建自己的沟渠和堤坝，因未能及时修理造成他人损失的，要提供赔偿。水利建设在巴比伦时期也得到快速发展，汉谟拉比在位时，大力兴修水利工程，他在南方的苏美尔和北方的阿卡德之间开凿了一条名叫"汉谟拉比—万民之富"的运河，将分散的两地紧密结合成统一的整体。两河流域的农业也再次复兴，出现了附有播种漏斗的改进犁具耧和用双牛牵引的青铜重犁，还有用于开垦破土的"巴迪尔"和反复深耕的"苏金"等不同功能的犁，以及修整土地的窄斧、镐及平整土地的耙等，用于引水灌溉的机械桔槔也得到普及。这一时期还出现了人

古巴比伦用双牛牵引的青铜重犁图
其形象取自古巴比伦泥板上的印章印记。

类历史上最早的农书——《农人历书》，这本书以一个老农民教育儿子的口吻写成，讲述了如何务农及水利灌溉的注意事项等。

作为两河流域的中心城市，巴比伦城人口有7万至8万，是当时世界人口最多的城市。资源贫乏的两河流域自古以来就十分重视商业，巴比伦成为当时西亚北非商路的枢纽，商人在巴比伦有很高的地位。贵族大商人的房屋占地达数百平方米，有餐厅、卧室、厨房、仓库等数十间房间。城市商人督察从富裕商人家族中选出，负责税收、市场建设、公共仓库和码头的管理等。

巴比伦王朝虽然由两河流域以外的阿摩利人建立，但阿摩利人进入两河流域后，语言被当地同为闪米特语系的阿卡德语同化，因此到巴比伦王朝统一两河流域后，阿卡德语成为两河流域的通用语，并在后来逐渐演化为南方的巴比伦方言和北方的亚述方言两大分支。

巴比伦人不仅学习两河流域的语言文字，还接受两河流域信仰的诸神，并加以改造，如巴比伦的伊什塔尔女神就是苏美尔伊南娜女神的改造品。《伊什塔尔下降冥府》的故事就改编自苏美尔人的《伊南娜下冥府》，描述了伊什塔尔杀死自己唯一的儿子兼丈夫坦姆斯（原型为苏美尔神话中的杜姆兹，只不过多了儿子的身份），由于坦姆斯是植物之神，所以他死后万物枯萎。伊什塔尔独闯冥界，历经艰辛，从冥界女王手中将丈夫带回人间，让大地重焕生机。

由于巴比伦城的守护神是代表木星的雷暴之神马尔杜克，在巴比伦成功统一两河流域后，马尔杜克升级为众神之王。巴比伦祭司创建了以巴比伦主神马尔杜克为首的多神信仰，编写出创世神话《埃努玛·埃利什》歌颂马尔杜克的伟大事迹。

埃努玛·埃利什意为"当在天的最高之处时"。据神话描述，创世前是一片混沌，由两位原始神阿普苏与提阿玛特统治。阿普苏与提阿玛特生下安沙尔和基沙尔，二人又生下苏美尔众神之父安，安创造了后来

马尔杜克大战海龙形态的提阿玛特

提阿玛特的海龙形态与中国神话中的龙相似,外形都类似蟒蛇,生活在水中。

的苏美尔众神,这些新生的神经常吵得原始父神阿普苏烦躁不安,阿普苏想要杀死这些新神,但是他的妻子母神提阿玛特却不同意,提阿玛特向水神和智慧之神恩奇告密,希望他设法与阿普苏取得和解。不料惊恐万分的恩奇却与众神设计使阿普苏昏迷后将其杀死,以绝后患。

失去丈夫的提阿玛特悔恨万分,发誓要向诸神报仇,她创造出共有11种魔兽的军团,命令她的第二任丈夫金固(也是她的儿子)担任最高统帅,向众神发起大屠杀,众神无人能敌。关键时刻,恩奇的儿子马尔杜克挺身而出,击败魔兽统领金固。提阿玛特亲自上阵,她化身为一条巨大无边的海龙,张开血盆大口,本想直接将马尔杜克吞入口中,但是马尔杜克却掀起风暴让她的巨口无法闭合,然后用剑刺穿她的五脏六腑。

提阿玛特死后,马尔杜克将她的身体切为两半,一半为天,一半为地,她的乳房形成山脉,乳汁形成泉水,她的泪水形成幼发拉底河和底格里斯河,她的第二任丈夫金固的身体则被马尔杜克用来创造人类,这就是巴比伦神话中的创世记。于是苏美尔的三大主神——天神安、大地神恩利尔、水神恩奇——共同推荐马尔杜克为众神之王和人类主宰，尊称其为"主"。

巴比伦城内建有巨大的马尔杜克神庙，巴比伦所有重大的仪式都在这座神庙中举行，其中最重要的是春节。春节从1月的第一天开始，持续11天，每天都要举行不同的宗教仪式，包括表演马尔杜克创世记、受难等经历，以及乐团演奏、欢宴晚会等，还有责打国王的仪式。国王在挨了巴比伦主神祭司一巴掌后，再接过祭司手中象征王权的权杖和剑，代表"国王代民赎罪""王权神授"等意。巴比伦国王不再像过去统一两河的国王一样自称为神，此后，在巴比伦，神权一直高于王权，这在仪式中也可看出端倪。

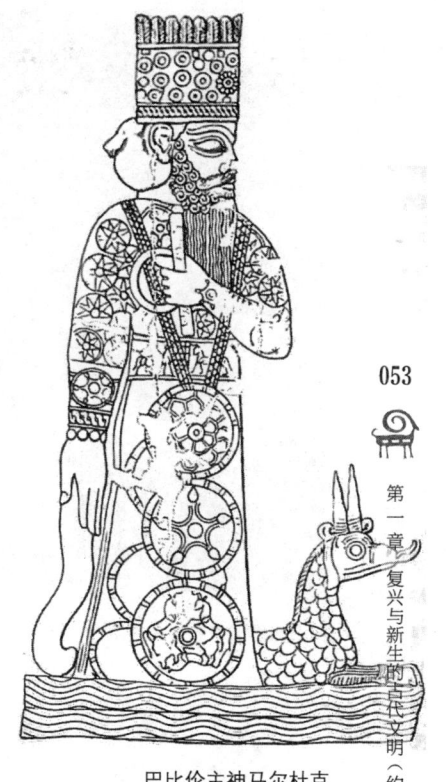

巴比伦主神马尔杜克

马尔杜克神庙不仅是祭祀马尔杜克神的场所，神庙的塔顶也是巴比伦城内最重要的星象观测台。在崇拜星体的巴比伦人看来，世间万物都和天上的星象对应，了解星象就能了解世界的秩序，预言人的命运。巴比伦王宫中有专门的占星师，负责记录各星体的活动，并以此来制定历法，占卜国家和个人的命运，如今流行的西方占星学正是起源于古巴比伦时期。

巴比伦第一王朝时期的天文占卜文献《对夜空诸神的祈祷文》就列举了许多星名和星象，并加以论述。而由英国考古学家奥斯丁·亨利·莱亚德爵士在伊拉克北部古城尼尼微发现的阿米萨杜卡金星泥板书（现藏于大英博物馆）则提供了巴比伦的行星现象观测记录和应用占星学的详细记录。这份泥板书表明，当时的巴比伦人用了21年的时间（公元前1646—前1626年），了解了金星的位置和运动轨迹，并占卜得出金星对国王健康的影响。

古巴比伦的占星学家还根据月亮圆缺的变化设定每月的周期，由于月亮的一个完整盈亏周期大致是28天（月亮公转的周期），其中从新月到上弦月，从上弦月到满月，从满月到下弦月，再从下弦月重回新月的时间大致都是七天，即四分之一的盈亏周期。古巴比伦人从新月开始每七天设置一个"圣日"，并规定当天不得工作，这就是我们现在使用的七天一星期的制度的由来。

古巴比伦的天文占星学泥板书

西方的黄道十二星座

除观察夜晚的月亮与星星外，古巴比伦的占星学家还从春分点开始，将白天太阳运行的轨道黄道等分为12天区，并把每个天区中的12标志星和一年12个月搭配，以校正每年12个月的开始日、5日、10日、15日或25日的准确时间，因此有了黄道12宫（星座）及其对应的一年12个月（太阳每个月经过一个宫）、一天12个时辰（黄道十二宫在天空中依次经过的时间）。希罗多德就称，希腊人所用的水钟①、日晷和把一天分为 12 个时辰的方法都是古巴比伦人发明的。

除天文外，古巴比伦人在数学上也取得了突出成就，巴比伦人已经会解一元二次方程，在这一时期诞生了数学史上第一条公式，可根据水渠的矩形断面计算水渠的浇灌水量。在巴比伦出土的一块约公元前 1900 年的石匾上有对圆周率的简单计算：$\pi=25/8=3.125$，是已知出土的世界上最早对圆周率的记载，而另一块约公元前 2000—前 1700 年的石碑上则记载了世界上最早的"勾股定理"。

第五节　游牧民的入侵

> 欧亚大陆边缘地区那些古老的文明中心对周围的部落来说，有如一块块有着不可抗拒的吸引力的磁铁。丰富的农作物、堆满谷物的粮仓、城市里令人眼花缭乱的各种奢侈品，所有这一切都吸引着大草原和沙漠地区饥饿的游牧民。
>
> ——［美］斯塔夫里阿诺斯《全球通史》

一、赫梯古王国与加喜特巴比伦王朝

由阿摩利人建立的巴比伦第一王朝使陷入分裂动乱的两河流域重获统一，但作为外来入侵者的阿摩利人却很快就被新的外族入侵者印欧人所替代。印欧人是使用印欧语系人群的总称，古印欧人本是生活在东欧大草原上的游牧民，他们驾驶战车、赶着牛、马、羊等牲畜，为寻找新

---

① 水钟又叫作"刻漏"，是一种摆脱天文现象的计时仪器。虽然希罗多德认为古巴比伦人发明了水钟，但据埃及朝官阿门内姆哈特的墓志铭记载，此人也曾于公元前 1500 年前后发明了一种"漏壶"，容器内的水面随着水的流出而下降，可据此测出过去了多少时间。

的水源和牧场过着四处迁移的生活，并随时准备入侵，掠夺物产更丰富的农耕民族。

约公元前2000年，印欧人对原来笨重的实心车轮进行改进，发明了轻便的有辐车轮，从而使车子速度更快，机动性更强。车轮的改进大大加强了印欧人的迁徙能力，并使他们具备了前所未有的军事优势。

印欧人作战时用两匹马拉的带辐轮的战车成排发起密集冲锋，这种战车有一名驭手和一名弓箭手或投枪手，所到之处尘土飞扬、枪箭齐发，传统的步兵难以抵抗。更重要的是这种快速的战车让他们掌握了对农耕民族战争的主动权，可以自行决定何时何地对农耕民族发起进攻和掠夺。耕农只有击溃他们才有时间逃亡；而农耕民族只有在知道印欧人的栖息处时，才能发起进攻，而拥有战车的印欧人却随时可以迅速逃脱。印欧人正是驾着这种新式战车掀起了大规模的迁徙浪潮。

大体在巴比伦第一王朝时期，一支居住在黑海沿岸的印欧人翻越高加索山脉进入小亚细亚东部的高原山区，征服了当地土著哈梯人，并与他们杂居融合成为使用印欧语的赫梯人。约公元前1800年，赫梯库萨

印欧游牧民的战车

尔部落首领皮坦纳统一诸赫梯部落，建立赫梯王国（又称西台国或希泰国），开启了赫梯早王朝（又称赫梯古王国）时代。皮坦纳的继承者安尼塔进一步扩张，他攻陷并焚毁了亚述人在小亚细亚的商业据点卡尼什和哈梯人的首都哈图萨（今土耳其首都安卡拉西北），并在哈图萨立碑诅咒："我在夜晚攻占了这座城市，在这里撒播杂草的种子，以后如果有人想重建哈图萨，必将被雷神击死。"

征服哈梯国后，赫梯领土与两河流域巴比伦王国的西北边界接壤。与此同时，另一支居住在里海北岸的印欧人——加喜特人（又称为喀西特人）也迁移到伊朗高原和两河流域的边界扎格罗斯山中部，成为巴比伦王国东北部的重大威胁。

在汉谟拉比统一两河流域的过程中，两河流域外围的马里、埃什南纳等强国被彻底毁灭，这等于将巴比伦外围直接暴露给境外的蛮夷势力。西北部幼发拉底河中游马里国的毁灭使来自西北的赫梯人随时可以顺流而下直捣巴比伦，东北部底格里斯河中游支流迪亚拉河地区的埃什南纳本也可以阻挡从东北部山区新迁移来的印欧加喜特部落，但如今这里成了加喜特各部落西进两河流域的基地。就像当初阿摩利人一样，加喜特人开始以移民的方式大规模渗入两河流域。

此时的巴比伦王国却在汉谟拉比去世后陷入内部危机中，早在汉谟拉比时期，由于社会阶层的日益分化，很多平民依附于贵族或沦为债奴。约公元前1750年，汉谟拉比之子萨姆苏伊鲁纳继承父位，他一上任，巴比伦就发生了反债务奴役斗争。萨姆苏伊鲁纳发布解负令，宣布豁免到期应付的实物租，打破人们欠债的泥版，释放沦为债奴的各城公民。从他以后，每任巴比伦王即位后都要发布解负令释放债奴。但是解负令并没有达到平息反债务奴役斗争的效果，被巴比伦强行征服的各城邦的遗留势力趁着债务奴役斗争造成的动乱寻机反叛。

在萨姆苏伊鲁纳上任的第8年，巴比伦曾经最重要的对手——拉尔

两河流域有关战车与马匹的浮雕

萨的旧贵族瑞姆辛二世在拉尔萨起兵为王，联合旧属乌尔、乌鲁克等城共同举义，举起南方反叛的大旗，亚述则在北方举兵响应。随后，两河流域南北各城邦纷纷掀起独立的浪潮，就连巴比伦周围的阿卡德地区的城邦也企图独立。萨姆苏伊鲁纳竭力维护巴比伦的统治，先后共击败26个"篡位王"，在平息南方苏美尔地区的叛乱时，他洗劫并焚烧了乌尔和乌鲁克的许多神庙，并拆除了它们的城墙。

趁着巴比伦发生动乱，加喜特部落成功在两河流域北部建立多个据点。萨姆苏伊鲁纳不得不把精力放在北方，南部的大邦伊辛在伊辛王朝的王室后裔伊鲁曼带领下再起叛乱，占领了南部波斯湾的滨海沼泽地，称"海国王朝"。巴比伦出兵平叛失败，连圣城尼普尔都落入海国王朝的手中，伊鲁曼在尼普尔加冕称王，与巴比伦第一王朝南北分治，虽然他从来没有占领过巴比伦，但是后世依然将其开创的海国王朝称为"巴比伦第二王朝"。

巴比伦王萨姆苏伊鲁纳过世后，其继承人阿比舒试图通过拦截底格里斯河使"海国王朝"的沼泽干涸，以便出兵平定南方，但最终还是以

被认为可能是性爱女神伊什塔尔像的巴比伦少女像

失败告终。与此同时，经常趁火打劫的埃兰人在国王库提尔·那胡恩特带领下再次对巴比伦发起进攻，征服了阿卡德地区30多座城市，并将两河流域的丰饶和性爱女神伊什塔尔的神像运回苏萨，迫使巴比伦人承认其"主人和统治者"身份。从此，巴比伦的统治范围仅剩下巴比伦周边的北方城市，又恢复到汉谟拉比统治以前的领土范围。

为了保护仅剩的领土，巴比伦王阿米迪塔那在巴比伦四方边界修建了四个要塞，以防范敌人，但是依然没能挡住赫梯人。早在约公元前1625年，赫梯人就在国王哈图西里一世的统领下将势力扩张到叙利亚北部，日益威胁到南部的两河流域。赫梯王哈图西里一世在位时，他的三个儿子因争夺王位发动叛乱，盛怒之下，他剥夺了诸子的继承权，直接指定孙子穆尔西里一世为继承人。

约公元前1620年，尚武好战、雄心勃勃的穆尔西里一世即位，他不顾赫梯开国之君皮坦纳攻毁哈梯国旧都哈图萨时立下的雷劈诅咒，将赫梯都城迁往这座固若金汤、易守难攻的要塞城市。随后他进一步扩大叙利亚战争，征服了叙利亚强国延哈德，占领了延哈德的都城、西亚交通要道阿勒颇，不过他最想占领的还是西亚的文明中心巴比伦。约公元前1595年，穆尔西里一世率赫梯军与同为印欧民族的加喜特人结成同盟，顺河南下，兵临巴比伦城下，已经日薄西山的巴比伦除了城墙之外，只剩下少得可怜的能服役的士兵，根本抵御不了强悍的赫梯军队，巴比伦城沦陷，古巴比伦第一王朝灭亡。

不过赫梯并未能在美索不达米亚立足，由于赫梯王穆尔西里一世是其祖父哈图西里一世临时安排的继承人，在国内的势力并不稳固，而巴比伦又距离赫梯的权力中心太远。因此赫梯王穆尔西里一世在占领巴比伦后便撤离回国，让其盟友加喜特人接管了巴比伦，不过赫梯人在离开之前席卷了巴比伦城的珍宝文物，连主神马尔杜克及其配偶萨尔帕尼吐姆的神像也被掠走。

穆尔西里一世归国后不久，其内兄汉提里一世发动宫廷政变，杀死他，夺取了王位，赫梯因此陷入一片混乱。加喜特国王阿古姆二世通过支持赫梯新王，从赫梯要回被他们掠走的马尔杜克及其配偶萨尔帕尼吐姆的神像，进而得到巴比伦人民的支持，建立了巴比伦第三王朝。这个王朝又被称为加喜特巴比伦王朝，他们的国王自称"巴比伦、苏美尔、阿卡德、加喜特和卡尔-杜尼阿什（加喜特人对巴比伦尼亚的称呼）之王"。到阿古姆三世统治时期，加喜特巴比伦王朝消灭南方海

古巴比伦的陶制头像

国王朝，再次统一巴比伦尼亚，从此以后，巴比伦南北的苏美尔和阿卡德基本没有再分开过。

虽然加喜特人属于印欧民族，既不是闪米特人，也不是苏美尔人，但是他们基本彻底融入了之前的巴比伦文明，他们重建修复了巴比伦、尼普尔、拉尔萨、乌尔、乌鲁克等地的神庙，继续供奉巴比伦主神马尔杜克为国神，甚至抛弃了自己原本的印欧语，改用巴比伦地区通用的阿卡德语。巴比伦文明与中国、古埃及等文明最明显的不同之处是，没有一个主体民族，而是一个以巴比伦城为中心、信仰马尔杜克为首的多神教、使用阿卡德语楔形文字、多个民族相互更替的文明。在加喜特以后的巴比伦尼亚，还经历了多个由不同民族以巴比伦为中心建立的政权，巴比伦总共经历11个王朝，这些不同民族虽然没有血缘的延续性，但是却共同传承着巴比伦文明的火炬。

二、雅利安人大迁徙

印欧人除向西南迁移到小亚细亚与两河流域外，还向东迁移到中亚的广阔草原地带，东迁的印欧人中最知名的一支被称为"雅利安人"。广义的雅利安人包括全部的印欧人，狭义的雅利安人则单指讲雅利安语的印欧部落。雅利安语对应印欧语系中的印度-伊朗诸语族，雅利安人一词在波斯文中意为"有信仰的人"，在印度梵文中意为"光荣、尊贵、高尚、纯洁的人"。学术界多认为印度和伊朗的共同祖先是来自中亚地区一个自称"雅利阿"的父系游牧部落集团，该部落擅长驾驶战车，崇拜因

安德罗诺沃文化的妇女服饰

陀罗、伐楼拿等神灵，这些神也是古伊朗和古印度宗教中共有的神灵。

约公元前2000年，在西西伯利亚和中亚草原地带兴起的安德罗诺沃文化是已得到证实的属于雅利安人的考古文化。在安德罗诺沃文化发现的遗骸，90%都是西亚-欧洲血统，其父系基因几乎全是雅利安单倍型类群R1a1。

当时在中亚与西伯利亚地区，同时存在着由印欧人创造的辛塔什塔-彼得罗夫卡文化与安德罗诺沃文化两种文化，其中辛塔什塔-彼得罗夫卡文化的城市化发展程度更高一些，该文化以规划细致、城防坚固的圆形城垣而闻名，其典型遗址是俄罗斯南乌拉尔地区阿尔卡伊姆盆地中心的阿尔卡伊姆古城，该城兴建于公元前1700年，与二里头文化大体同期，整座城市就像个同心圆盘，由多重圆形城墙组成，中心部分是一个圆切的正方形广场。类似这种风格的圆城后来在中国西北从新疆向东一直到内蒙古西部的额济纳河流域都有发现，代表有塔里木盆地中克里雅河流域的圆沙古城、孔雀河流域的营盘古城等，是西域诸国早期流行的城建类型。然而辛塔什塔-彼得罗夫卡文化的圆形城垣并没能抵挡住西部安德罗诺沃文化游牧部落的入侵，约公元前1600年，辛塔什塔-彼得罗夫卡的城市文化被游牧的安德罗诺沃文化取代，西伯利亚的城郭都被废弃。

尚武的安德罗诺沃文化游牧民除向东部的辛塔什塔-彼得罗夫卡文化扩张外，还不断向南发展。约公元前1600年，安德罗诺沃文化的一支南下越过群山巍峨的阿富汗兴都库什山脉到达印度河流域的旁遮普平原，创造了巴基斯坦与阿富汗边境的犍陀罗墓穴文化。这支雅利安人被称为印度雅利安人，是现今印度印欧语系民族的主要父系祖先。

在印度雅利安人抵达印度河流域时，印度河文明（哈拉帕城市文明时代）已经衰亡，印度河文明的两大中心摩亨佐·达罗城与哈拉帕城也已废弃，但是哈拉帕文化并没有完全灭亡，而是向东和向南迁移。哈拉帕文化在今印度的古吉拉特邦、拉贾斯坦邦、哈利安纳邦和北方邦等地区仍有延续,考古学界把印度河文明衰亡后的哈拉帕文化时期称为后哈拉帕文化时期（公元前1750—前1300年）。这一时期用烧砖建成的拥有排水系统的城市依然存在,代表遗址是位于印度古吉拉特邦的洛塔尔遗址,不过规模大不如前,在洛塔尔出土的后期印章文字也变得相当简单,只剩下少数线条和符号,更类似于标符而非文字。

虽然哈拉帕文化居民的文明程度要远比入侵的雅利安人高,但是他们却缺乏足够的防御武装来抵抗外来蛮族入侵。据考古发现,在印度河流域的文明遗址中没有发现强有力的杀伤性武器,也缺少防御性的甲胄和盾牌,在摩亨佐·达罗城出土的长矛单薄、易弯,弓箭的箭头制作粗糙,杀伤力较小的石块和陶块等投掷物依然大量使

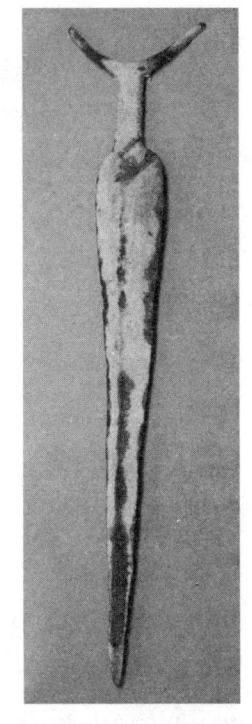

印度雅利安人的青铜剑

用。因此雅利安人凭着有辐条车轮的马拉战车及更先进的武器,征服了印度河流域哈拉帕文化土著,印度历史从此进入雅利安时代。

作为游牧民族的雅利安人进入印度河流域后,逐渐从当地居民那里学习到了先进的犁耕及水利灌溉技术,过上了定居的农耕生活,不过畜牧业经济依然占很大比重,牛的数量是他们判断财富多寡的标志,也是他们用以交换的最重要的货币。雅利安人没有城市,以村社为单位,其生产力远远落后于当地以城市经济为特色的哈拉帕文化,随着所有哈拉帕文化的城市都被雅利安人攻陷,整个南亚次大陆再次退回到农村公社时代。外来的蛮夷成为当地的主人,本土的文明人成了奴隶,城市变成了农村,用于记录的印章文字失传了,曾经辉煌灿烂的哈拉帕文化也被后人所遗忘,以致在考古发现之前,世人都以为印度最早的文明是由雅

利安人带来的。

这一时期的印度历史主要见于雅利安人最早的文献资料《吠陀》（意为知识）以及解释《吠陀》的诸梵书，所以这个时代被称为吠陀时代（约公元前1500—前600年）。

吠陀，又译为韦达经、韦陀经，是印度教最重要和最根本的经典。吠陀教是印度雅利安人最早信奉的宗教，也是古婆罗门教和现代印度教的前身。吠陀教义将诸神分为天、空、地三界，三界各有十一个主要神灵，共有三十三个主要神灵。其中天上诸神有天父神提奥、太阳神苏尔耶、黎明女神乌莎、司法神伐楼拿等，空中诸神有雷电神因陀罗、风暴之神鲁陀罗等，地上诸神有地母神普利提维①、火神阿耆尼、酒神苏摩等。与这三界神为敌的是妖魔，包括罗刹、阿修罗和达娑（特指原有印度土著的恶魔化身）。在三界神魔之外，还有一个死神——阎摩，他被认为是第一个死后成神的人类，因此他开辟了从人间通往冥界的道路，成为统治亡灵的冥王，建立了以阎摩城为都城的地府，他也就是后来佛教中主管地狱的"阎罗王"。

在吠陀神话的三界中，占主导地位的是居中的空界，雷神因陀罗是空界诸神之首，他的名字意译即能天帝，他是在《梨俱吠陀》②中被歌颂最多的神（近250首，约占诗总数的四分之一）。因陀罗同时也是雅利安人的战争之神，雅利安人把因陀罗视为指挥他们入侵印度的首领。

据《吠陀》记载：雅利安人的部落在入侵印度河流域后，与当地土著民族进行长期的战斗。雅利安人称这些土著身材矮小、肤色暗黑、塌鼻子、言语不清、胆小懦弱；而雅利安人自己则身材高大、皮肤白皙、蓝眼睛、高鼻梁、英勇无敌，以冲锋陷阵为乐，爱好饮酒赌博和赛车。战神因陀罗就是雅利安武士的理想化身，他驾驶战车，快活地冲锋陷

---

① 《吠陀经》记载地母神普利提维借助于天父神提奥以雨、蜜、油脂的形式下降的精液，创造了所有其他的神、人类与一切生物。
② 《梨俱吠陀》全名《梨俱吠陀本集》，是《吠陀》中最重要的一部作品，也是印度最古老的一部诗歌集。

阵，一餐能吃 300 头水牛①的肉，喝三大湖泊的苏摩酒②。雅利安人称他们在因陀罗等众神的帮助下取得胜利，成为当地的统治者，将原有的土著人变成奴隶，称其为"达萨"（意为低贱者、奴隶）或"达休"（意即被征服的敌人），与自己的称谓雅利安人（高贵、纯洁的人）对应。

《吠陀》中的赞美诗写道：伟大的战神因陀罗战无不胜，他手舞金刚杵，头戴金箍，身披金色盔甲，手挽巨弓，驾驶黄金战车，放出闪电，摧毁了敌人 99 座城堡，就像赌博中大获全胜的人，拿光敌人全部财产，使达萨人屈服灭亡，解放了七河之境。"七河之境"主要是指印度河及其支流所在的巴基斯坦旁遮普省等地，旁遮普的意思就是"五河之境"③。因陀罗后被佛教吸收为护法神，称帝释天，中国的佛教徒常将帝释天等同于道教的玉皇大帝，但是道教徒认为帝释天和玉皇大帝并不在同一个界层中，帝释天位于忉利天界，仍属六道轮回中的天道，而玉皇大帝乃万天帝主，统御诸天，早已脱离轮回，地位远高于帝释天。

入侵印度的雅利安人被称作印度雅利安人，而另一支进入伊朗的雅

雅利安人的战争之神因陀罗

---

① 不像黄牛在印度教中拥有神圣地位，水牛在印度文化中代表邪恶，用于祭祀女神，当今的印度正是世界上最大的水牛肉出口国。
② 苏摩酒是雅利安祭司饮用的一种能引起幻觉的饮料，传说由酒神苏摩酿造。
③ 五河是指旁遮普境内印度河的五条支流比阿斯河、拉维河、萨特累季河、切那布河与杰勒姆河。

利安人则被称为伊朗雅利安人,"伊朗"这个词在伊朗语中即为"雅利安人的土地"之意。这支伊朗雅利安人还成功入侵两河流域,征服了两河流域北部的胡里安人。

胡里安人本是生活在安纳托利亚和亚美尼亚山区的居民,其所用语言属于胡里安-乌拉尔图语系,和周边的闪米特语、苏美尔语、印欧语都没有关系,他们趁着巴比伦第一王朝灭亡之时渗透到两河流域上游地区。雅利安人驾驶印欧部落无往不胜的马拉战车,征服了这里的胡里安人,并成为他们的领袖,在两河流域的北部和叙利亚地区建立起强大的米坦尼王国。

伊朗山崖上的密特拉神浮雕

米坦尼王国主体居民是胡里安人,其使用的语言主要也是胡里安语与阿卡德语,但是统治的王族却都是雅利安人姓氏。米坦尼信仰的几个大神密特拉[①]、伐楼拿、因陀罗和双马童(象征着日出与日落的孪生双子神)等也都是印度-伊朗雅利安人所崇拜的主要神灵,其中排名首位的密特拉神是米坦尼人崇拜的最高神。在伊朗雅利安人的信仰中,火、光明、太阳神崇拜都源自密特拉崇拜,密特拉神信仰不仅早于伊朗拜火教,密特拉神也被认为很可能是后来伊朗拜火教主神阿胡拉·马兹达的原型,即使在拜火教确立阿胡拉·马兹达为至高神之后,密特拉神仍是

---

① 在印度吠陀教中,密特拉神被称为密多罗,为白昼神,与黑夜神婆楼那形成配偶神,称为密多罗婆楼那。密多罗统治白昼,婆楼那统治黑夜,二者共同统治天与地。

拜火教中仅有的三位可以称为阿胡拉（Ahura，意味主）的大神（另外两位是阿胡拉·马兹达和阿帕姆·纳帕特）之一，被视为阿胡拉·马兹达在人世间的代表，在民间拥有众多的崇拜者。

密特拉神后来传入罗马帝国，并盛极一时，罗马人相信他会保佑战斗的胜利，有多位罗马皇帝都信奉密特拉神。基督教最重要的节日圣诞节的时间12月25日，其实最早是罗马皇帝奥勒良在公元274年钦定的密特拉神的生日，至于耶稣的出生日期在早期文献中并没有记载。后来罗马皇帝君士坦丁改信基督教后，才将这一天定为基督耶稣的诞生日。

三、古埃及的牧羊王朝

使用马拉战车的印欧人对西亚的入侵不仅直接导致巴比伦第一王朝的灭亡，同时也造成多米诺骨牌效应，推动了西亚的闪米特人向西南方

亚洲人迁入埃及（上图、下图）
古埃及壁画复原图。在中王国时期的坟墓中发现了一幅描绘亚洲人迁入埃及的壁画，图中黄皮肤的亚洲人有可能就是喜克索斯人。

向的埃及迁移，闪米特人的一支——喜克索斯人，开始渗透到埃及。"喜克索斯"在埃及语中意为"外来的统治者"，他们将在埃及建立起第一个外族王朝。

埃及古王国的崩溃始于一位长寿的国王——佩皮二世，而在埃及中王国第十二王朝末期，也出现了同古王国末期佩皮二世同样长寿的国王——阿蒙涅姆赫特三世。埃及"逢老必乱"的定律显验，阿蒙涅姆赫特三世统治的时间长达40多年，晚年因年老昏聩，无法驾驭庞大的埃及王国，地方各州长重新掌控大权，成为各地的强大势力。一些州长甚至开始世袭，号称"小王"，停止对中央的进贡，大大削弱了中央集权的统治。

阿蒙涅姆赫特三世的长寿导致了后继国王老龄化问题，他的儿子阿蒙涅姆赫特四世继位时也已行将就木，统治仅9年时间就撒手而去，由于他没有男性后代，而他的兄弟也早已去世，王位只能由他的姊妹索布克尼弗鲁继承。

索布克尼弗鲁是古埃及历史上的第二位女国王，也是第十二王朝的倒数第二位统治者，此时她也已经是风烛残年的老太婆，无法改变埃及持续衰落的局面，在位仅约3年就去世了。她的儿子威格夫是埃及第十二王朝的最后一位国王。一直以来继承人问题的混乱导致朝廷派别之间的斗争，同时也加重了人民的负担。在他以后，埃及再次爆发贫民奴隶大起义，顷刻间席卷全国，"城市遭到毁灭，王宫化为灰烬，政府机关都陷入瘫痪"。埃及就此分裂为东部的第十三王朝和西部的第十四王朝，其中第十三王朝是第十二王朝的合法继承人，古埃及中王国时代的大一统局面就此结束，进入历史上第二次大混乱时期——长达200多年的第二中间期（公元前1786—前1550年）。

趁着埃及进入大混乱时期，在印欧人冲击下被迫西迁的西亚闪米特部落喜克索斯人也从原本的和平移民方式演变为大规模武力入侵，他们在尼罗河三角洲东部兴建起都城阿瓦利斯,从而成功在此扎根。对比人数众多的埃及人,喜克索斯人数量要少得多,但是他们却拥有远比埃及人先进的武器,其中包括从印欧人那里学来的马拉战车,还有来自西亚地区的弯刀、短剑、破甲斧以及复合弓与铜鳞甲。

复合弓的使用是人类弓箭史上的革命,古代制弓技术的发展,大体上经历了从单体弓,到加强弓再到复合弓三个阶段。只用一种材料制作的单体弓是人类最古老的弓种,后来出现了用相同或相似材料几层叠合或数段拼接而成的加强弓(也称合成弓、叠片弓),广义上也属于复合弓。复合弓则是用混合的木材或动物的角、筋、骨等多种材料制造而成

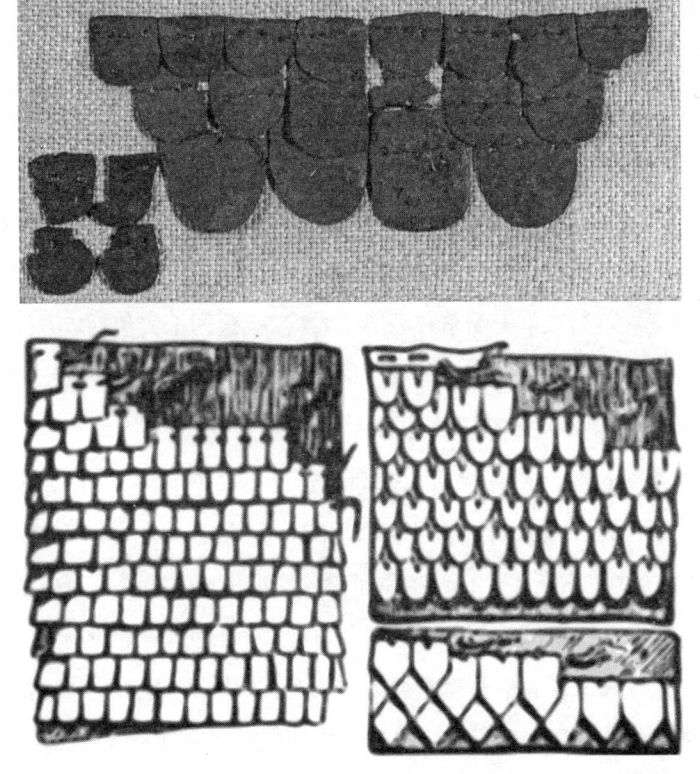

上古中东地区的铜鳞甲

的复合结构的弓,其中使用动物的角、筋等材料制作的"角弓"是古代最为常见的复合弓,具有十分强大的威力。西亚的三角弓是已知最早的复合弓实例之一,这种弓绷上弦时即形成一个浅腰三角形,拉满弓时即成一半圆形,在巴比伦的印章以及古亚述人的浮雕上就常能见到这种弓的形象。

鳞甲是指将一片片小块的金属鳞片像"麻将席"一样连接起来的铠甲,因为小片金属易于加工,鳞甲成为世界上使用最广泛的金属铠甲。西亚人制造的铜鳞甲是用含锡量5%左右的青铜经过锻打编成的,含锡比例是制造青铜鳞甲的关键,如果锡含量太高,青铜会变得太脆,不能锻打,因此打造铜鳞甲对青铜冶炼技术有较高的要求。

埃及青铜冶炼技术一直比西亚地区落后,只有上等士兵才装备青铜武器,他们不但没有青铜护甲,普通士兵连皮甲都没有,陆军也只有步兵一个兵种,主要由临时招募的农民组成,军事上和喜克索斯人差距巨大。喜克索斯人凭借自己先进的军事技术成功攻下孟斐斯,灭亡埃及第十三、第十四两个王朝,占领了整个下埃及地区,创建了埃及上千年历史中第一个外族政权——牧羊王朝。

喜克索斯的牧羊王朝总共经历了大约54位国王,包括埃及第十五、第十六两个王朝,这两个王朝处于同一时代,第十六王朝是第十五王朝的附属,所以第十五王朝被称为大喜克索斯王朝,第十六王朝被称为小喜克索斯王朝。喜克索斯人控制的领土主要位于尼罗河三角洲和中埃及,还包括亚洲叙利亚和巴勒斯坦的若干地区,埃及石碑中就记载:"亚洲人(喜克索斯人)已经控制了赫尔摩坡里斯,边界远至库塞。"在两河流域的花岗岩狮子上也发现了大喜克索斯王朝国王的名字。

作为外来入侵者的喜克索斯人在埃及大肆烧杀掳掠,焚毁村镇,横征暴敛,虐杀居民。他们将自己信仰的亚洲风暴之神和埃及的风暴与沙漠之神塞特等同起来,奉为主神,诋毁埃及的太阳神拉、荷鲁斯、奥西

古埃及圣甲虫石刻的正反两面

在喜克索斯人的残暴统治下，这一时期只留下了为数不多的雕像、石碑、建筑，其中最常见的是蜣螂石刻。蜣螂又叫屎壳郎，它们在粪便中产卵繁衍，埃及人以为它们可以通过粪便死而复生，将其视为圣物崇拜，尊称其为圣甲虫。

里斯、阿蒙等传统神灵的信仰，夷平他们的神庙，给埃及带来了巨大的民族灾难。

埃及铭文写道："尼罗河水泛滥了，却没有人耕作，全部三角洲都无法隐藏，而三角洲居民正处在任人践踏的道路上。"喜克索斯人通过暴力来维持对埃及的残暴统治，为镇压埃及人民的反抗，他们在险要之处修建起多处喜克索斯城堡，派重兵防守。据史料记载，仅首都阿瓦里斯一地就屯兵24万人，这一数值明显有夸大的成分，现代学者据考古发现推测，阿瓦里斯的实际人数应为10万，不过即使按这一数据推断，它也是当时世界上人口最多的城市。

虽然喜克索斯人给埃及带来种种破坏，但也促进了西亚、北非地区文化技术的交流。喜克索斯人把来自欧亚地区的马和战车、复合弓等新式的武器和先进的防御工程技术以及青铜冶炼术传入埃及，先前埃及的青铜制品较为稀少，在喜克索斯人统治时期，出现了大量青铜工具和农具，青铜武器也全面普及。

同样，埃及文明成果也随喜克索斯人传入西亚，使用象形文字的古埃及人发明了最早的象形音符用来表示纯粹的发音概念，入侵埃及的喜

原始西奈字母石刻

克索斯人等闪米特民族没能像克里特人那样学习古埃及复杂的象形文字创造出属于自己的象形文字，不过他们却从埃及人那里学会了用简单、少量的象形音符来书写他们的发音，由此逐渐发展演变出只表音而不表意的字母文字。在埃及底比斯和阿拜多斯古道路的峡谷岩壁上发现的约公元前1900—前1800年的恐怖峡谷字母是世界已知最早的字母铭文。而在西亚地区发现的最早字母则是约公元前1600年埃及和西亚交界的西奈半岛的原始西奈字母铭文，当时这里属于喜克索斯人的领地。原始西奈字母是西奈半岛刻于庙宇内的铭文，使用的语言是西闪米特语支迦南诸语。许多学者认为，原始西奈字母是以古埃及僧侣体文字作范本并利用截头表音法来记录闪米特语的辅音音素文字，属于半象形文字、半字母文字的书写系统，是闪米特字母与后世绝大部分字母文字的始祖。

四、古埃及第十七王朝与第二中间期的学术成果

喜克索斯人宣称拥有整个埃及，但是事实上他们并没能完全控制南方上埃及地区。在埃及本土势力第十三王朝灭亡之前，其王室成员拉霍特普退守南方上埃及的底比斯，在此创建了第十七王朝（约公元前1650—前1550年），并在约公元前1633年第十三王朝灭亡后完全控制了上埃及从厄勒藩汀到阿拜多斯的领土。喜克索斯王朝通过和埃及南方的敌人努比亚联盟对第十七王朝形成夹击之势，为了生存，第十七王朝

《莱因德纸草书》中的三角形面积计算方法

被迫向喜克索斯人称臣纳贡，保持着半独立的状态，谨小慎微地维持着古埃及文明的火种。

正因为偏安底比斯的第十七王朝的存在，埃及在喜克索斯人入侵时期，传统科学文化仍能继续发展，在底比斯出土的约公元前1650年的《莱因德纸草书》中记录了共84个数学问题和解决方案，包括怎么给属下分配食物，几何图形计算，并懂得把圆分成360度，推算出圆周率等于分数$\frac{16}{9}$的平方，约为3.1605。

古埃及最著名的医学著作《艾德温·史密斯纸草文稿》也诞生于这一时期，一般认为该著作是后人根据埃及史上第一位留名的医师伊蒙霍特普所留下的资料，约于公元前17世纪编著而成的医学论文集，这也是人类史上第一部保存至今的比较完整的医学作品。

这部医书共列举了48种病例及其治疗方法，其中最先进的当属外科手术和解剖学，包括最早的医治脑外伤的手术、摘除胸腔肿瘤的手术、截上肢手术等。医书还指出：人体血液循环系统通过心脏的收缩将血液

古埃及的割礼手术

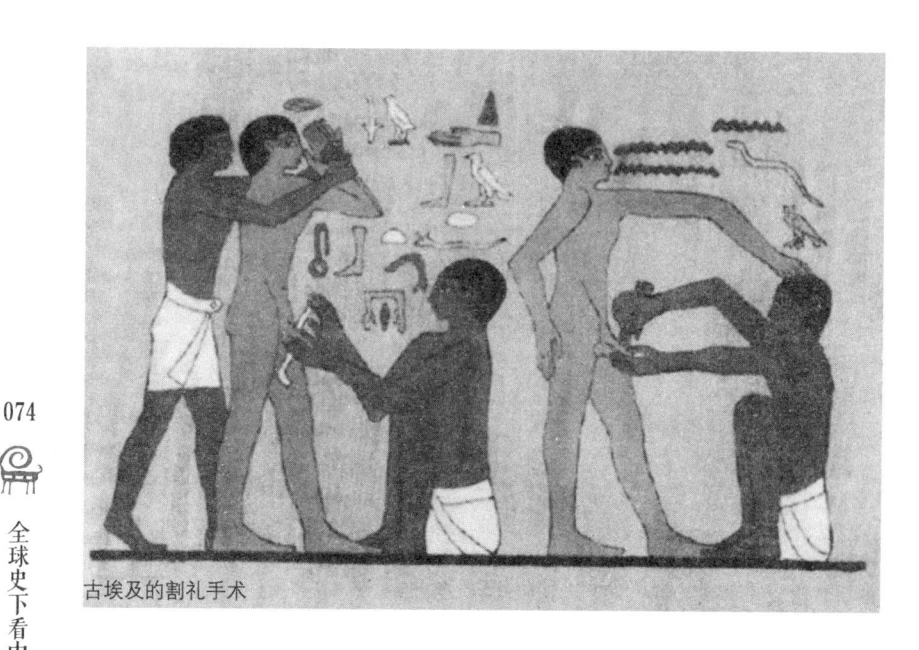

输送至身体的各个部位，控制下肢的器官不在下肢而在脑部。不过需要指出的是，古埃及病例的精确记载仅限于外科解剖的部分，这些外科解剖知识很大一部分来自埃及人制作木乃伊的传统。而非外伤引起的疾病通常被认为是邪灵作祟，因此这些疾病大多通过祭祀或巫术来治疗。

通过古埃及医学书上的记载可知，埃及人认为排除毒素、保持卫生是维持健康的重要条件，为排除毒素，经常需要通过灌肠、排泄、呕吐等方法清理肠胃，为保持卫生，他们还用纸莎草做出最早的"避孕套"，他们使用这种"避孕套"的主要目的不是避孕，而是作为装饰品，同时防止蚊虫叮咬或不干净导致的疾病传播。此外，所有的古埃及男性都要在 6—12 岁实行割礼（割掉包皮）。古希腊历史学家希罗多德记载道："他们行割礼是为了洁净，认为洁净比体面更为重要。"

除了男性割礼外，在几千年前的埃及木乃伊中还发现有受过割礼的妇女，与男性割礼主要是为了清洁不同，女性割礼主要是通过割除女性一部分性器官以免除其性快感，以此控制女性的性欲。女性割礼最初可能是埃及国王针对少数后宫女子使用,被称为"法老式割礼",但是数千年后逐渐发展成埃及每个女性都要经历的陋俗,并影响到埃及周边的国家和地区。直到今日,埃及 15—48 岁的女性中仍有 91% 都接受过割礼手术①,全球受过割礼的妇女更是多达约 1.3 亿名。

第六节　世界文明的新格局

> 人类文明的存在和发展具有一般的基本规律。犹如一个有机体,每个文明都会经历起源、成长、衰落和解体四个阶段。文明兴衰的基本原因是挑战和应战。一个文明,如果能够成功地应对挑战,那么它就会诞生和成长起来;反之,如果不能成功地应对挑战,那么它就会走向衰落和解体。
>
> ——[英]阿诺德·汤因比《历史研究》

正如著名历史学家汤因比所说:"文明兴衰的基本原因是挑战和应战。"上古四大河古文明也都是在成功地应对挑战后兴盛起来的,而当新一轮的挑战来临时,四大河流域文明也迎来了截然不同的命运。

中华文明在这一时期的挑战中成功实现突破,改造了旧的部落联盟制组织,建立起新的国家政治机构,从此帝王世代沿袭的王位世袭制在中国延续了近四千年,中国历史也从原始时代的部落联盟迈入了文明时代的国家阶段。而古埃及的中王国却还未能恢复埃及古王国时期的盛世,便走向衰败,因此中王国时期常被视为埃及古王国与新王国之间的过渡时期,古埃及文明并未能完全成功地应对挑战,未从古王国末期开始的衰败周期中走出。两河流域文明的火炬则由苏美尔人传递到巴比伦

---

① 目前埃及的"割礼"行为已被明令禁止,但是一些医生仍在"一些例外的案例"中为一些女孩进行割礼手术。

人手上，这标志着苏美尔文明的终结与古巴比伦文明的开始，巴比伦人使两河文明达到了一个新的高度，因此苏美尔文明虽没能在这轮挑战中幸存下来，但是他们创造的文明仍由巴比伦人继续传承下去。相比之下，印度河文明则遭到彻底的摧毁，入侵的雅利安人未能继承印度河文明的成果，他们也尚未发展出自己的文明，整个印度次大陆因此又倒退回原始社会阶段，全球史上的四大河流域文明时期就此终结。

　　与印度河文明衰亡相对应的是爱琴文明的兴起，这使世界文明的区域中心从原有的四大河流域转变为黄河流域、尼罗河流域、两河流域、爱琴海四个区域。人类文明的主要类型不再仅仅是大河文明，海洋区域首次成为人类文明的几大中心区域之一。

　　如果说大河文明的经济基础是灌溉农业，那么手工业与航海贸易则是海洋文明形成的必备要素，农业是第一产业，手工业是第二产业，航海贸易是第三产业，第一产业是第二、第三产业的基础，第三产业需依赖于第一、第二产业的发展。由于地理条件的限制，爱琴海地区本身没有发达的第一产业，因此海洋文明最初是依附于大河文明而出现的。爱琴文明在经济上对古埃及文明有一定的依附性，其文明的一些源头也可追溯到古埃及文明，但不能因此将爱琴文明简单归为古埃及文明的次生文明或古埃及文明与两河文明的混合文明。因为古埃及文明与印度河文明的一些早期源头也可追溯到两河文明，而且爱琴文明并非简单复制大河文明这种形式，而是另外创造出海洋文明这种新类型，使人类文明成功从大河流域扩展到海洋区域，具有划时代的意义。

历史大事件对照表

东亚	西亚	尼罗河流域	爱琴海	中北亚	印度河流域
约公元前2000—前1900年，龙山文化的陶寺等中心聚落被摧毁，龙山文化灭亡。约公元前1900—前1700年留存的新砦遗址被认为可能是夏王朝早期遗址。约公元前1735—前1500年留存的今华夏大地偃师二里头文化遗址被认为可能是夏朝晚期都城。约公元前1700—前1200年存在的三星堆青铜文化是以四川广汉三星堆遗址为中心的青铜文化。约公元前1600年，商部落首领汤发动革命，经鸣条之战灭夏，建立商朝。	约公元前2000年，两河流域南部进入伊辛-拉尔萨争霸时代。约公元前1894年，阿摩利人首长苏姆阿布姆建古巴比伦王国第一王朝。约公元前1813—前1783年，阿摩利首领沙姆什阿达德一世占领亚述地区，自任亚述王，并将古亚述王国带入极盛时代。约公元前1800年，印欧语系赫梯库萨尔部落首领皮坦纳征服小亚细亚诸赫梯部落和哈梯人，建立赫梯王国。赫梯早王朝时代开始。约公元前1792—前1750年，古巴比伦第六代国王汉谟拉比继位巴比伦国王，统一美索不达米亚，颁布《汉谟拉比法典》。约公元前1730年，伊辛王朝的王室后裔伊鲁曼在南部苏美尔的沼泽地建立海国王朝，史称巴比伦第二王朝。约公元前1595年，赫梯王穆尔西里斯一世出兵灭亡巴比伦第一王朝。	约公元前2060年，底比斯第十一王朝国王孟图霍特普二世即位。约前2040年，孟图霍特普二世重新统一埃及，埃及中王国正式开始。约公元前1991年，第十一王朝宰相阿蒙涅姆赫特一世取得政权，迁都法尤姆，建立第十二王朝。约公元前1786年，埃及贫民与奴隶发动大起义，第十二王朝灭亡，进入第二中间期。约公元前1674年，西亚游牧部落喜克索斯人入侵埃及建立牧羊王朝。约公元前1650年，埃及贵族拉霍特普在南部底比斯创建第十七王朝。	约公元前2000—前1500年，克里特岛上的米诺斯人建成克诺索斯王宫，克里特文明进入古王宫时代。约公元前1700—前1450年，克里特文明新王宫时期。	约公元前2000—前1500年，印欧人在南西伯利亚和中亚创造出辛塔什塔-彼得罗夫卡文化。该文化以规划细致、城防坚固的圆形城垣而闻名。俄罗斯南乌拉尔地区阿尔卡伊姆盆地中心的阿尔卡伊姆古城是该文化的典型遗址。	约公元前1900—前1750年，印度河文明进入衰落阶段，约公元前1750年，两大城市摩亨佐-达罗、哈拉帕相继被废弃，印度河文明灭亡。约公元前1300—前1500年，印度处于后哈拉帕文化时期。

第一章 与复兴与新生的古代文明（约公元前2000—前1600年）

077

第二章
四大地域文明的发展
（约公元前1750—前1500年）

在上章所描述的历史时期中，商朝取代了夏朝，巴比伦取代了苏美尔，雅利安人取代了印度河流域的土著，尼罗河流域的古埃及文明也和两河流域与印度河流域的文明一样，遭遇了外族入侵，外来入侵者成功夺取了埃及的大半江山。而在爱琴海，克里特人最先点燃了欧洲文明的火炬。那么在接下来的历史时期里，取代夏朝的商朝将如何引领华夏文明的发展？克里特文明对后来的希腊人将产生哪些影响？入侵埃及的外来游牧民能否征服埃及全境？尼罗河流域的埃及与两河流域的巴比伦之间又将出现哪些关联？巴比伦能否继续保持西亚文明中心的地位？随着世界文明的区域中心从原有的四大河流域转变为中原、埃及、西亚、爱琴海四大地域，在新的地缘格局下各文明的历史也将迎来新的时代。

第一节　古埃及新王国

青年男子为国征战，离开母亲怀抱，到终成男子气概，却是为国捐躯之时。

——古埃及新王国时期的战争诗

一、古埃及复国战争

约公元前1585年，阿波斐斯一世成为喜克索斯人的国王，他在位近40年，是第十五王朝统治时间最长的国王，他通过不断征战，控制了埃及大部，将喜克索斯王朝带入全盛时代。全盛之后，就是衰败的开始，作为入侵的蛮族统治者，喜克索斯人对埃及民众的残杀掠夺及对埃及民族自尊的诋毁，早已让埃及人无法忍受。随着埃及人逐渐应用喜克索斯人的马拉战车、复合弓、新式青铜武器等先进军事装备，喜克索斯人对埃及的军事优势已不复存在，埃及人的复国之心日益强烈，一场民族解放运动即将展开，而最初的导火索竟是一群河马。

据古埃及文献《阿波斐斯和塞肯内拉·泰奥的故事》记载：南方底比斯第十七王朝的国王泰奥二世在底比斯神庙的池塘中养了一群河马当宠物，喜克索斯王阿波斐斯听闻后，派使者要求泰奥二世拆除"河马池塘"，因为河马刺耳的鼾声让他无法入睡。远在下埃及的阿波斐斯怎么能听到数百千米以外上埃及底比斯河马的叫声呢？这无疑是阿波斐斯对泰奥二世的无理挑衅。泰奥二世早就不能忍受喜克索斯人的残暴专横了，于是在约公元前1555年他组建了一支包括努比亚弓箭手在内的军队，向喜克索斯王阿波斐斯宣战，开始了埃及伟大的复国运动。

泰奥二世在埃及被尊称为"勇敢者"，英勇的他最后因中敌人埋伏阵亡，直到生命的最后一刻他还在和敌人搏斗，至今仍可在他的遗体上找到被斧、剑、刀、棒、枪五种武器攻击的痕迹，其肋骨和脊椎骨已破碎，四肢亦损，头部有五处严重伤痕。

泰奥二世英勇不屈的精神激发了埃及人反抗异族统治的勇气，他们同仇敌忾地走向战场，奋勇杀敌，以为民族解放牺牲为荣。泰奥二世的长子卡莫斯继位后，为自己的父亲展开了复仇之战。他学习喜克索斯人组建以战车兵为主力的部队，并对喜克索斯战车进行改进，将车轮改造为埃及人擅长制作的榫卯结构，用柔韧的木椽和皮革做轮胎，在木头和皮革之间用动物油脂做润滑剂，把车轴移到车斗后部，增加稳定性，把战车的重量减轻到一个人也可以抬动，从而设计出速度更快、灵活性更强的轻战车。

这种战车的机动性在当时首屈一指，即使在埃及崎岖不平的泥路上也能以约40千米的时速行驶。在埃及轻战车上实施攻击的是使用复合弓的射手，复合弓是喜克索斯人传给埃及人的又一项革命性军事武器，在埃及地区缺少制作单体弓的木材，但非常适合生产用动物筋骨制成的复合弓。埃及人在喜克索斯复合弓基础上设计出埃及特色的三角复合短弓，这种短弓非常适合战车射手和骑弓兵使用，因为太长的弓身在车马上使用非常不便。使用复合弓的埃及车射手驾驶着灵便的轻战车，如旋风一般，飞驰而去，箭发如雨，又立刻飞驰而回，无论是诱敌、骚扰还是冲锋都非常有效，从此以后，双轮战车射手成为日后埃及文明的一大特色，是埃及解放战争中无往不胜的利器，也为后来埃及成为军事帝国奠定了军备基础。

卡莫斯率领机动的战车部队，与尼罗河舰队以及从努比亚征调来的沙漠部落军队，对喜克索人的南方要塞进行多方位突袭，终于在约公元前1552年攻占原埃及十二王朝的都城法尤姆，将喜克索斯王阿波斐斯

古埃及的双轮战车射手

赶回下埃及都城阿瓦里斯，卡莫斯立了一块"胜利者石柱"，宣称："我征服了南方，打败了北方，拆毁了他的墙，杀了他的人，我的战士们像狮子一样对待他们的猎物，掠夺瓜分他们的妻儿和财产。"喜克索斯王阿波斐斯企图联合其南方盟友努比亚国王南北夹击底比斯，但其派出的信使却被卡莫斯截获，阿波斐斯愤恨而死。

阿波斐斯死后不久，在位仅5年（一说3年）的卡莫斯也因未知原因于约公元前1550年过世，卡莫斯壮志未酬身先死，"驱除外敌，光复埃及"的大任就落到他的弟弟雅赫摩斯一世身上。雅赫摩斯一世即位标志着埃及第十七王朝结束，开始进入全面复兴的第十八王朝（约公元前1550年—前1295年）。雅赫摩斯一世先是光复古都孟斐斯，成功控制了上埃及和中埃及，将喜克索斯人的势力限制在尼罗河三角洲东部地区，然后他又以三角洲战略要地塞拉要塞为基地，于约公元前1547年迂回攻占喜克索斯人首都阿瓦利斯，成功将统治埃及百年之久的喜克索斯人彻底驱逐出埃及，使埃及重新回到埃及人手中。

在此过程中，雅赫摩斯一世以复国战争为口号，以在复国战争中培养出的强大军队为后盾，不断削弱地方贵族权力，建立起前所未有的中央集权统治，埃及历史上最为强盛的新王国时代（包括埃及第十八、第十九、第二十王朝）就此开始。

二、古埃及帝国时代的开始

新王国时代是古埃及文明冲出非洲、走向亚洲的时代，因其强大的军事实力和广阔的疆土又被称为埃及的帝国时代。来自亚洲的喜克索斯人的入侵大大增加了埃及人探索东方亚洲世界的渴望，他们在夺回故土后把目光放向亚洲，开始大规模向外扩张，而双轮战车的使用也增加了埃及军队的移动力，让埃及军队能在遥远的境外发起进攻性战役。埃及人要让他们的战车踏遍未知的东方领土，埃及即将进入一个开疆拓土的新时代。

在将喜克索斯人逐出埃及后,埃及军队就越出边境展开了一场进攻性的追击,将这场民族解放运动扩大为对外征服战争。约公元前1540年,埃及国王雅赫摩斯一世成功攻陷喜克索斯人在南巴勒斯坦地区最后的据点沙鲁亨堡垒,并一路追击喜克索斯人至黎巴嫩境内。约公元前1528年,雅赫摩斯一世又进一步东征,抵达叙利亚地区的扎亥城,将埃及势力扩张到叙利亚南部,奠定了埃及第十八王朝在亚洲的领土势力。埃及对新征服的亚洲地区实行殖民统治,保留当地统治者的王位,但最高军事权力由埃及驻军的指挥官执掌。

雅赫摩斯一世掀开了埃及新王国对外扩张的序幕,他的继承者阿蒙霍特普一世进一步扩大对外战争,即位初年就击退了西部利比亚人的入侵,并反攻至利比亚东部的伊穆克赫克。同时,他没有忘记过去埃及对南方努比亚的控制,于约公元前1525年,率军南征努比亚,直达尼罗河第二瀑布,带回大量的战利品,并在努比亚修建了许多防御工事,从而恢复了埃及中王国时期对努比亚第二大瀑布以北地区的控制权。

约公元前1504年,阿蒙霍特普一世无嗣而终,王位由他的妹夫、埃及最高军事统帅图特摩斯继承,史称图特摩斯一世。在他统治的短短12年(约公元前1504—前1492年)中,取得了令人瞩目的军事成就,为埃及开拓出前所未有的广大疆土。他刚继位时,南部努比亚就乘机起兵叛乱,图特摩斯一世亲率军队远征,俘虏努比亚的国王,把他吊在船上运回底比斯,在宗教仪式上亲自将他斩首。

小试牛刀后,他进一步扩大对努比亚的战争,一路势如破竹,据随军记录《阿赫摩斯纪事》描述:"图特摩斯如同猎豹一般驾驶战车杀入敌阵,一箭就射穿了努比亚人的胸口。他们转身溃逃,战斗成为一边倒的大屠杀。"为巩固对努比亚的控制,图特摩斯疏通第一瀑布上的运河,在第二瀑布和第三瀑布修建城墙和要塞堡垒,从而将第三大瀑布以北地区都纳入埃及的南部领土。

除了对南方的征服外,图特摩斯一世还于约公元前1504年率军远征到叙利亚东北部幼发拉底河上游的纳哈林地区,掠来许多奴隶,让埃及的势力第一次到达两河文明的边境,完成了从一个地域性王国向地跨亚非的洲际性帝国的转变。为了纪念这次远征的胜利,图特摩斯一世在那里竖立了一块石碑,自夸"我已经将埃及的版图扩张到太阳的边界"。

图特摩斯一世将对外战争的胜利归功于底比斯主神阿蒙的庇佑,随着第十八王朝中央集权的建立,底比斯主神阿蒙成为从中央到地方都承认的主神,阿蒙神还和埃及古王朝的至尊太阳神拉合体为新太阳神阿蒙-拉,成为集创始神和保护神于一身的全埃及至高无上的诸神之王。

为感谢阿蒙神给埃及带来的巨大胜利,图特摩斯一世将战争掠夺来的大量财富用于修建底比斯崇拜阿蒙神的中心卡纳克神庙,他是第一个大规模扩建此神庙的国王,在此之前,卡纳克神庙只有中央的平台、一条长道以及沿道的一些神龛。图特摩斯一世任命著名建筑师伊涅尼主持建造卡纳克神庙中心部分的阿蒙神殿,为神庙增加了用杉木建造的多柱厅和庭院,以及交替戴上埃及王冠和下埃及王冠的

新太阳神阿蒙-拉

卡纳克神庙

巨大王像，同时修建了多个装饰有金、铜、宝石的塔门，并在阿蒙神殿大厅前树立起两座高达23米的镀金方尖碑，尖头用金银合金制成，代表阿蒙神的光芒照耀大地。

从图特摩斯一世开始，埃及国王不再修建金字塔作为自己的陵墓。金字塔是埃及文明创造的历史奇迹，但也是古埃及社会压迫的象征，它给现代埃及带来了繁荣的旅游业，却给古代埃及人民带来了苦难。一座金字塔的修建史，就是埃及人民的血泪史，埃及国王宣称百姓热衷建设金字塔，因为他们相信正在为一个能给他们带来幸福的神建造宅邸。其实埃及的百姓可没那么好糊弄，所有金字塔内的宝藏都被盗取一空，甚至连国王的木乃伊也被暴尸荒漠。

图特摩斯一世深知金字塔已成为众矢之的，决定将埋葬尸体的陵墓同殡葬礼堂分开，另找一个隐秘的安全埋葬点。他在底比斯对面石灰岩山谷的悬崖峭壁上开凿了一条陡峭的隧道作为墓穴，在此后的新王朝时期共有64位国王都效仿他在此建墓，这处石灰岩山谷也因此得名"帝王谷"。

帝王谷

帝王谷虽然没有金字塔的宏伟壮丽，但是作为皇家陵墓却再合适不过，不同于被掠夺一空的金字塔陵墓，帝王谷中发现了大量宝藏和国王木乃伊，包括著名的图坦卡蒙宝藏、拉美西斯木乃伊等都是在帝王谷中发现的。

三、"古埃及的武则天"

约公元前1492年，图特摩斯一世成为第一个葬入帝王谷的国王。在此之前，他与王后所生的两位嫡子都过世了，仅存一嫡女哈特谢普苏特（古埃及语意思为"最高贵的女士"）。根据底比斯王室选定王后的方法，为了保证王室血统的纯正，作为嫡长女的哈特谢普苏特早早被定为"阿蒙之神妃"，也就是未来国王的王后，所以她庶出的哥哥图特摩斯二世便通过娶她为妻得以继承王位。

哈特谢普苏特在史学界有"古埃及的武则天"之称，她如武则天一般，是一个嗜权如命、争强好胜的女人，经常以王室嫡系后裔的身份干涉图特摩斯二世的朝政。由于图特摩斯二世才能平庸、体弱多病，在他强势的妻子面前显得懦弱无能，其在位期间朝中大权就已经由他的妻子把持。

约公元前1479年，庸碌短命的图特摩斯二世过世，由于他和哈特谢普苏特仅有一女，所以由后宫妃子所生、年仅10岁的图特摩斯三世通过娶哈特谢普苏特之女得以继承王位。哈特谢普苏特作为图特摩斯三世的继母兼岳母，以王太后的身份垂帘听政。但是很快她就不满足于此，直接将图特摩斯三世流放到偏远地区的神庙充当祭司，然后自己正式加冕为埃及的女王。

为了使王位名正言顺，哈特谢普苏特宣称，她的统治不需经过与图特摩斯二世的婚姻，因为她就是伟大的阿蒙神的女儿。她让阿蒙神祭司编造有关自己"由神所生"的事迹，在神庙浮雕壁画上刻画太阳神阿蒙

哈特谢普苏特的狮身人面像

化身图特摩斯一世与王后同房产下她的情景，阿蒙神对她说："两地王位之主，我的亲生女儿，与阿蒙一体之哈特谢普苏特，我已经给了你两地之王位，百万年之荷鲁斯王座，你为我之所做，你将如拉神般长久，你将得以永生。"浮雕接着刻画她由父王图特摩斯一世加冕为王，宣布她拥有统治埃及的权力，并声称图特摩斯一世在阿蒙神殿前树立起的一对大方尖碑是为纪念她而立。

为加强可信度，哈特谢普苏特又进一步在阿蒙神殿面前立起4座高达29米、重323吨的石雕方尖碑，上有她为太阳神所写的诗赋。她还在住所和神庙的浮雕壁画上放置了许多用于反射太阳光芒的金盘，以表明她与太阳神的亲密关系。为显示她具有男人一般的强劲威武，她开始女扮男装，戴假胡须并下令所有人用男性代词称呼她，她在壁画和雕刻中也多以男性的形象出现。

虽然在此之前古埃及已出现过第六王朝的尼托克丽斯女王和第十二王朝的克尼弗鲁女王，但是哈特谢普苏特女王无疑是世界上第一位享誉盛名的女帝王。在她统治的22年中，停止对外征战，给埃及营造了一个十分和平安定的社会环境，她积极促进埃及与周边地区的商贸活动，并派出一支大规模的舰队与东非的蓬特重新建立联系，运回大量的黄金、象牙、皮毛、香料、树脂、黑檀木等物品，尤其是用于制造熏香的乳香和制作化妆品的没药，并将相关的作物种

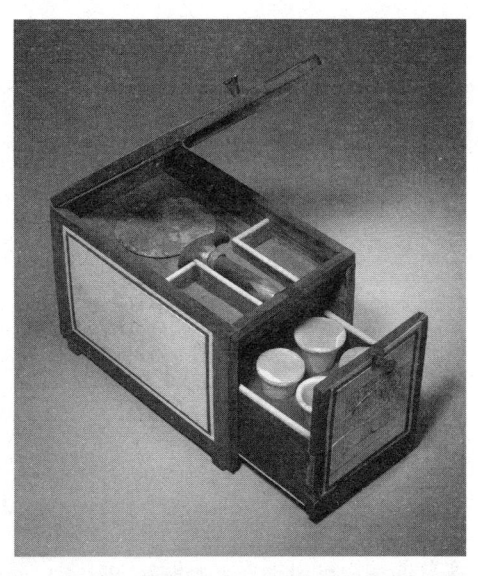

装有青铜镜与化妆品的古埃及化妆盒

哈特谢普苏特的葬祭庙

子带回国种植。

哈特谢普苏特通过贸易使埃及变得十分繁华富庶，她用所获得的财富给埃及留下了数量空前的神庙和雕像，在美国纽约大都会博物馆有关于她的专设展厅。女王留下的最重要的建筑物是她在戴尔巴哈里为自己建造的葬祭庙，这也是古埃及最著名的葬祭庙。这座庙宇位于险峻崇山之间，可俯瞰不远处的尼罗河谷地，是一个采用上下三层叠进结构的柱廊式建筑，每层都以29根方形的石柱横向排开，中间有一条宽阔的坡道上下连接，两旁则是有关女王的浮雕和壁画。墓室的石棺上刻着："王之女，王之姊妹，神之妻，王之伟大之妻，荷鲁斯女神，上下埃及之王，阿蒙神之女……哈特谢普苏特。"

祭庙的总设计师叫森姆特，他同时也是阿蒙大祭司和女王的情人，在施工地一处发现了森姆特和女王交合的图画，很可能是施工工人的涂鸦之作，女王甚至允许森姆特死后葬入帝王谷，这在当时是前所未有的荣誉。在森姆特墓室的穹顶上还发现了迄今所知最早的"天文图"。

虽然哈特谢普苏特对埃及治理有方，但是被她架空权力的图特摩斯三世却一直期望夺回原本属于自己的王位，他对自己的继母兼岳母哈特谢普苏特表现出十分忠心顺从的样子。起初哈特谢普苏特对他还小心防备,但是20年过去后,图特摩斯三世始终如一的表现让她完全放松了警惕。图特摩斯三世等待的时机终于来了,他暗中收买亲信,团结反对哈特谢普苏特的力量,密谋发动政变。约公元前1458年,统治埃及22年的哈特谢普苏特突然被宣布死亡,她的情人森姆特和女儿也神秘消失。年已32岁的图特摩斯三世重返底比斯登上王位,他一上任就大力抹杀哈特谢普苏特留下的痕迹,将文物上刻着的她的名字和王族名号抹去,有关她的雕塑和建筑也多被毁坏。

四、"古埃及的拿破仑"

图特摩斯三世继位标志着女王统治的和平贸易时代结束,埃及将重新进入对外征服时代。在史学界,哈特谢普苏特被称为"古埃及的武则天",而图特摩斯三世则被称为"古埃及的拿破仑",和拿破仑不同的是,他从未遭遇兵败,正是他将埃及的国土扩大至顶峰,使埃及新王国成为人类历史上第一个洲际性帝国。

图特摩斯三世刚夺取哈特谢普苏特的政权就面临严峻挑战,在哈特谢普苏特统治时期,埃及对外战争中断,进而使埃及在叙利亚及巴勒斯坦的统治权动摇。等到图特摩斯三世登基后,原本归附埃及的叙利亚和巴勒斯坦地区的各城邦,更是趁着埃及权力更替的混乱之际,纷纷宣布独立,组成以叙利亚南部的卡迭石王国为首的反埃

图特摩斯三世像

及同盟。卡迭石王统领联军占领巴勒斯坦北部的战略要地米吉多，将其作为把埃及赶出西亚的战略反攻基地。

米吉多在希伯来语中意为"军队集结地"，《圣经》中世界末日善恶决战的最终战场就是以米吉多命名的。其地处欧、亚、非三洲的交叉路口，是控制埃及文明和两河文明交通往来的咽喉要道，无论是商业贸易，还是领土扩张，都是古代兵家必争之地，在当时流行一句话："得到米吉多，就等于得到几千座城市。"

面对声势浩大的叛军，图特摩斯三世将这种局面看成树立自己威信的机会，他集结了1万人的大军，御驾亲征米吉多。以卡迭石王国为首的反埃及联盟也组织了规模相当的兵力，在米吉多城外安营扎寨，与城内的守军互为犄角之势。

图特摩斯三世在军事会议上选择与部将们相反的战术，不走直通米吉多的大路，而是派小部分兵力作为疑兵，吸引敌人注意力，而大部队则走奇袭路线，连夜冒险穿过一条地势恶劣险峻的峡谷，出其不意地出现在毫无防备的敌军背后，打得他们措手不及，惊慌失措的反埃及联军丢下营寨和物资，仓皇逃入米吉多城内。

因为埃及的军队哄抢战利品，错失了一举攻城的良机，导致战争又持续了7个月之久。当时有许多叙利亚与巴勒斯坦的城邦王公被围困在这座城里，图特摩斯三世建造了一堵环绕整座城市的木墙，让他们感到逃生无望。这些王公们给图特摩斯三世送来了大量的金、银、宝石，给埃及的军队送来了谷、酒、大小牲畜，并匍匐着爬出城外，亲吻图特摩斯三世脚下的土地，祈求他饶命。图特摩斯三世成功拿下米吉多，取得了第一次远征的重大胜利。

米吉多战争的详细过程由随军书记官特贾尼现场记录，并将其刻在卡纳克神庙第六塔门的墙上。根据这份记录可知，此战共缴获2238匹马、924辆战车（包括32辆镶有金银的战车）、32副青铜甲胄（包括米

米吉多古城遗址

吉多王的青铜甲胄）、200副皮甲、502张弓、7根镶银的帐幕竿、1929头牛、22 500只羊、207 300袋麦子等诸多物资。除了战利品和奴隶外，图特摩斯三世还将米吉多城内各城邦王公的儿子作为人质带回埃及，此后埃及的附属国都要派王子到埃及当人质，以保证他们不会叛乱。

　　米吉多一役奠定了图特摩斯三世在军中不可动摇的威信，也刺激了他征服亚洲的野心。携此战之威，他多次对亚洲用兵，于约公元前1440年攻陷阿尔瓦德，控制了整个巴勒斯坦地区，随后他将军队开进黎巴嫩和叙利亚，兵临反埃及联盟中心卡迭石城下。

　　卡迭石是连接南北叙利亚的枢纽要地，地处险要的隘口，又有湍急的奥伦特河险阻，易守难攻。只要攻占卡迭石，进可北上征服整个叙利亚，退可守住南叙利亚和巴勒斯坦，拿下卡迭石就等于控制了大部分叙利亚。

图特摩斯三世俘虏敌人的浮雕

为了占领卡迭石，图特摩斯三世组建了一支海上舰队，并占领叙利亚的西米拉作为他的舰队登陆点，通过海路来运输兵力和物资。通过一系列的战争，终于在约公元前1439年第六次亚洲战役中攻克了卡迭石城，从而控制了整个叙利亚南部地区，打通了埃及通往两河流域的交通要道。在这里，埃及人遇到了一个前所未遇的地域大国——米坦尼王国。

此时，这个由雅利安贵族和胡里安平民组成的米坦尼王国也正处于全盛时期，占据了两河流域上游的大部分地区，面积超过30多万平方千米，人口多达百万。埃及向东扩张，正好与向西扩张的米坦尼王国相逢，米坦尼国王帕尔萨塔塔通过支持叙利亚、巴勒斯坦城邦脱离埃及统治来扩张自己的势力，两国的战争已经不可避免。

约公元前1437年，图特摩斯三世发动对亚洲的第八次远征，而米坦尼国王帕尔萨塔塔则统领着叙利亚反埃及联盟，在幼发拉底河西岸严阵以待。在地理位置和人心上，米坦尼占有绝对优势，米坦尼人在自己的地盘上以逸待劳，又有叙利亚、巴勒斯坦地区反埃及城邦联盟的支持，而埃及人从非洲跋山涉水远道而来，不过是强弩之末。双方在幼发拉底河附近展开大战，但结果却是一边倒，在西亚所向无敌的米坦尼大军在图特摩斯三世面前溃不成军，埃及军队轻易就夺取了幼发拉底河以西的土地。

图特摩斯三世的祖父图特摩斯一世曾经在幼发拉底河的西岸竖立起一座远征纪念碑，上写"我已经将埃及的版图扩张到太阳的边界"。图特摩斯三世想要超越祖父，便率领军队强渡幼发拉底河天险，对米坦尼王国展开穷追猛打，占领东岸的重镇尼雅，米坦尼国王仓皇出逃，他的30名后宫佳丽全被带回埃及为奴。随后图特摩斯三世在幼发拉底河对岸竖立起一座和他祖父图特摩斯一世所建一样的纪念碑，以纪念这次伟大的胜利。

埃及对两河流域上游霸主米坦尼王国的巨大胜利，震惊了两河流域下游的巴比伦第三王朝，巴比伦王卡拉伊达什一世亲自前往幼发拉底河边会见图特摩斯三世，并向他赠送了大量礼物，后来巴比伦还将一位公主许配给图特摩斯为妃，两河流域与尼罗河流域两个世界上历史最久远的文明中心第一次以联姻的形式紧密地联系在一起。亚述与赫梯也都给图特摩斯三世献上了礼物，在古埃及底比斯卡纳克神庙的墙上仍刻有他们献礼的记录。

除了向东北方的亚洲扩张外，图特摩斯三世也不忘南方努比亚的热土，在他统治时期，将埃及南部的边界从尼罗河第三瀑布扩展至尼罗河第四瀑布地区，埃及军队攻占并摧毁了努比亚王国的古都科尔玛，另建起纳帕塔城，设立努比亚总督，实行殖民统治，在以后的大约1000年时间里，纳帕塔城都是努比亚地区的中心城市。

从这一时期开始，许多努比亚人来到埃及，担任警察和特种部队士兵，成为埃及社会不可缺乏的组成部分，努比亚的王公子弟在幼年时期全都在埃及的宫廷学校中接受教育，在文化上被埃及同化。这些王公回国继位时将大批的埃及书吏、祭司和工匠带到努比亚，促进了努比亚埃及化的进程。努比亚人甚至忘记了自己的信仰，改信埃及的神祇，当地的埋葬习惯也被埃及的葬礼习俗取代，在今日苏丹共和国努比亚地区仍留有大量埃及时代的古建筑，是撒哈拉以南非洲地区最古老的一批留存建筑。

古埃及新王国时期的雪花石膏瓶

在这一时期埃及帝国的势力范围还延伸至东地中海，塞浦路斯岛、克里特岛等岛国都向埃及称臣进贡，在图特摩斯三世的宰相列赫米拉墓的壁画中就描绘了曾经的东地中海霸主克里特使节向埃及进献贡品的情景，上有文字注明"海中诸岛及克夫提乌大君和平抵达"。

图特摩斯三世的对外征服不仅使埃及变得空前强大，还为埃及带来了前所未有的财富。战争的胜利打通了埃及急需的铜和木材的进口通道，将源源不断的战利品、贡品和奴隶带回埃及，其中一次单是掠获的奴隶就有85 000人，这些奴隶不仅为埃及提供了廉价的劳动力，还将来自西亚的生产技术带到埃及，让埃及迅速发展成为当时世界上最先进的地区。

图特摩斯三世还是埃及法老时代的开创者，在他之前，"法老"一词原指宫殿，后来衍生为"居住在宫殿中的主人"，正如中国的"陛下"中"陛"原意是指帝王宫殿的台阶一样，从图特摩斯三世起，"法老"一词开始用于国王自身，并逐渐演变成对埃及国王的一种尊称。

　　在这位法老统治的 20 年中，埃及的国力空前强大，他先后发动 17 次战役，所到之处战无不胜，无一败绩，后世的埃及人民将他的名字写在护身符上，希望能带来勇气和胜利。他在位时兴建的卡纳克神庙的四座方尖碑和赫利奥波利斯神庙的两座方尖碑①上记录了这位伟大国王的不朽功业。正是他将埃及扩张成史无前例的大帝国，其领土东至两河流域上游，西达利比亚东部，南到尼罗河第四瀑布，北及叙利亚和小亚细亚交接处，包括今埃及、以色列、巴勒斯坦、黎巴嫩的大部分以及苏丹和约旦北部、叙利亚的西部与南部，据估计，统治人口有 420 万至 500 万，是当时世界面积最大、人口最多的国家。图特摩斯三世也因此被誉为"历史上第一位伟大的征服者"。

被运到伦敦泰晤士河畔的图特摩斯三世方尖碑

五、埃及、米坦尼、赫梯的三角外交

　　约公元前 1425 年，古埃及历史上最尚武的法老图特摩斯三世过世，

---

① 赫利奥波利斯神庙的 2 座方尖碑现今一座被迁至英国伦敦的泰晤士河畔，一座被迁至纽约曼哈顿的中央公园。

米坦尼王室印章图案

而此时，米坦尼王国在新王萨乌什塔塔的带领下再次崛起。米坦尼王没有忘记曾经大败于埃及的耻辱，军事天才图特摩斯三世一死，他就鼓动叙利亚和巴勒斯坦的城邦摆脱埃及的统治。

图特摩斯三世的继承人阿蒙霍特普二世（约公元前1425—前1401年在位）采取远交近攻的策略，试图与米坦尼后方的亚述缔结针对米坦尼王国的联盟。米坦尼王萨乌什塔塔对此的回应是直接入侵亚述，并洗劫了亚述都城阿淑尔城，将城内的宫殿之门（金门和银门）搬到了米坦尼的首都瓦舒卡尼，亚述从此沦为米坦尼王国的附属国。

在叙利亚地区，米坦尼王国也重新夺回了图特摩斯三世时期被埃及控制的叙利亚奥伦特斯中部河谷，并以此为基地准备进一步控制埃及在叙利亚南部的附属国，埃及法老阿蒙霍特普二世为此三次御驾亲征西亚，兵临幼发拉底河岸，将叛乱的亚洲王公悬吊在船头上运回国斩首示众，表明要将埃及在亚洲的势力维持到底，双方的第二次大战一触即发。

此时小亚细亚半岛上赫梯王国的复兴使这两国即将展开的大战烟消云散。赫梯这个曾经摧毁巴比伦第一王朝的西亚强国，在此前因为王位的继承权之争而陷入无休止的动乱中，导致国势日衰。到约公元前1525年铁列平王继位时，赫梯领土只剩下小亚细亚中部一带。铁列平王为终结赫梯王国因继承权问题而导致的混乱，上任后便颁布了迄今最早的、有记载的王位继承法制度。该法规定，赫梯王位的继承秩序是：首先继承王位的为国王的长子；长子过世，则由次子继承；如果没有儿子可以继承，则由长女婿来继承王位，依此类推。同时，为了杜绝之前发生的王族仇杀，铁列平王还规定，王位继承由图里亚斯会议（贵族会议）和彭库斯会议（平民大会）监督实行，王室纠纷也由两大会议处理，国王无权处死任何一位王室家族成员，国王或王族成员犯罪必须由彭库斯法庭审问，并且只有罪犯个人遭受惩罚，而不株连其他家族成员。

铁列平王的另一重大贡献就是编撰完成《赫梯法典》，开启了赫梯王国的法治时代。比起同时期其他文明的法律，该法典对国王权力多有限制，对百姓生活有诸多保障，妇女享有较高的地位，奴隶也有一定权利。法典还规定，在处罚罪犯时可以用罚金代替，而且还有许多免责条件，死刑的判决也仅限个别情况，在当时是一部较宽容的"重民轻刑"法典。铁列平王的改革标志着赫梯从古王国时期进入稳定发展的中王国时期，此后赫梯王权和国家秩序日趋稳定，国力也日益强大，逐渐收复了曾经失去的领土。

约公元前1430年，赫梯进入新王国时代，在图特哈里一世当政时期（约公元前1430—前1410年）赫梯开始大规模对外扩张，并和东南部的米坦尼王国冲突不断。约公元前1410年，赫梯王图特哈里一世进攻米坦尼王国西北部地区。米坦尼国王阿尔塔塔玛为了全力对付这个新崛起的对手，转而和埃及法老阿蒙霍特普二世结盟，此后50多年，

赫梯战神浮雕

埃及和米坦尼保持和平友好。在阿蒙霍特普二世之子图特摩斯四世继位时，米坦尼国王还将自己的女儿嫁给了这位新任的法老。

六、新王国时代的太平盛世

在图特摩斯四世统治的 10 年中（约公元前 1401—前 1391 年），他为卡纳克神庙主殿添加了绕柱式大厅和用雪花石膏建成的小礼拜堂，并在卡纳克神庙旁成功竖立起古埃及最高的方尖碑（32 米），图特摩斯四世称其为"独一无二的方尖碑"。埃及被罗马征服后，这座方尖碑被罗马人于公元 375 年运往罗马大竞技场，以后又被教皇西克斯图斯五世于公元 1588 年重新竖立于罗马的圣乔瓦尼广场。

第十八王朝在图特摩斯四世的儿子阿蒙霍特普三世（约公元前 1391—前 1353 年在位）统治期间进入全面繁荣时代。在他统治时期，埃及军队人数达到 13 万人，用于大规模的对外掠夺战争，为埃及输入了大量的财富和奴隶。据记载，阿蒙霍特普三世曾经一次从叙利亚向埃

罗马圣乔瓦尼广场上的图特摩斯四世方尖碑

及运输人口达101 218人之多,其中包括社会各阶层,而他们到达埃及后,全部沦为奴隶,从而为埃及提供了源源不断的廉价劳动力,埃及奴隶制进入前所未有的繁荣时期,奴隶不仅可以被随意出售,还能被出租,城里的市民普遍用奴隶辅助劳动,甚至连乡下的牧人都能拥有自己的奴隶,贵族的种植园中的奴隶更是数以千计。

除了依靠强大的军队,阿蒙霍特普三世更多地通过外交手段来巩固埃及的霸权,他在任时期与巴比伦、米坦尼及塞浦路斯等国外交往来频繁,阿蒙霍特普三世最主要的外交联盟手段就是政治婚姻。他风流成性,后宫嫔妃多达500人①,当时西亚的纳哈林、阿扎瓦等国的国王都纷纷将公主嫁给阿蒙霍特普三世填补后宫,以拉近与埃及这个超级大国的关系。作为埃及最大盟国的米坦尼先后将三个公主嫁给阿蒙霍特普三世,并带去种类繁多的嫁妆。与埃及联姻增加了米坦尼的后备力量,米坦尼进入全面繁荣昌盛时期,多次成功击败赫梯王国的入侵。当阿蒙霍特普三世病危时,米坦尼国王图什拉塔还送他一尊伊什塔尔女神雕像,希望其能够痊愈。

除娶了米坦尼国王的三个公主外,阿蒙霍特普三世也先后迎娶了巴比伦第三王朝两位国王的三位公主,这一时期巴比伦也正处在加喜特王朝全盛时期,不仅控制着整个巴比伦地区,并在约公元前1495年入侵,消灭了伊朗东南部的埃兰埃帕尔提王朝,在以后的约150年内,埃兰全境都处于巴比伦驻埃兰安善总督的统治下。由于埃及法老一连娶了多位巴比伦公主为妃,巴比伦国王也表示想娶埃及的公主,结果被埃及法老直接拒绝。古埃及在外交婚姻关系中采取"只娶不嫁"的立场,埃及只娶外邦的公主,而自己的公主则"肥水不流外人田",一律嫁给本国王室成员,这表明了埃及当时的强大和优越感,就连同为文明中心的巴比

---

① 除古埃及王室外,古埃及实行一夫一妻制,每一个埃及男人只娶一个妻子,当然法老的王后也只有一个,但嫔妃也是合法的配偶。

阿蒙霍特普三世时期的玉石刻画

伦也被埃及看作蛮夷之邦，不肯让公主外嫁受苦。

以联盟和政治联姻为手段的和平外交时代的到来为埃及对外贸易的发展提供了良好的国际环境，不断对外掠夺获得的财富和奴隶以及被征服地区连年的进贡使埃及变得十分富有，埃及法老阿蒙霍特普三世因此过上了当时世界上最为奢华的生活。

他曾为取悦他的王后泰伊，动用大量人力仅用了15天就挖出人造的哈布湖，他在底比斯西岸的马勒卡塔兴建了南宫、中宫和北宫三座规模前所未有的大宫殿，在王宫北部两千米处修建的属于他自己的葬祭庙，是整个底比斯葬祭庙中最大的一座，其内部多用黄金装饰，尽显金碧辉煌，祭祀庙门口的两座阿蒙霍特普三世的岩石雕像高20米。后来的希腊人误以为这两座雕像是《荷马史诗》中的埃塞俄比亚国王门农，所以将其称为门农神像。

作为世界上最强盛的国家埃及的首都，底比斯人口有8万至10万，是当时世界上人口最多、规模最宏伟的都城，被称为"百门之都"。这

阿蒙霍特普三世的门农神像

一时期埃及已经普遍用泥土砖房替代早期的芦苇房，不过西亚流行的窑制砖在埃及依然十分罕见，埃及最领先的建筑是用巨石建成的神庙。

和过去的法老一样，阿蒙霍特普三世将大量财富用于兴建神庙，他下令扩建底比斯卡纳克神庙的附属庙宇，并在卡纳克神庙以南修建了埃及规模第二大、仅次于卡纳克神庙的卢克索神庙。这是阿蒙霍特普三世为祭奉太阳神阿蒙、他的妻子穆特女神及儿子月亮神孔斯而修建的，至今仍保留在埃及卢克索。神庙中有用金银装饰的塔门、华丽的庭院、雄伟的雕像和精美的浮雕，以及由14根高20米的两排巨柱构成的中央列柱，柱头是盛开的纸草花，柱身上刻满象形文字和浮雕，显示出它的宏伟和精致。

经历代法老的不断扩充修建，到第十八王朝末期，位于底比斯的卡纳克神庙和卢克索神庙已经成为复杂庞大的建筑艺术宝库，有"世界上最大的露天博物馆"的美誉，后来阿拉伯人称这里为"宫殿之城"。两大神庙都以非凡壮丽的柱厅、庭院、门楼、雕像闻名，神庙墙壁、屋顶

卢克索神庙

通往卢克索神庙的狮身人面像大道

和石柱上都刻满了象形文字和浮雕壁画，记载着神庙的历史、埃及神话传说以及历届法老的伟业。一条长达2000米的"狮身人面像大道"将卡纳克神庙与卢克索神庙连接起来，这条大道因两侧曾经有1000尊狮身人面像而得名。这两大神庙历经3000多年的风吹雨打依然巍然屹立，成为举世闻名的旅游景点。到埃及旅游的人常说："没有到过卢克索（底比斯），就等于没到过埃及。"

七、新王国时期的科技与文化发展

在新王国时期，埃及的科技和文化都取得了显著的发展，在农业上青铜制造的农具大量增加，畜力除了原来的牛、驴外，又增加了骡、马等。引水灌溉也已采用新式多层桔槔（沙杜夫），可以持续汲水到高处。在纺织业上悬式纺锭和立式织机取代了旧式平式织布机，纺织工匠每人可同时操作两枚悬式纺锭，大大提高了纺织速度。在冶金业方面，埃及已出现了脚踏风箱的冶金鼓风装置，并懂得用水银将黄金从其矿物中分解出来，世界上最早的水银就发现于新王国时期的埃及古墓中，掌握水银提炼黄金技术使埃及成为当时世界上最大的黄金产地，米坦尼国王图什拉塔就称，在埃及"黄金比泥土还多"。

新王国时期是埃及玻璃制造的黄金时代，早在约公元前2500年前的两河流域与古埃及的遗址里，就已经发现了玻璃。而已知世界上最早

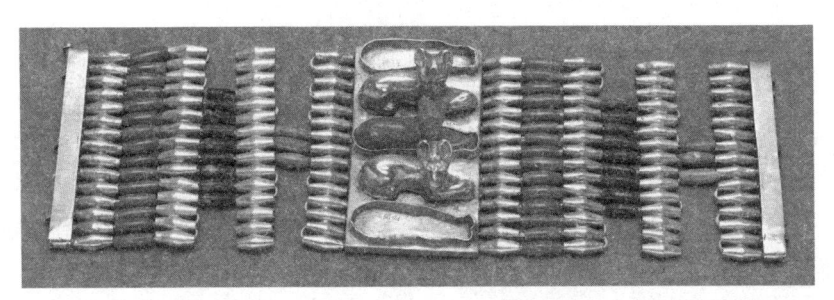

古埃及新王国时期的黄金珠宝饰品

一批专门制作玻璃的作坊则发现于埃及新王国时期的底比斯遗址。

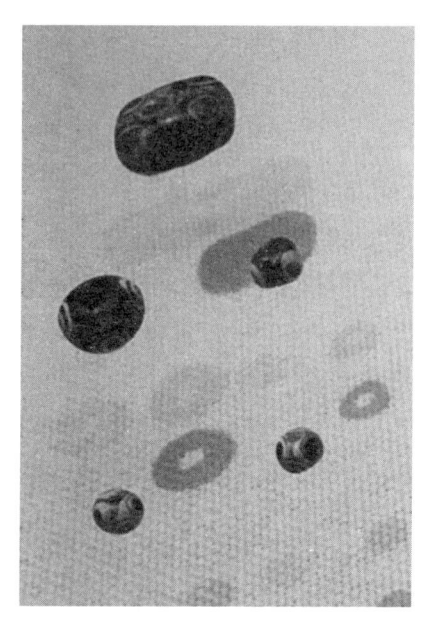

古埃及人发明了玻璃着色技艺，通过在融熔玻璃时加入少量的金属或金属氧化物[1]，从而制成多种颜色乃至拥有多层不同颜色的玻璃器皿及装饰品，成为埃及远销国外的珍贵工艺品。中国最早的玻璃制品是由西方传入的，蜻蜓眼式玻璃珠是早期传入中国的最常见的玻璃制品，而目前世界上发现的最早的蜻蜓眼式玻璃珠正是古代埃及第十八王朝时期的产品。古埃及人流行将眼睛装饰于器物上，所以他们生产这种眼式玻璃珠镶嵌于棺木、木乃伊、面具和小雕像等器物上。

蜻蜓眼式玻璃珠是早期传入中国的最常见的玻璃制品

古埃及人还用玻璃制作臂钏、耳环、发簪等各种装饰品，但玻璃更多地被用于制作香水瓶、香油瓶和玻璃杯罐，古埃及人是最早制造香料和熏香的民族，因为香料的价格昂贵，在炎热的气候条件下极易挥发，因此小口的玻璃瓶是贮存香水最理想的容器。

古埃及的釉陶制作技术也在新王国时期达到鼎盛，釉陶是指表层附着一层玻璃质涂料的陶器。古陶瓷学者、清华大学美术学院教授叶喆民先生在《中国古陶瓷科学浅说》一书中提出："这种碱金属硅酸釉埃及早已发明，但长时期没有传到埃及国外。自从混入含铅物质变成容易熔

---

[1] 如加入少量的铜，制成蓝绿色玻璃；加入铁和锰，制成黑色玻璃；加入钴，制成深蓝色玻璃。

化的釉后，再逐渐扩散到美索不达米亚、波斯和西亚一带。"

埃及早在古王国时期就已生产出碱釉陶，到新王国时期，古埃及又出现了最早的珐琅技术。人们通常将附着在陶瓷表面的玻璃质薄层称为"釉"，附着在建筑瓦件上的称为"琉璃"，而附着在金属表面上的则称为"珐琅"。古埃及是錾胎珐琅器的发源地，所谓錾胎珐琅，是指在金属胎上錾出花纹，填充珐琅，再经焙烧、镀金而成的一种装饰工艺品。

在学术文化方面，新王国首都底比斯的图书馆藏书达 2000 卷，入门处有碑文曰："拯救灵魂之处。"埃及新王国时期留下的最重要的学术著作大多是医学文献，流传下来的作品有《埃伯斯纸草卷》《史密斯纸草卷》《赫斯特纸草卷》《柏林纸草卷》《伦敦纸草卷》等，因为这些医学文献没有署名，所以便以收藏者或发现地命名。除了以上综合医学文献外，埃及还出现了《心脏书》和《眼病书》等专科医学文献，以及世界最早的美容医学文献。希罗多德就称古埃及的医生分工如此之细，有专门的眼科医生、牙

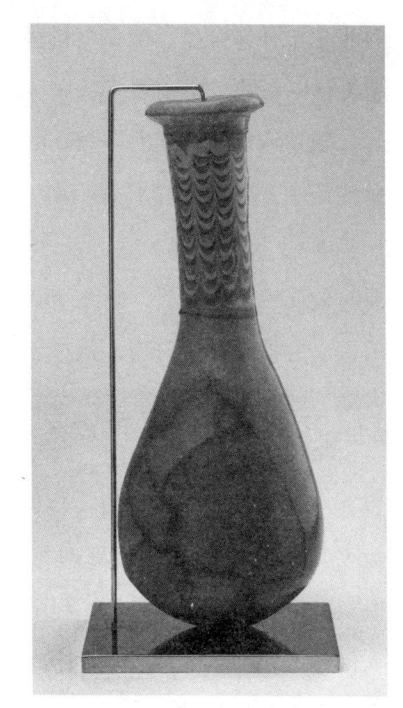

古埃及新王国时期的玻璃容器

古埃及新王国时期用黄金镶边的玻璃釉彩陶

科医生、外科医生、消化内科医生，还有专治疑难杂症的，每一个医生都专治一种病，不治更多的病。①

随着埃及新王国时期频繁的对外战争出现的是大量反映这一时期战争的历史记录与文学作品。如《图特摩斯三世年代记》《桡夫长雅赫摩斯传》《夺取约帕城》等，其中的《夺取约帕城》描写了埃及远征叙利亚时久攻约帕城不下，便派500名士兵带上500个箱子假装投降，守城的人以为箱子里是财物，就打开城门，结果从箱子里跳出了潜伏的战士占领了城市，这则故事被认为可能是古希腊特洛伊故事的原型。

除了战争文学外，这一时期还出现了许多情节离奇、思想性深刻的短篇小说作品，代表作有《锡诺赫的故事》《注定厄运的王子》《人类的毁灭》《两兄弟的故事》《真理与谎言的故事》等。古埃及的教谕文学也得到进一步发展，著名的《阿蒙奈姆普教谕》中很多内容都和后来犹太人创作的《旧约·箴言》的内容相似，如不要掠夺穷人、不要贪图财富、不可与激怒的人亲近和往来等，反映出古埃及思想对犹太人的影响。新王国时期还出现了一种新的文学形式，即亡灵书，这是一种随葬文集，由金字塔铭文和石棺铭文发展而来，不同的是亡灵书书写在纸草上，内容主要为咒语、对神的赞美和作者的生平事迹等。

八、阿顿之辉

阿蒙神作为埃及帝都底比斯的守护神，国家的富强都被归功于其庇佑。法老则利用阿蒙祭司宣传来神化自己的专制统治，不断为阿蒙神庙提供大量的财富、土地和劳力，使阿蒙神庙不仅在文化上处于支配地位，在经济上也拥有堪比王室的实力。

随着阿蒙神庙文化和经济实力的不断上升，阿蒙神祭司的政治影响

---

① 参见希罗多德:《希罗多德历史（上册）》，王以铸译，北京：商务印书馆，2005年，第二卷，84节。

力也日益强大。国家的行政和财政大权都由阿蒙神庙把持,由"阿蒙祭司长"兼任的"上下埃及的先知"这个职务替代宰相成为埃及地位仅次于法老的二号人物,就连宰相、财政大臣等重要职务也都由阿蒙祭司担任,阿蒙祭司常以神的旨意来改变国王的政令,呈现与王室分庭抗礼的倾向,王权和神权的矛盾冲突日益尖锐,

法老夫妇祭拜太阳圆盘神阿顿

法老与阿蒙祭司围绕权力和利益暗地里展开日益激烈的争斗。

阿蒙霍特普三世统治时期,为了削弱阿蒙祭司阶层,开始推崇阿顿神信仰,阿顿的本意是太阳的光轮。与其他埃及神祇不同,阿顿并无人形,而是一个有翼的太阳圆盘。阿蒙霍特普三世死后,其子阿蒙霍特普四世成为埃及法老(约公元前1353—前1336年在位),阿蒙霍特普本意为"阿蒙的仆人",反映出法老为阿蒙神服务的宗旨。年轻的法老决心要从阿蒙祭司手中夺回权力,所以他在继位的第一年,就用太阳圆盘神阿顿取代阿蒙神作为埃及主神,通过贬低阿蒙神的地位来打击阿蒙祭司的势力,法老和阿蒙祭司的矛盾就此公开摆上台面,埃及历史上轰轰烈烈的宗教大改革开始了。

阿蒙霍特普四世声称:"从太阳圆盘上射出的光普降到人的手上。阿顿神无处不在,给万事万物带来生机。"为配合改革,在阿蒙霍特普

阿顿神与法老夫妇的壁画

四世统治的第四年，他将自己"阿蒙仆人"的名字改为阿肯那顿，意思是"阿顿的仆人"，并将首都从阿蒙神大本营底比斯迁到埃及中部的阿马尔奈，另建了一座以阿顿为主神的都城——阿赫塔顿，意为"阿顿的光辉照耀之地"。他在城内用石灰石建成规模巨大的阿顿大神庙，命名为"阿顿之家"，庙内的庭院矗立着成排的巨大彩柱，上绘有法老夫妇和阿顿神的精美图案，阿顿神被画成太阳圆盘，发出的四射光芒变成许多小手，把象征生命的安卡赐予法老和他的王后。

阿肯那顿在埃及各地为阿顿神修建了许多宏大的新神庙，让神庙祭司训导人们转而信仰新的阿顿神教。由于埃及上层贵族坚持信仰阿蒙神教，阿肯那顿提拔重用了许多愿意改信阿顿神的中下层贵族（涅木虎）担任埃及高级官吏。他还带头创作了大量赞颂阿顿神的文学作品，其中最著名的《阿顿颂歌》写道："黎明时，您从天边升起，放出光芒，赶跑了黑暗，给上下埃及带来欢乐，人们苏醒了，站起来了，野兽吃饱了，树木花草盛开了，鸟从巢里飞了出来，展开翅膀赞美您！"

阿肯那顿的宗教改革最初只是用阿顿替代阿蒙作为最高神，并不排斥埃及的其他神信仰，正和埃及过去用阿蒙神替代拉神、用拉神替代荷鲁斯神一样。但是在阿肯那顿统治的第九年，他宣布可以看见的太阳形象阿顿不仅仅是最高的神，而且是排他的、绝对的、唯一的神，他不仅是埃及的神，而且也是全世界的神，是世界最初的创造者、现在的维护者和最后的审判者。这一演变使这场王权和神权的斗争中演化出世界上已知第一种一神教，虽然传说中最古老的一神教为阿拉伯人与犹太人的始祖亚伯拉罕所创，但是已被考古证实的最古老的一神教则是阿肯那顿创造的阿顿神教。

相比多神教，一神教更有利于统一思想意识，而阿顿神教又是一种政教合一的一神教，阿肯那顿宣布法老是阿顿神在世上的唯一代理人，这就使法老成了人民与神交流的唯一中介，从而排除了祭司集团的参与，将宗教权力集中于法老一人。

为了宣传这位取代以往一切神灵的阿顿神，利用一神论扩大法老的权力，阿肯那顿同以阿蒙神庙祭司为代表的神权势力彻底决裂。他直接下令禁止崇拜阿蒙神等诸神，处决倡导崇拜阿蒙神的祭司，将所有崇拜其他神的神庙都改为阿顿神庙，原本在神庙和一切公众建筑中刻有阿蒙、拉等众神的铭文也都被抹去，以此消除阿蒙神和其他神灵的信仰。

阿肯那顿的宗教改革带来了埃及艺术上的创新，这一时期的主要文物都出土于阿肯那顿为阿顿神兴建的位于阿马尔奈新都的阿赫塔顿，所以被

阿肯那顿的雕像

称为阿马尔奈风格。这种风格一改埃及过去形式主义的僵化路线，采用写实主义，更真实地反映了现实世界，其中的代表就是阿肯那顿的雕像。

过去埃及法老的雕像全都英俊威武、器宇不凡，而阿肯那顿让雕塑家真实反映自己的外貌，他的雕像因而成为已知法老雕像中最独特的一尊。他拥有一个后脑勺严重后突的卵形脑袋以及与女人一样丰满的胸

妮菲蒂蒂胸像

脯，有研究认为，这可能是埃及王室长期近亲乱伦产生的畸形身体特征，从出土的遗骨可知，他的后代儿女们也继承了部分变异特征。

如果说阿肯那顿是最丑的埃及法老，那么他的王后妮菲蒂蒂则被誉为最美的埃及王后，妮菲蒂蒂的意思是"美人来了"，人如其名，妮菲蒂蒂相貌秀美，有埃及第一美人之称，她也是丈夫宗教改革最有力的支持者。这一时期的艺术品主要展现的就是妮菲蒂蒂和阿肯那顿的恩爱生活，有些石像上她甚至戴着法老王冠出现，这意味着她拥有代法老行使职务的权力。《妮菲蒂蒂胸像》是最著名的妮菲蒂蒂雕塑，被认为是古埃及所有雕像中最美的一座，由著名雕刻家图特摩斯雕制，被史学界称为"古埃及的维纳斯像"。这是一尊精美雅致的彩色雕像，体现出古埃及人对女性的审美观，雕像的眼睛用铜料镶边，雪花石膏填白，磨光的黑檀木水晶石做眼球，尽显妩媚动人，只可惜其左眼瞳孔已被毁坏。

阿肯那顿的改革遭到包括他母亲泰伊太后在内的旧势力的激烈反对，而埃及百姓也对被迫改信的阿顿神十分反感，他们看不到改革能带来的好处，反而还要承担营建新都的负担，全国上下到处都是改革的反对者，埃及国内陷入一片混乱。

内忧导致外患，随着阿肯那顿将全部精力都放在国内的宗教改革上，埃及在亚洲巴勒斯坦和叙利亚地区的统治开始动摇。阿肯那顿沿用父亲阿蒙霍特普三世的婚姻外交之法，他在位期间至少各娶了一位米坦尼公主和一位巴比伦公主。巴比伦王布尔那·布里亚什二世赠予埃及大量的马匹和天青石当嫁妆,阿肯那顿则用黄金、象牙和乌木作为聘礼,但是巴比伦王布尔那·布里亚什二世却因埃及这次给的聘礼远不如前几次而感到恼怒。很明显,宗教改革给埃及带来经济危机,使阿肯那顿再也无法像他的父亲阿蒙霍特普三世那样慷慨大方了。阿肯那顿试图通过同西亚两大老牌强国米坦尼和巴比伦保持联姻来维持埃及在亚洲势力的稳定,但是很快埃及这两大盟友就将被复兴的赫梯与亚述王国所替代。

第二节 赫梯崛起

啊!太阳神,我的主,天地真正的正义之主!你是人类的牧人,从海上升起,天国诸神向你跪拜,大地诸神也向你下跪。

——[古赫梯]《人类之子致太阳神祷文》

一、改造战车与使用铁器的赫梯帝国

在阿肯那顿统治时期,当时的中东地区有着赫梯、埃及、米坦尼和巴比伦四大强国。其中西南部的埃及与东南部的巴比伦分别占据富饶的尼罗河流域与两河流域。中部的米坦尼地处赫梯、埃及、巴比伦三大国之间,从三者间的贸易中获利。赫梯王国被米坦尼王国阻挡在北部的小亚细亚安纳托利亚高原①之内,地理位置偏僻,经济最为落后,要想与富饶的埃及和巴比伦建立起直接陆上贸易联系,就必须突破米坦尼王国的阻碍。相比之下,赫梯与巴比伦之间隔着米坦尼王国的核心腹地,而赫梯与埃及之间只是隔着附属于米坦尼王国的叙利亚城邦,因此赫梯一直想从米坦尼手中夺取叙利亚诸邦。

约公元前1358年,赫梯一代雄主苏庇路里乌玛一世登上王位(约

---

① 安纳托利亚高原又名土耳其高原,位于亚洲西部小亚细亚半岛,在今土耳其境内。北临黑海,南临地中海,东隔内托罗斯山与亚美尼亚高原相邻,南缘是托罗斯山脉。

古赫梯的黄金塑像

公元前1358—前1323年在位），赫梯就此进入开疆拓土的帝国时代。苏庇路里乌玛一世重建了赫梯的都城哈图萨，他鼓励驯养马匹，编发关于马匹饲养管理的专业手册，并成立了一支专门的骑兵部队。同时他积极地对周边地区展开征服战争，尤其是与米坦尼王国争夺叙利亚领地。江河日下的米坦尼王国对其叙利亚属地的控制力有所减弱，赫梯王苏庇路里乌玛一世成功攻占阿勒颇、阿拉哈提、阿穆鲁等叙利亚城邦，并分封其子泰来皮努斯为阿勒颇国王，统管叙利亚北部。

在攻占叙利亚的阿拉哈提城后，赫梯得到了一批米坦尼王国的战车工匠与金属工匠，赫梯王将这批工匠带回赫梯，进而引发了赫梯武器装备演进的革命。与埃及的轻战车不同，米坦尼王国拥有当时中东地区最先进的重战车技术。赫梯车匠仿照米坦尼式的重战车改进赫梯战车，将拉车马匹的数量提升到2—3匹，为战马披上甲胄保护。战车的车厢也被改造得更高大宽敞、结实坚固，并安装了车辕和底座，使载重能力和稳定性大大提高。可载人数也增加到3个人，包括驭手、投射手（掷矛手或弓箭手）和盾牌手。

这种新式的重战车放弃了过去作为移动射击平台的功能，改走攻势凌厉的路线，还能组成车营来防守，进而带来战术上的革命，让敌人一时无法应对，成为赫梯帝国制胜的法宝。

起冲锋的赫梯战车部队

虽然目前尚无来自古文献的直接记载作为证据，但有些学者推测认为赫梯人正是从米坦尼的金属工匠那里得到了人类冶金史上最重要的一项技术——冶铁术[①]。虽然铁在地壳中的分布远比金、银、铜多，但人类发现和利用铁（非陨铁）却比金、银、铜要晚。这是因为地球上天然的单质状态的铁十分罕见，而且容易氧化生锈，加上铁的熔点比铜更高，所以铁的冶炼出现得较晚。人类最早利用的铁是从天空落下的陨铁，在埃及和两河流域都发现了新石器时代的陨铁制品，但是这种天降神铁数量极少，被视为神秘的珍贵金属，只能作为稀世珍宝存在。

进入青铜时代后，在铜铁矿共生的地方，铜矿石会混杂一些铁矿石。冶炼炉的温度大约为1100℃，铜的熔点是1083.4℃，铁的熔点是1534.8℃，因此在冶炼铜铁共生矿时，铁矿不会与熔化的铜混在一起，不过矿石中的铁还是会被高温熔炉中的一氧化碳部分还原出来。但由于温度不够，铁矿石里的杂质不能在还原反应里完全排出铁块之外，只能

---

① 吴于廑、齐世荣主编的《世界史：古代史编（上卷）》（高等教育出版社出版）第一章第四节中便提及赫梯的冶铁技术来自米坦尼。当然由于没有直接证据，也有很多学者认为赫梯人可能在此之前就已掌握了冶铁术，赫梯冶铁术的出现与米坦尼没有关系。

用直接还原法得到的块炼铁

冶炼出含有较多杂质、含碳量较低的块炼铁，又被称为海绵铁。

学术界一般将含碳量小于0.2%的铁叫熟铁或纯铁，含量在0.2%—1.7%的叫钢，含量在1.7%以上的叫生铁。熟铁软，塑性好，强度和硬度均较低，可以锻造成形；生铁含碳多，硬而脆，容易折断，可以浇铸但不能锻造；钢则同时具有生铁和熟铁的优点，坚硬而有韧性。人类早期冶炼出的"块炼铁"就属于"熟铁"，冶炼"块炼铁"所需的温度（1000℃左右）与冶铜相当，因此拥有铁矿与铜铁共生矿的地方，只要掌握了冶铜技术就有能力冶炼出熟铁。在叙利亚北部的特尔沙贾巴扎遗址就发现了约公元前2700年的冶炼熟铁，在两河流域苏美尔早王朝时期的基什城遗址中也发现了用熟铁制作的短剑。但由于熟铁质地柔软，作为制造工具和武器的材料远不如青铜，因此熟铁虽然早在青铜时代就已经出现，但只是被当作冶铜时产生的副产品，无法替代青铜。

冶炼青铜器最重要的辅料是锡，阿富汗地区是当时全世界最重要的锡矿产地，锡矿的贸易路线，一种走海路，经过阿富汗、印度河流域、两河流域、叙利亚、小亚细亚；一种走陆路，经过阿富汗、伊朗、两河流域、叙利亚、小亚细亚。无论是海路还是陆路，位于小亚细亚的赫梯都处于贸易路线的末端，这对赫梯来说十分不利。当时米坦尼的金属工匠可能已经掌握了专门冶炼熟铁的技术，现存埃及新王国文书中有米坦尼王图什拉塔致埃及法老阿肯那顿的信件，就曾提到以铁指环和铁刀作为厚礼。地处山地的赫梯拥有许多铁矿，因此赫梯人在习得米坦尼人的熟铁冶炼技术后，便开始研究如何用熟铁替代青铜。

为了克服熟铁因为含碳量过低导致的太软的缺陷，赫梯的铁匠在熟铁冶炼术的基础上发明了将熟铁钢化的锻打渗碳技术，他们将含碳量低的"熟铁"放入炭火中加热，进行熟铁渗碳处理，再用锤子反复锻打加工，排挤出熟铁块里的杂质。在上述过程中，由于熟铁在炭火上反复加热，铁的表面溶进了碳微粒，等到熟铁的含碳量提高到0.2%以上，柔软的熟铁就变成了坚韧的块炼渗碳钢，这也是人类冶炼出的第一种钢。

钢铁兵器比青铜兵器更坚韧，但由于早期冶铁技术的限制，冶炼出的钢铁兵器极少，这一时期的钢铁兵器大多只是提高了硬度，排挤出部分杂质，不过其质量已经远胜过原本的"块炼铁"，赫梯人也因此成为最早进入铁器时代的民族。

二、赫梯称霸与亚述复兴

拥有了重战车与铁制兵器两大军备利器，赫梯王苏庇路里乌玛一世大胆地越过与米坦尼的边界，向米坦尼的王畿领地发起进攻。米坦尼王图什拉塔兵败出逃，但苏庇路里乌玛一世也没能攻下米坦尼的国都瓦舒卡尼。留守瓦舒卡尼的图什拉塔的弟弟阿尔塔塔玛二世与苏庇路里乌玛一世签订和约，承认赫梯合法占有原属米坦尼的叙利亚北部领地，以换取赫梯从瓦舒卡尼退兵，并支持他成为米坦尼的新国王。

然而出逃的米坦尼王图什拉塔可不愿放弃王位，他向原附属国亚述求援。亚述国王伊里巴·阿达德一世出兵调停图什拉塔和阿尔塔塔玛二世之间的争端，两位米坦尼国王都积极拉拢亚述王，这使亚述王国取得了与米坦尼王国近乎平等的地位，伊里巴·阿达德一世因此也被视为亚述中王国时期的第一位君主，虽然在名义上此时的亚述王仍是米坦尼国王的臣属。

亚述王猎狮图

　　后来，米坦尼王图什拉塔在宫廷政变中被杀，阿尔塔塔玛二世趁机统一米坦尼全国，图什拉塔之子沙提瓦扎逃亡至赫梯。赫梯王苏庇路里乌玛一世将自己的女儿嫁给这位逃亡王子，导致阿尔塔塔玛二世的不满。两国再次爆发冲突，致使米坦尼国内动荡不安，阿尔塔塔玛二世的儿子舒塔尔那三世随即在亚述王阿淑尔·乌巴利特一世支持下推翻其父，夺取王位。

　　舒塔尔那三世上台后，寻求与亚述同盟，一起抵抗强敌赫梯，但是亚述却暗中和赫梯结盟，一起对付米坦尼。约公元前1350年，亚述通过和赫梯联盟成功击败米坦尼，正式取得独立，并收复了从阿淑尔西北至尼尼微地区的肥沃土地，这个地区在700年后亚述帝国灭亡前一直都是亚述最重要的核心领地。5年后（约公元前1345年），在亚述的配合下，赫梯王苏庇路里乌玛一世率军攻入米坦尼的都城，将他的女婿——因国内政变而逃亡的米坦尼王子沙提瓦扎——扶持为米坦尼的新国王，从此米坦尼失去了昔日霸权乃至独立的地位，沦为赫梯的附属国。

巴比伦国王

　　亚述虽摆脱了米坦尼的控制，却又被巴比伦视为其势力范围，亚述王阿淑尔·乌巴利特一世曾派出使节前往埃及，送给埃及法老阿肯那顿用白马拉的战车和天青石印章。阿淑尔·乌巴利特一世在给埃及法老的信中写道："我派出使节去拜望您和您的国家，迄今为止，我和您进行的交流是我的祖先们从未做到过的。"阿肯那顿热情款待了亚述使节，并给予亚述大量黄金作为回赠①。巴比伦国王布尔那·布里亚什二世得知亚述使者前往埃及后大为不满，他当即派使者向埃及法老阿肯那顿抗议道："现在，不是我派我的臣子——亚述人，去你那里；他们自行其

---

① 亚述王阿淑尔·乌巴利特一世却在回信中抱怨法老过于小气，并理直气壮地要求法老送更多的黄金来装饰他新建的宫殿，因为他听说"在埃及，黄金就像泥土一样多"。

是。私自跑到你的国家。如果你还尊重我的话，别让他们在你那里得到任何东西！将他们两手空空地赶出去！"由此可见，在巴比伦王眼里，亚述人不过是不听从他号令的臣子。

亚述王阿淑尔·乌巴利特一世为改善同巴比伦的关系，将自己的女儿嫁给巴比伦国王布尔那·布里亚什二世。这位公主嫁过去后产下一子，即下任巴比伦国王卡拉·哈尔达什。卡拉·哈尔达什即位后，由于太年轻，国内权贵争夺权力的斗争导致巴比伦政局动荡，巴比伦城内爆发了一场大规模的起义，巴比伦王卡拉·哈尔达什的统治被篡位者推翻。亚述王阿淑尔·乌巴利特一世以国王外公的名义出兵干涉，进入巴比伦尼亚，驱逐篡位者，但由于其外孙卡拉·哈尔达什已在混乱中被杀，阿淑尔·乌巴利特一世只得选定布尔那·布里亚什二世的另一个儿子库瑞噶尔祖二世继承巴比伦王位，由此开创了亚述干预巴比伦事务的先例。

此时亚述的地位已经明显高于巴比伦，阿淑尔·乌巴利特一世自称"大王"，以后的亚述君主都采用"大王"称号，亚述已成为两河流域的霸主和埃及与赫梯之外的第三大势力，而米坦尼则完全沦为赫梯与亚述之间的缓冲国。

三、埃赫战争

埃及在西亚的两大盟友米坦尼和巴比伦的衰败，让埃及在西亚的地位也变得岌岌可危。赫梯王苏庇路里乌玛一世和东南方兴起的亚述王国保持着较为友好的关系，把扩张的矛头放在西南方埃及控制的叙利亚地区。

此时埃及法老阿肯那顿因忙于国内的宗教改革无暇东顾，赫梯乘机出兵叙利亚，攫取了埃及在叙利亚地区的大部分附属领土，成功地控制了从叙利亚沿岸到幼发拉底河之间的广大土地。那些原本臣服于埃及的亚洲王公大多转投赫梯的旗下，部分忠于埃及的附庸城邦遭赫梯入侵时曾向埃及法老阿肯那顿求援，其中一位城邦王公写信给法老求助道：

"都说陛下您不会出兵打仗,请您派一些弓箭手来,我保证一定会承担他们的军费。"但是这些忠于埃及的王公等到的只是一心进行宗教改革的法老的斥责或敷衍,后来这位城邦王公给法老写信称:"你所有的仆人,现在都归属赫梯人。"埃及帝国的全盛时代就此结束。

叙利亚领土的丢失严重损害了埃及,尤其损害了埃及军方在这一地区的既得利益,原本忠于法老的军队成为反对国内宗教改革的主力,甚至组织刺杀法老的行动。不过这依然阻挡不了阿肯那顿改革的决心,虽然法老的内心很强大,身体却积劳成疾,于约公元前1336年去世。他死后不到一年,他的继承人——年仅25岁的斯门卡瑞也神秘死亡,死因至今不明。通过对他的木乃伊的研究可知他并非死于疾病,很可能和反对派的谋杀有关。

斯门卡瑞死后,出现了一位神秘的女法老,她可能就是阿肯那顿的王后妮菲蒂蒂,但这位神秘女法老也仅统治了短短不到两年时间,随后刚满9岁的图坦卡顿继承王位,泰伊太后和她的弟弟宰相阿伊摄政。他们结束了不得人心的宗教改革,恢复多神崇拜,归还庙宇财产,为被打压的各神庙祭司平反,并给被杀和致残的祭司家属提供赔偿。他们还将都城从阿肯那顿建造的新都阿赫塔顿迁回旧都——阿蒙神崇拜中心底比斯,将新法老的原

被认为可能是斯门卡瑞及其王后的石板像

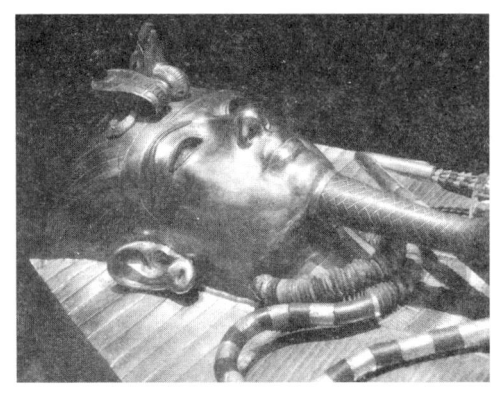

图坦卡蒙的黄金面具　　　　　图坦卡蒙的黄金棺材（局部）

名图坦卡顿（意思是阿顿神的形象）改成图坦卡蒙（意思是阿蒙神的形象），并修建复兴碑向全国人民宣告阿蒙神的重新回归，取代阿顿神成为埃及的主神。阿肯那顿的宗教改革就此以失败告终。

图坦卡蒙没能活到亲政，19岁时就突然死亡，死因不明，与他傀儡般的帝王生涯不相符的是他在现代人中的知名度。人们之所以对他如此熟知是因为他是古埃及墓葬保存得最完好的法老，其墓葬的豪华程度震惊世界。1922年，在他帝王谷的坟墓中共挖掘出数千件炫目华丽的陪葬品，包括真人大小的镀金雕像、黄金棺材、包金战车、黄金权杖、黄金狮头宝座和各种贴金或镶嵌金片的家具、黄金老鹰等动物形象、金线编织的项链、镶有各种宝石的金耳环等精美的首饰，以及各种宝石、象牙、珍珠制品。其中，图坦卡蒙黄金面具是仿真人面目的纯金面罩，眼睛用蓝宝石制作，是开罗博物馆的镇馆之宝，被当作古埃及文明的标志和象征，代表了上古时代奢侈品制作的顶峰，图坦卡蒙因而一举成名。

图坦卡蒙去世后，宰相阿伊主持葬礼，掌握了埃及的大权，在图坦卡蒙的墓室中发现了一男一女两个流产胎儿的木乃伊，这表明他的王后安凯塞帕曾因未知的原因起码先后流产过两次，导致图坦卡蒙与他的兄长斯门卡瑞一样没能留下子嗣来继承王位。

阿伊是泰伊太后的兄弟，又是当朝宰相，作为阿肯那顿之后的掌权者，他可能是之前一系列法老神秘过世案的谋划者，如今阿肯那顿的后代已经绝嗣，他企图通过和王后结婚篡夺法老之位。

守寡的王后安凯塞帕不愿和一个可能是谋杀自己丈夫和孩子的凶手结婚，面对来自国内权臣的威胁，她把眼光放到了国外，横扫西亚的赫梯国王苏庇路里乌玛一世引起了她的注意。她秘密给苏庇路里乌玛一世写信道："我的夫君去世了，我没有王子。听说您有不少成年王子。如果你愿意派一个您的王子来埃及，那么，他会成为我的丈夫，并会成为埃及的国王……"

对这突然而来的邀请苏庇路里乌玛一世无疑

图坦卡蒙墓中的壁画《阿伊为图坦卡蒙主持葬礼》

图坦卡蒙墓中物品盒盒盖上的图坦卡蒙与他的王后安凯塞帕的图案

是惊喜交加,他一直以来就对富裕的埃及垂涎欲滴,如果此举成功,那么赫梯就有可能控制庞大的埃及帝国,他立刻派出使者到埃及去考察虚实,使者受到埃及王后的热情款待,王后表达了她的诚意,希望赫梯王能立刻派出一名王子来埃及与她成婚并继承王位。

在确认事情的真实性后,苏庇路里乌玛一世决定立马完成这桩国际联姻,虽然他应该也知道此举必然会遭到仇视赫梯的埃及人民的愤恨,但他还是决定利用这个千载难逢的机会让赫梯成为史无前例的超级大帝国。他派出能干的王子赞南扎去实现这不可思议的美梦,不过他的梦想却未能成真,可怜的赞南扎王子还未抵达埃及就被不明凶手暗杀,一般认为这可能又是埃及宰相阿伊派人所为。此事彻底断绝了王后和赫梯王子婚姻联盟的想法,为了防止下一个被暗杀的对象就是她自己,她只好答应下嫁给宰相阿伊,阿伊成为埃及新法老,被霸占的王后在一年后便离奇死去,阿伊的原配妻子成了埃及的新王后。

痛失爱子的苏庇路里乌玛一世宣布对埃及发动全面入侵战争,此时的埃及在经历了之前的一系列动荡之后,早已无力与赫梯对抗,赫梯大军一路势如破竹,夺取了埃及在叙利亚的大部分领土。这时埃及又发生了一场可怕的大瘟疫,全国大半的士兵患病,无法服役,眼见埃及就要再次面临被异族统治的威胁,但正所谓福祸相依,瘟疫不仅感染了埃及人,还传播到赫梯军中,并随着赫梯军队的归国传遍赫梯国土。瘟疫给赫梯带来的灾难要比埃及严重得多,赫梯王苏庇路里乌玛一世本人和他的王位继承人阿尔努旺达二世都因这场瘟疫得病而死,埃及与赫梯的战争就此暂告一段落。

瘟疫拯救了埃及,但是宰相阿伊做法老的日子也所剩无几,年事已高的他在赫梯入侵和瘟疫爆发的惊吓中在位仅4年就过世了。他死后,与埃及王室没有血缘关系的埃及军方代表、驻扎在孟斐斯的下埃及元帅赫仑西布率领部队进军底比斯,通过迎娶王室公主穆特诺杰美特,在阿蒙祭司的主持下登上法老之位。为了巩固势力，他将埃及都城从底比斯迁往自己驻扎的基地孟斐斯。在他统治的28年间，他挑选军队中的人员担任要职，制定各种刑法，打击贪官污吏，并修复了卡纳克神庙等阿肯那顿宗教改革中遭到破坏的神庙。为了恢复埃及昔日的秩序，他彻底废除了阿顿神信仰，宣布阿肯那顿为罪人，将他的名字从法老名单上除去，并把所有建筑和文物上所刻的"阿肯那顿"名字抹去，朝中信仰阿顿神教的官员全部被清洗，以图将埃及这段宗教改革的历史从埃及人的记忆中抹除。阿肯那顿兴建的阿顿神崇拜中心阿赫塔顿也被宣布为"邪恶的地方"，遭到废弃，逐渐沦为沙漠中的荒丘。

四、赫梯帝国的全盛时期

埃及局势在赫仑西布的统治下稳定下来，约公元前1303年，在赫仑西布统治的第16年，他亲自率军远征西亚，收复了不少先前臣服于赫梯的附属国土，并接受他们的贡品，重建贸易商队，恢复了埃及在西亚地区的荣耀与威望。

而此时赫梯帝国的两任国王先后死于瘟疫，年少继位的穆尔西里二世（约公元前1322—前1285年）刚上任时又发生日食现象，赫梯原来的附属国都认为这是赫梯崩溃的预兆，纷纷脱离赫梯统治，赫梯的邻国阿尔扎瓦乘机对赫梯发起进攻。

赫梯因国内发生瘟疫召集不到足够的兵源，便使用"生物武器"，将患有瘟疫的

赫梯女神浮雕

绵羊赶到阿尔扎瓦的国内，当地的居民捕抓这些山羊食用后，瘟疫便传入阿尔扎瓦，导致其对赫梯的进攻就此失败。有研究认为，将感染了瘟疫的绵羊放入敌方城市或阵营，成了以后赫梯人赖以制胜的重要法宝，后来赫梯军队走到哪里，瘟疫就传到哪里，时称"赫梯瘟疫"，而染病的绵羊则堪称世界上最早的"生物武器"。

凭借"赫梯瘟疫"的力量，赫梯王穆尔西里二世成功扭转阿尔扎瓦对赫梯的攻势，并对其发起反攻，所到之处，所向披靡，一次性俘虏敌军达 66 000 人，阿尔扎瓦国王兵败被杀，阿尔扎瓦国被分为三国，全归赫梯管辖。解除内忧外患后，穆尔西里二世再次出兵叙利亚，原本归属埃及的叙利亚国家又重新叛归赫梯，埃及法老赫仑西布好不容易夺回的领土又失去了。此后穆尔西里二世发动多次战役，成功将赫梯扩张为包括小亚细亚、伊拉克北部、叙利亚北部和外高加索西部的大帝国，其统治人口达两百多万。

除了赫赫武功外，穆尔西里二世还是一位著名的编年史家，他将其父苏庇路里乌玛一世的丰功伟绩编纂成书，并著有自传体作品《穆尔西里二世十年编年史》，是研究赫梯军事和这段历史的重要史料。

在穆尔西里二世的统治下，赫梯帝国进入全盛时期，赫梯的都城哈图萨也成为西亚地区仅次于巴比伦城的中心城市。建在高山断崖上的哈图萨是一座固若金汤的要塞型城市，城市面积达 180 万平方米，人口约有 4 万至 5 万，少于巴比伦城的 8 万人。

赫梯的主要建筑多用巨石垒成，远比南部两河流域的土坯砖坚固，都城哈图萨因而得以部分保存至今。在赫梯王苏庇路里乌玛一世统治时期扩建了哈图萨内外两重的巨石城墙，城墙长度超过 6400 米，高度和宽度平均都超过 8 米，每隔 12 米设有 30 米高的塔台。整座城市共有 7 座城门，每座城门都以两侧看门的雕塑命名，如狮子门、王门、斯芬克斯（狮身人面）门等，各城门下都有一条秘密隧道用于突袭和逃生，其

哈图萨的狮子门

中的斯芬克斯门曾有四只巨大的斯芬克斯雕像（如今分别在土耳其和德国的博物馆里）守卫着，城门下连接着一条70米长的隧道，通往城内的最高处——大城堡，据推测，这座大城堡就是赫梯的王宫。

赫梯王宫内的国家图书档案馆是这一时期西亚规模最大的图书馆，在图书馆遗址中出土了数千块楔形文字泥板书。赫梯人借鉴南方两河流域的楔形文字书写自己的印欧语，创造出赫梯楔形文字[①]，这也是世界上已知最早的印欧语文字。

神话是赫梯文献的主要内容之一，与许多印欧部落一样，赫梯人崇

[①] 除楔形文字外，赫梯还另有一套象形文字，用于铭刻和印章，但至今尚未成功破译。

拜雷神，将其奉为他们的主神，赫梯神话《雷雨之神与蛇妖》就讲述了雷神提舒布战胜恶魔、保护大地的故事。雷神提舒布的妻子太阳女神阿丽娜则是与他并列的主神，她也被视为赫梯国和赫梯王权的保护神，赫梯国王总是先向她祈祷国运。雷神与太阳女神之子铁列平是农业与丰饶之神，他平时还在神宴上充当酒倌的角色，为诸神灵送上葡萄酒。

在哈图萨城内已发现31座神庙遗址，其中最大的赫梯众神殿占地面积达2万多平方米，是一个以超大庭院为中心、共有200多间厅室的建筑群，内供奉有赫梯各路神灵

赫梯的雷神浮雕

赫梯的银制印章与银牛容器（左图、右图）
如果说盛产黄金的古埃及是当时的黄金之国，那么赫梯就是白银的国度，小亚细亚自古就是中东的白银生产中心。

雅兹勒卡亚岩刻上的赫梯诸神

的塑像。盛产白银的赫梯王国还用白银为他们的诸神打造出祭祀用的银酒杯，包括银鹿、银牛等动物酒器，不同的动物分别代表不同的神灵。距离都城哈图萨 3 千米处的雅兹勒卡亚（意为石刻）遗址，是赫梯宗教祭祀的岩刻圣地，每年春天的赫梯新年，这里都会举行盛大的庆典，祭祀他们的诸神，在这里留存了大量赫梯人的神像浮雕作品，其中有一幅就描述了赫梯诸神聚会的场景。

第三节　古希腊青铜时代的文明

壮丽的迈锡尼，遍地是黄金。

——[古希腊]《荷马史诗》

一、希腊人的传说

在赫梯出土的文书中首次提及了希腊人，并且赫梯人和他们的君主以兄弟相称。从地理上看，地处今土耳其的赫梯王国与希腊人是隔海相

望的邻居,从考古学和人类学上看,希腊人和赫梯人同属印欧人。希腊语是印欧语系中最早有文字记录的语言之一,仅略晚于赫梯语,希腊语在形式上跟赫梯语也很相似。赫梯人把雷神当作一国的主神,而希腊人的主神宙斯也是雷神。

在希腊神话中,希腊人的圣山,即全希腊海拔最高的奥林匹斯山上住着众神之王宙斯、神后赫拉、海神波塞冬、丰饶和农业女神得墨忒耳、火和灶女神赫斯提

希腊众神
从顶部中心顺时针依次描绘的是:宙斯、赫淮斯托斯、雅典娜、阿波罗、赫耳墨斯、阿尔忒弥斯、波塞冬、厄洛斯、阿芙洛狄忒、阿瑞斯、狄俄尼索斯、哈迪斯、赫斯提亚、得墨忒耳、赫拉。

亚、智慧女神雅典娜、光明之神阿波罗、狩猎女神阿尔忒弥斯、爱与美之女神阿芙洛狄忒、战神阿瑞斯、火和锻造之神赫淮斯托斯,以及神使赫耳墨斯12位主神。

希腊众神因对人类不敬神的行为不满,便发动大洪水来毁灭人类,希腊大洪水的故事和两河流域的大洪水故事如出一辙,主要差别是主人公从两河流域的苏美尔人变成了希腊人。希腊人自称是大洪水乘船逃生的丢卡利翁与皮拉的后代,丢卡利翁与皮拉生育的孩子希伦是所有希腊人的祖先,希伦的后裔主要有4支,分别为多利安人、伊奥利亚人、阿

卡亚人和爱奥尼亚人，这4个民族被合称为"希伦人"，也就是今天的希腊人，希伦也是"希腊"这一叫法的由来，在希腊文中，希腊的意思就是"希伦人居住的地区"。

虽然希腊半岛因希腊人而得名，但实际上希腊人并非希腊半岛的原住民。同样，虽然今日的克里特岛属于希腊领土，克里特岛上的居民也属于希腊人，但在当时，创造出克里特文明的克里特人是与希腊人完全不同的民族，希腊人起初居住在巴尔干半岛的中北部地区，到约公元前2000年，古希腊四部落中的阿卡亚人、爱奥尼亚人、伊奥利亚人、多利安人开始分批进入希腊半岛。虽然希腊半岛崎岖多山的地势并不适合印欧人的战车部队，但是希腊人依然使用战车统领、步兵随行冲锋的战术成功征服并同化了希腊半岛上文明程度较高的皮拉斯基人、勒勒吉人、德里奥人等土著民族。

这一时期的希腊历史主要存在于后世希腊人创造的英雄史诗中，所

雅典娜与波塞冬

以又被称作史诗时代或英雄时代。史诗讲述了希腊各城邦王国的起源，如著名的雅典城传说建于公元前1556年，第一位国王是刻克洛普斯。雅典是以智慧女神雅典娜命名的城市，相传刻克洛普斯建立城邦的时候，雅典娜和海神波塞冬争任该城的守护神，两神各提供一份礼物由雅典人挑选。波塞冬用三叉戟刺地，出现了一口咸水泉，这可以用来制盐；雅典娜用长枪刺地，长出一棵橄榄树，它能带来木材、油和食物。雅典王刻克洛普斯认为橄榄树是更好的礼物，所以判定雅典娜为守护神，他还为雅典娜建立了第一座神庙，他的女儿则成了雅典神庙中最早的女祭司。波塞冬虽然输了，但还是决定将自己的礼物送给雅典，在雅典卫城上厄瑞克透斯圣殿旁有一处咸水泉，一直到公元前2世纪还被认为是波塞冬送给雅典的圣泉而受到崇拜。也有后人认为刻克洛普斯误解了海神波塞冬所送礼物的含义：咸的泉水代表了对海洋的控制力，意味着雅典将成为海上霸主。

波塞冬的海上霸主支票不是不能兑现，只是时间未到，雅典确实在后来成了海洋的霸主，但是当时的海上霸主无疑还是克里特人。对比爱琴海上的克里特人，位于大陆的希腊人毫无疑问是野蛮人，虽然希腊人有马拉战车的优势，但克里特人却有着更为强大的海军。在希腊传说中，雅典王埃勾斯曾经与克里特王米诺斯大战兵败，埃勾斯被迫求和，答应每9年送7对童男童女到克里特岛，供牛头怪弥诺陶洛斯食用。雅典王埃勾斯的儿子忒修斯长大后决心为民除害，他随童男童女来到克里特岛，克里特公主阿里阿德涅对忒修斯一见钟情，在他进入迷宫前暗中赠予他一把斩妖除魔的宝剑和一个能辨别方向的线团。

忒修斯进入迷宫后成功用宝剑杀死了弥诺陶洛斯，并用线团做标记逃离迷宫。随后他带着童男童女还有阿里阿德涅公主乘船逃亡，但途中公主却被酒神狄俄尼索斯给抢走了。忒修斯为此悲伤过度，忘记了出发前和父王埃勾斯的约定：如果杀死怪兽，他就在返航时把船上的黑帆换成白帆。一直在海边悬崖上翘首等待儿子归来的埃勾斯国王看到归来的船仍挂着黑帆,以为儿子已被牛头怪吃掉,他悲恸欲绝,从悬崖上跳海身亡,从此这片海域就因他而被命名为爱琴海(意为"埃勾斯海")。

有关忒修斯杀牛头人的事迹,古希腊历史学家普鲁塔克为我们提供了有别于神话传说的历史描写。他称克里特人认为这绝非事实,弥诺陶洛斯并非牛头人而是米诺斯王宫的侍卫长,克里特有举行角斗比赛的习俗,而童男童女就是赢得角斗比赛的胜利品,弥诺陶洛斯总能在角斗比赛上取得压倒性胜利,赢得童男童女后再极为残忍地对待他们。忒修斯因此前去克里特参加角斗比赛,打败并杀死了弥诺陶洛斯,将雅典的童男童女营救回国。但他们返回时因过于高兴而忘记挂上表示平安归来的白帆,导致埃勾斯国王坠海身亡。

忒修斯埋葬父亲后登上王位,通过强迫与说服的方法统一了雅典所在的阿提卡半岛,并强行使各地方贵族首领迁居雅典城,设立了以雅典为中心的议事会和行政机构取代地方城镇的议事会和政府。他把雅典全国居民分为贵族、农民和手工业者三个等级,让贵族"掌管宗教仪式,讲授法律,解释天意",规定只有贵族才能担任公职官员,这标志着雅典贵族政治的确立。忒修斯是古代雅典统一国家的真正缔造者,有关忒修斯改革的记载正好反映了这一时期希腊人从酋邦部落走向城邦国家的历史性转变过程。

二、迈锡尼文明

虽然雅典是古希腊最著名的城邦,但是在爱琴文明时期,雅典在希腊各城邦中的地位并不突出,当时希腊大陆最先进的地区并非雅典所在的阿提卡半岛,而是最靠近克里特岛的伯罗奔尼撒半岛。

伯罗奔尼撒半岛是希腊最南端的半岛,与希腊大陆仅通过狭窄的科林斯地峡相连,位于克里特岛和希腊大陆之间,是希腊半岛距克里特岛最近的地方。因此生活在伯罗奔尼撒半岛的阿卡亚人可以更多地吸收克里特文明的成果，成为最早迈入文明社会的希腊人，并成为早期所有希腊人的代表，在《荷马史诗》中就用阿卡亚人指代所有希腊人，而伯罗奔尼撒半岛也因此成为当时希腊大陆的文明中心。据考古发现，这一时期在伯罗奔尼撒半岛的广大地带出现了迈锡尼、梯林斯、尼迈亚、斯巴达等许多城邦。其中的迈锡尼城是伯罗奔尼撒半岛东北部的中心城市，也是当时希腊诸城邦中最重要的一个，这一时期的希腊文明也因此得名迈锡尼文明。

约公元前1600年，迈锡尼竖井墓王朝的建立被认为是迈锡尼文明出现的标志，竖井墓王朝因发现于迈锡尼城堡内外的两座竖井墓园而得名，园内有众多王族墓葬和丰富的金银珠宝陪葬饰品，其中大多数产地为克里特，也有些来自埃及、小亚细亚和叙利亚等地，说明迈锡尼王族和贵族可能曾经以雇佣兵头领的身份服务于克里特和埃及等地。到约公元前1500年，迈锡尼进入圆顶墓王朝时期，规模庞大的圆顶石墓取代了结构简单的竖穴墓室，并出现了大量本土制作的金银工艺品，成为可以与克里特抗衡的强国。

与创造克里特文明的米诺斯人相比，创造迈锡尼文明的希腊-阿卡亚人更尚武好战，其统治阶

迈锡尼陶器上的迈锡尼战士

层皆来自担任战车武士的贵族阶层。他们头戴用野猪獠牙缝在皮帽子上制成的"野猪牙头盔",身着欧洲最早的重型金属铠甲——塔式青铜板挂甲,有时集中起来整编为战车部队集体冲锋,有时在步兵队伍中充当指挥。考古学家认为希腊武士沉重的塔式青铜板挂甲可能只在车战时使用,而步战时他们只装备塔式挂甲中的护胸甲,后来希腊古典时代的"肌肉胸甲"就是由这种护胸甲发展而来的。

迈锡尼武士的塔式青铜挂甲

希腊人凭借战车的优势,征服了希腊半岛,但是战车无法渡过海洋,所以希腊人仿效克里特人,建立起一支强大的海上船队,进行商业贸易和海上劫掠。爱琴文明最初的船体是将很多木板叠加在一起、再用钉子钉起来的"叠加式"船体,而迈锡尼人则开始使用拼接结构更牢固的"拼接式"船体,成为当时新的造船中心。他们的活动遍及地中海沿岸各国,在许多国家和地区建立起自己的商站,通过学习克里特人的园艺业和工艺,对外输出陶器、橄榄油、葡萄酒和各种兽皮,与克里特同类商品展开激烈的竞争。他们还通过贸易与周边国家建立外交关系,并不断扩展海外殖民地,在爱琴海诸岛、塞浦路斯岛、巴勒斯坦和土耳其的西海岸都发现了希腊人创建的城市遗址。以铜矿著称的塞浦路斯岛(塞浦路斯希腊语意为"产铜之岛")就是在这一时期开始逐渐希腊化的,在塞浦路斯北海岸至今仍有一处被称为"阿卡亚人海岸"。

希腊人通过海上贸易和掠夺积累了大量财富,打破了克里特对东地中海贸易的商业垄断,双方为东地中海的海上霸权展开了激烈的争夺战。起初，希腊人并不占有优势，但是在约公元前15世纪，克里特王国所控制的基克拉迪群岛中的锡拉岛①上，一场猛烈的火山爆发彻底改变了双方的力量格局。这是人类历史上规模极大的一次火山爆发，波及地中海沿岸及各个岛屿，火山爆发导致锡拉岛大半塌陷，繁荣的锡拉古城（阿克罗蒂古城）瞬间被火山灰掩埋，克里特王城克诺索斯也被盖上一层厚厚的火山灰。剧烈的火山爆发还引发了地震，进而导致席卷克里特诸岛的巨大海啸，将沿岸的港口和渔村悉数摧毁，连岛内的城市也遭到严重破坏。同时火山喷出的火山灰长期飘浮在空中，造成了一种长达十数年、类似"核冬天"的长期降温效应，造成克里特的园艺农作物连年歉收，原本繁华的克里特文明迅速走向衰落。

许多科普类文章都将克里特文明的灭亡归罪于这次自然灾难，但实际上锡拉岛火山爆发虽然给克里特文明带来巨大的损失，但克里特文明

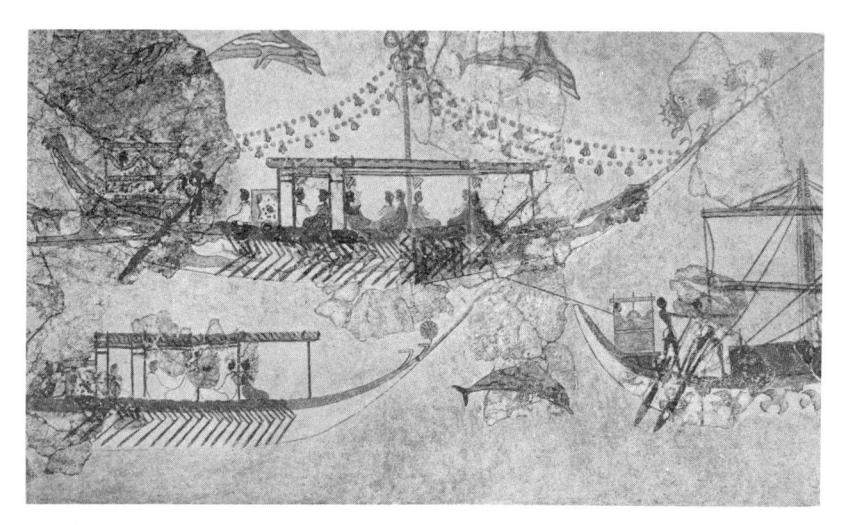

锡拉古城遗址中的壁画

---

① 锡拉岛也就是今天的圣托里尼岛，位于爱琴海基克拉迪群岛的最南端，以特有的黑砾滩和黑沙滩出名，当时属于克里特文明势力范围。锡拉岛上的阿克罗蒂古城有1万—3万人口，是克里特王国岛外的第一大城市，古城内发现了许多精美的壁画，和克里特岛克诺斯王宫壁画属于同一风格。

并未就此灭亡。在希罗多德的《历史》(第七卷，170—171节)中便记载了克里特文明灭亡的缘由：当时克里特人动员了全部舰队对西西里岛发动了长达五年的远征，结果以失败而告终。在克里特人从海上撤军回国时，海上突起的一阵可怕的风暴，把他们卷到意大利的海岸上，他们的船只也在这次海难中悉数被毁，希腊人便趁着克里特王国遭遇天灾之际，大举入侵克里特岛。

由于克里特主要靠海军来防卫，其城市和王宫都没有高大城墙，随着克里特强大的海上舰队在海上风暴中被一扫而光，希腊人轻松登上克里特岛，并陆续攻占摧毁了克诺索斯、法埃斯特等岛上诸多宫城。到约公元前1420年，克里特岛全部被希腊人征服，克里特岛原住民完全被希腊人同化，克里特文明进入后王宫时代，从此爱琴文明的中心转移到希腊伯罗奔尼撒半岛上的迈锡尼地区，进入以希腊人为主导的时代。

据考古发现，在后王宫时代，克里特岛的城市走向衰落，其主城克诺索斯只剩下3万人，而希腊大陆各城邦则进入全盛时代，其中迈锡尼有3万人，雅典有1.5万人，梯林斯有1万至1.5万人，底比斯有8000人，迈锡尼的繁荣程度远超希腊各邦，《荷马史诗》中称其是一座"建筑巍峨""通衢纵横""黄金遍地"的黄金之城。

迈锡尼文明继承了克里特文明宏伟精致的宫殿和精美形象的艺术品，宫殿中也都设有庭院、寝室、浴室，庭院的地板和墙壁绘有生动的画像和复杂的几何图案。迈锡尼人还通过学习克里特人的"线形文字A"，创造了符合自己语言的"线形文字B"。线形文字B目前已被释读成功，证明写的是希腊语。线形文字B被用于宫廷记账，大部分都是关于绵羊、羊毛、亚麻、盔甲、武器的账目等，也出现了一些有关希腊神话的记载，天神宙斯、天后赫拉、海神波塞冬、战神阿瑞斯、神使赫尔墨斯、智慧女神雅典娜、月亮女神阿尔忒弥斯、酒神狄俄尼索斯等都已在文字记录中出现，其中对波塞冬的崇拜十分兴盛，他不仅是海神，还

线形文字 B 是早期希腊语的文字表达形式

是古老的地震神。而太阳神阿波罗、性爱女神阿芙洛狄忒、农业女神德墨忒尔、火神和锻造之神赫淮斯托斯的有关记录尚未发现，他们可能是后来才演变出来的神灵。

迈锡尼文明与克里特文明主要的不同之处在于其拥有坚固的城防设施，克里特岛上的城市都不设城墙，而牢固宏伟的卫城是迈锡尼建筑最突出的成就之一，这也同样是后来希腊城邦的重要特色。克里特文明以宏伟的宫殿为城市中心，而迈锡尼文明和后来的古希腊文明都以卫城为城市中心。

卫城是用于防范外敌入侵的要塞，平时是统治阶层办公、居住之处，遇到危险时则让平民进入避难。迈锡尼卫城是后来希腊卫城所遵循的规划形式，巨大的卫城建筑在巍峨陡峭的高岗上，由于水井和泉水位于山下，为了保证供水，迈锡尼人通过挖地下隧道建设地下输水管道，巧妙地将山岗附近山谷里的泉水引入卫城内的蓄水池。

整个卫城占地约 30 000 平方米，建造城墙的石头非常巨大，传说中这城墙由被称作塞克罗普斯的独眼巨人一族所建。巨石城墙长近千米、平均厚度约 6 米，最高处达 17 米，卫城唯一的出入口狮子门是由数块巨石堆积建成的高和宽都为 3.5 米的正方形大门，可供战车出入，门上过梁的巨石重达 20 吨，在巨石的门楣上三角形的叠涩券用于减少

迈锡尼卫城的狮子门

迈锡尼圆顶墓的内部结构

迈锡尼金杯　　　　　　　迈锡尼的金狮剑柄

门楣的承重力,在叠涩券中嵌入一块雕有双狮拱卫的三角形的石灰石浮雕板,狮子门因此而得名。在门的入口两侧有坚固的四角形塔楼保卫着,形成一片狭小的空间,闯入城门的敌人将在门下被包围,这座拥有数千年历史的城门至今仍然是希腊著名的旅游景点。

　　进入狮子门后就是国王居住的宫殿式城堡和巨大的圆顶王墓。圆顶王墓是迈锡尼文明的重要特色,是用上等石块以叠涩法砌成的圆锥状屋顶,形如蜂巢,故又名蜂巢墓。以传说中迈锡尼国王阿伽门农命名的阿伽门农王墓是规模最大的圆顶墓,墓门高 10 米,入口两侧是装饰精美的绿岩柱,门内过道以一块重达 120 吨的石岩板为盖,墓道宽约 6 米、长 36 米,墓室内部主厅为直径和高度均 14 米的圆顶石拱天花板,石墙和天花板装饰有青铜花瓣,尽显宏伟壮丽。在王墓中发现了镶金银的印章雕刻、金银镶嵌的青铜短剑及金面具、金额带、金角杯、金指环、金印章、金杯、银罐等金银陪葬饰品,其数量之多、工艺之精美为当世所罕见,其中的一件被称为"阿伽门农面罩"的黄金面具与古埃及图坦卡蒙黄金面罩、中国三星堆黄金面罩分别是这一时期欧洲、非洲、东亚三大地区黄金工艺的代表性杰作。

第四节　早商时代的华夏文明

　　商朝文明由诸多成分组成,如大麦、小麦、羊、牛、马、青铜和轮子等。若追溯到其新石器时代的起源,无疑将发现,它们最早发源于中东。但是,有一点不容置疑,东亚的本土文化有它自己的特点,正是这些特点与外来文化相结合,构成了伟大、独特的中国文明,这一文明以举世无双的连续性从商朝一直持续到现代。

——［美］斯塔夫里阿诺斯,《全球通史》

一、古蜀国三星堆文化

　　从古巴比伦王国到埃及新王国、赫梯王国、克里特王国、迈锡尼王国,欧亚大陆西部的文明发展可用群星璀璨来形容。至于欧亚大陆东部的中国,在新石器时代同样也是"满天星斗",当时黄河中游的陶寺龙山文化、黄河下游的两城龙山文化、长江上游的宝墩文化、长江中游的石家河文化、长江下游的良渚文化各自雄踞一方。进入青铜时代后,从二里头青铜文化开始,中原地区的地理优势开始显现,中华文明开始逐步进入以中原为中心的时代,但在青铜时代初期,中华文明实际上从"满天星斗"转向"双子星座",当时的中华大地除了中原文明外,在今四川盆地成都平原还存在着神秘而绚烂的古蜀国三星堆文化。

　　三星堆文化是由先前成都平原的宝墩文化

三星堆"铜像之王"

（约公元前2500—前1700年）发展而来的，三星堆一期文化就被归为宝墩文化，属于新石器时代的考古文化；到约公元前1700年，成都平原进入以三星堆遗址为代表的三星堆二期文化阶段；约公元前1500—前1200年，三星堆文化进入三期全盛阶段，出现了大量精美的青铜器、金器和玉器。

与中原地区的青铜文化一样，三星堆遗址出土的青铜器主要是用于祭祀的青铜礼器，其中有一尊巨大的"铜像之王"，高172厘米，底座高90厘米，通高262厘米，是同一时期世界上发现的最大的青铜立人像。还有8株大小不同的神树，最高一株高达396厘米，树上有27个果子、9只神鸟和1条神蛇，被称为"生命之树"。

出土于三星堆二号祭祀坑的纵目铜面具通高60厘米、宽134厘米，是中国古代最大的青铜面具，整个面具造型夸张，两眼呈圆柱状，极度向前突出，凸出眼眶外约16.5厘米。考古学家认为，这副纵目面具是古蜀国国王蚕丛的神像。据《华阳国志》载："有蜀侯蚕丛，其目纵，始称王"，蚕丛是蜀国开国之王，相传他长着"纵目"①（眼睛突出），这正好和三星堆遗址中的纵目铜面具的外观吻合。

除青铜面罩外，戴金面罩的青铜人头像也是三星堆文化的代表性文物，与古埃及文明、迈锡尼文明用纯金制作而成的黄金面罩不同，三星堆出土的黄金面罩是表面贴金箔的青铜物件。世界上最早的人工金箔出现在埃及，而三星堆文化的金箔工艺则代表了中国商代最高的黄金制作水平，三星堆文化是中国金器制作的第一个盛世，这里出土的金器文物数量与种类都居中国同时期发现之最。三星堆的黄金制品大多以金箔加工为主，包括金箔面罩、金箔虎形饰、金箔鱼形饰、金箔璋形饰、金箔带饰、金箔叶子等，还有一根用金箔包卷在木杆上、142厘米长的金

---

① 有研究者认为，蜀王蚕丛原本住在四川西北的岷江上游山区，该地区由于严重缺碘，居民普遍患有甲亢，眼睛突起是甲亢患者的一个重要病征，蜀王蚕丛有可能就是一个眼睛突起的甲亢患者。

古埃及图坦卡蒙的黄金面罩　　　　　　迈锡尼阿伽门农黄金面罩

三星堆戴金面罩的青铜人头像　　　　　三星堆青铜纵目面具

权杖。

　　金权杖上端有三组人、鱼、鸟图案，表达大致意义是：人用箭将鱼射中，鸟将鱼驮负归来。唐代大诗人李白在《蜀道难》中写道："蚕丛及鱼凫，开国何茫然。"据西汉时期扬雄所著《蜀王本纪》记载，蚕丛及鱼凫因分别教会原住民养蚕和捕鱼，因而得名。古蜀国的国王鱼凫曾经教人以渔，鱼凫即鱼老鸹，是一种捕鱼的水鸟，所以有人认为这根金权杖可能与鱼凫王有关。权杖在西方是权力的象征，最早发现于两河流域、古埃及、小亚细亚等地，中国的史前文化中本没有权杖，中原地区早期

三星堆玉器

的权力象征物是钺（大斧），权杖的出土体现了三星堆文化可能受到了外来文化的影响。在三星堆出土的许多人物像，其相貌都是大眼深目、鹰钩高鼻、面削颧耸、长耳阔口，与中国人种明显不同。四川省文物考古研究所三星堆工作站的陈德安站长对此表示，三星堆人有可能是外来民族，三星堆文明可能是"杂交文明"。

三星堆文化的中心三星堆古城被认为可能是传说中古蜀国的都邑，其占地面积约350万平方米，是同时代南方最大的城池，城墙的建筑材料主要为泥土，局部采用卵石撑垒，保存最好的月亮湾城墙呈梯形，顶宽约20米，底宽40—43米，残高2.8米左右。三星堆城内还发现了一座长逾65米、宽近16米、建筑面积逾1万平方米的大型红烧土建筑基址，其面积与二里头1号宫殿相当，被认为很可能是三星堆王国"宫殿区"所在地。

如此三星堆文化就同时具备了城市、大型建筑遗址、阶级分化、发达的青铜冶炼术等文明要素，但没有发现系统的文字。据西汉蜀郡学者扬雄的《蜀王本纪》记载，古蜀人"不晓文字，未有礼乐"，由于被认为可能是古蜀国文字的"巴蜀符号"一直未能破解，目前对古蜀国是否有文字仍存在争议。加之年代久远，故后世对古蜀国王朝的记载十分简略，从相关古籍大体可知，在秦国灭蜀以前，成都平原经历过蚕丛、柏灌、鱼凫、杜宇、开明五个王朝。古蜀国文明在前期的发展程度尚有一些方面可媲美中原地区的华夏文明，但由于四川盆地偏居西南，不如中原腹地交通便利、平原广阔，因此其发展潜力远不如中原地区。到战国时期，蜀国虽然仍然为"戎狄之长"①，但国力已经远不如战国群雄，蜀国最终为秦所灭，古蜀国文明就此融入华夏文明。

虽然三星堆文化有明显的外域风，三星堆文化的青铜礼器也和商文化的青铜礼器差异巨大，前者以立人、面具、神树为主，后者则以鼎、尊、鬲等青铜容器为主。但三星堆文化同样也有着浓厚的中原风，正如二里头考古队队长许宏所说："三星堆文化的问世以出土二里头风格器物为标志。"考古学家发现三星堆遗址第二期出土器物与中原二里头文化之间有密切关联。"两者均出陶盉、斝、器盖、豆、罐类器物，都是以小平底为主。尤其是陶盉，二者极为相似……联系到陶盉起源于山东，向中原传播的事实，以及二里头文化早期略早于三星堆二期的情况，不难确定三星堆遗址第二期受到了二里头文化的影响。"②

三星堆的青铜大鸟头
与中原的商文明一样，三星堆文化也以鸟为图腾。

清华大学历史系前教授李学勤先生也指出："广汉（四川广汉三星堆）一带的古文化与中原的二里头文化的联系，有不少线索可寻。嵌绿松石牌饰是一种非常特异的器物，竟在相隔遥远的两地出现，极其值得注意。"③ 镶嵌铜牌饰是一种主要流行于夏代的青铜器，以镶嵌绿松石为

---

① 《战国策·秦策·司马错论伐蜀》："今夫蜀，西僻之国也，而戎狄之长也。"
② 范勇：《试论早蜀文化的渊源及族属》，《三星堆与巴蜀文化》，巴蜀书社，1993年，第18—19页。
③ 李学勤：《从一件新材料看广汉铜牌饰》，《中国文物报》，1997年11月30日。

最大特征，被认为是贵族身份的标志，在后来的商周时期十分罕见，三星堆的贵族与二里头的贵族同时使用这种身份饰品，这表明在夏朝，四川盆地的三星堆文化与中原地区的二里头文化很可能有着密切的关联，到商灭夏后，古蜀国文明与中原文明的关系一度中断，就此发展出两种截然不同的青铜文化。

二、早商王朝

约公元前1600年，二里头文化开始走向衰败，二里头遗址不远处兴建起偃师商城，考古学上认为这可能是夏商更替的标志，许多学者还认为偃师商城也是商汤所建的都城西亳。但无论是遗址面积，还是宫殿面积，偃师商城都难与二里头遗址相比，因此也有一些支持"二里头商都说"的学者认为二里头才是商汤所建的都城西亳，而偃师商城不过是伊尹囚禁太甲的桐宫。

伊尹是商汤时期最重要的大臣，相传伊尹本是一个奴隶出身的厨师，他被后人尊为中原菜系创始人，被誉为中华厨祖，他以烹饪之法为引子，为商汤分析天下大势与治国之道，商汤惊其才识，便提拔伊尹为右相，伊尹（本名伊挚）的尹不是名字，而是右相之意。商汤死后，伊尹又历经了外丙、仲壬两代，任商汤长孙太甲的师保。伊尹之所以能辅佐这么多帝王，除了因为自身长寿外，还因为商朝初期采取"兄终弟及"与"父死子继"相结合的王位继承制度，帝位先由兄长传给弟弟，最后由最幼的弟弟再

伊尹像
出自明代朱天然《历代古人像赞》。

传给长兄的长子。商汤死后,他的儿子外丙继承王位,外丙的继承者仲壬是他的弟弟,而仲壬的继承者太甲是仲壬长兄太丁之子。由于各商王继位后普遍年龄偏大,自外丙经仲壬至太甲几代执政时间都很短,商朝的大权实际掌握在伊尹手中。

太甲即位后,不遵守商汤的大政方针,暴虐百姓,伊尹屡谏不听,他就以"颠覆汤之典刑"的名义将太甲放逐到成汤墓地桐宫悔过,并著《伊训》《肆命》《徂后》等训辞告诫太甲为人从政的道理,他本人则与诸大臣代为执政,史称"共和执政"。太甲通过三年反省,悔过自新,伊尹便将他从桐宫放出来重掌政权。太甲复位后"勤政修德,诸侯咸归殷,百姓以宁",伊尹为此特地写了《太甲训》三篇,赞扬太甲,称其为太宗,太甲也是历史上第一个被称为太宗的君王。

对于"伊尹放太甲桐宫悔过"这段历史,在战国时期的史书《竹书纪年》中却有完全不同的记载:"仲壬崩,伊尹放太甲于桐,乃自立也。伊尹即位,放太甲七年。太甲潜出自桐杀伊尹,乃立其子伊陟、伊奋,命复其父之田宅而中分之。"按此说,伊尹放太甲实际上是篡位自立为天子,以后太甲潜出桐宫,杀了伊尹。但是这种说法多不被认同,因为在商代的卜辞中,伊尹享有很高的地位,常常和商汤一起祭祀,隆重程度堪比商王,不像是被杀死的篡位之臣。史载伊尹历事商汤、外丙、仲壬、太甲、沃丁五朝,于沃丁八年(约公元前1549年)逝世,享年百余岁,沃丁以天子之礼把伊尹安葬在商汤陵寝旁,并为他守孝三年,以表达对这位五朝元老的崇高敬意。

伊尹死后,商朝统治开始衰落,到太甲之孙太戊继位后,诸侯都不来朝贡了。太戊启用伊尹之子伊陟担任国相,施行仁政,团结诸侯,又任用擅长卜筮之术的巫咸[①]为国师,推行神权统治。在伊陟和巫咸等贤

[①]《吕氏春秋》记载:"巫彭作医,巫咸作筮",巫咸被视为用筮(蓍草)占卜的创始者,传说他还擅长卜星术,有中国最早的天文学家之称。

臣的辅佐之下,"天下大治,诸侯归附",太戊成为商朝中兴之主,他也是中国历史上第一位庙号"中宗"的君王,后世将他与太甲、祖乙并称"三示"(即三位有贡献的君主)。

太戊在位75年,是商朝在位时间最长的一位君主。根据《史记》记载,太戊去世后由其长子仲丁继位。而根据甲骨文周祭卜辞,太戊的继承人应是其弟雍己[①],所以仲丁的王位很可能是从叔父雍己那里争来的。仲丁由于破坏了商朝"兄终弟及"的继承制度,遭到了其他王室成员的反对,致使诸侯侵犯京畿。东南方的夷族乘机发展势力,其中的一支蓝夷(因习惯穿蓝靛染成的蓝衣而得名)多次侵掠商朝领地,商朝再次衰落。动乱之时又偏逢黄河洪水泛滥,王都被淹。仲丁被迫放弃经营了100多年的都城——亳,将商朝都城东迁于河南郑州西北的隞都。

郭沫若等学者认为郑州二里岗商城遗址就是仲丁所迁的隞都,不过也有研究认为该城规模远在偃师商城之上,不像是临时迁移的都城,应该是商汤所建的亳都。二里岗遗址共有宫城、内城、郭城三重城,其中内城城垣周长6960米,面积约300万平方米,大于偃师商城的190万

郑州二里岗商城遗址

[①] 旧说太戊在雍己之后,然而在出土甲骨文周祭卜辞中,雍己却排在太戊之后,因此考古学界多认为雍己应为太戊之弟。

平方米，小于三星堆古城的360万平方米，不过在二里岗内城城垣之外，还有一范围远超三星堆古城的城郭。与主要用泥土垒成的三星堆古城不同，二里岗商城墙体用黄土分段版筑而成，城墙上窄下宽，呈梯形，顶层宽13米，底层宽20米，残存的城墙最高为5米。城内的宫殿区发现了夯土基址20余处，其中面积最大的达2000多平方米，经过复原，为一座建在高台之上、共有9间、带有回廊的重檐茅屋寝殿，殿外设有围墙，内有由蓄水池、地下管道和汲水井组成的供水系统，是当时国内最高规格的宫殿形式。能建造如此大规模的城墙与宫殿反映了商朝已具有相当强大的组织施工能力。

在二里岗商城共发现四处作坊，包括两处铸铜作坊、一处烧陶作坊和一处制骨作坊，二里岗文化的青铜冶炼技术已经十分成熟，在遗址中发现了尊、鼎、鬲、壶、爵、角、觯等成套礼器，以及铲、斧、刀、凿、镞、戈等青铜工具和武器。在二里岗文化时期，中原地区已开始采用分铸法制作大型的青铜制品，其代表作是郑州杜岭出土的两件大方鼎：较小的高87厘米、重64.25千克，较大的高达1米、重86.4千克，是目前所发现的商代前期最大的青铜器。

以二里岗青铜文化为代表的商朝青铜文化不仅分布在黄河流域，还扩展抵达长江流域。在长江中游北岸、距武汉市区5千米

商代青铜觯
觯，中国古代饮酒用的器皿，外形与尊相似，但通常更小或有盖。

处有一处和郑州二里岗商城同期的盘龙城遗址。盘龙城遗址出土的商代青铜器总数超过 400 件，数量远超商都二里岗，在这里发现了迄今商代早期最大的铜圆鼎。盘龙城的青铜器和二里岗的青铜器属于同一青铜文化，说明商文化已经扩张到长江流域。有观点认为，商朝中心二里岗商城附近缺乏冶炼金属，商朝人需要前往长江流域采购铜矿，为了保证铜矿在运输途中不受沿途部落的骚扰，商朝便在此地建立冶铜中转站。也有观点认为，在盘龙城遗址内发现的三座前朝后寝的大型宫殿建筑表明这里应该是一个实力较强大的商朝附属方国的都城，而非只是一个中转站。

除长江中游的盘龙城青铜文化外，当时长江下游的部落也已掌握青铜冶炼技术，江西中部出现了以吴城遗址、牛头城遗址和大洋洲遗址为代表的吴城文化。和长江中游的盘龙城遗址不同，吴城文化青铜器造型与北方的黄河流域大不相同，带有明显土著特征，与商朝的青铜文化不属于同一类型。吴城遗址周边的江西瑞昌市铜岭铜矿遗址则是已知中国年代最早的铜矿石开采遗址。

二里岗古城到约公元前14世纪被废弃，史载在商王仲丁死后，他的弟弟外壬夺取王位，致使商朝因继承人问题再起纠纷。王室内部杀戮严重，篡夺王位事件不断发生，国王频繁更替，外族乘机入侵，商朝陷入了长达百年的大动荡时代，共历经仲丁、外壬、河亶甲、祖乙、祖辛、沃

商代兽面纹青铜壶

甲、祖丁、南庚、阳甲九王。九世中仅祖乙在位时期相对稳定，但在其死后，商朝又再度衰败，史称"九世之乱"。

在此期间商朝多次迁都，都城面积普遍偏小，比如被认为是都城之一的郑州小双桥，其城址规模不到先前郑州二里岗商城的一半。商朝势力在这一时期也一度退出长江流域，长江中游的

牺首兽面纹铜尊

盘龙城在二里岗上层二期晚段被废弃，或与此背景有关联。

在湖北的盘龙城被废弃后，湖南宁乡成为中国南方地区的青铜文化中心，目前有一种说法认为：盘龙城废弃后，盘龙城的铜匠一路南逃至湖南宁乡一带，教会了当地的土著居民青铜冶铸技术。

从出土青铜器来看，湖南宁乡一带的青铜器确实带有典型的中原风格，不过在铜、锡、锌的含量比例上又与中原地区青铜器有所不同。这里出土的四羊方尊是中国已发现的商代青铜方尊中最大的一件，其高58.3厘米，重34.5千克，四角各塑一羊一龙，龙头在两羊之间，通过四羊、四龙相对的造型展示出华丽至尊的气象。而另一件虎食人卣以一立虎为造型，口内衔一人，制作精美逼真。宁乡青铜鼎的代表人面方鼎以四面各浮雕一个相同人面孔做纹饰，常被认为和"黄帝四面"的传说有关。

历史大事件对照表

中　华	古埃及	西　亚	爱琴海地区	南　亚
约公元前 1582—前 1570 年，商王太甲在位，其间被大臣伊尹放逐到桐宫悔过。	约公元前 1585—前 1570 年，阿波斐斯一世成为古埃及喜克索斯王朝的国王。	约公元前 1570 年，印欧语系的加喜特人占领巴比伦城建立巴比伦第三王朝。	约公元前 1600 年，迈锡尼竖井墓王朝建立，迈锡尼文明开始。	约公元前 1500 年，雅利安人进入南亚，印度历史进入吠陀时代。
约公元前 1500—前 1300 年郑州今河南郑州留存的商都遗址岗遗址被认为是商都遗址。	约公元前 1550 年，底比斯国王雅赫摩斯一世继位，成功将喜克索斯人彻底逐出埃及，古埃及进入历史上延续时间最长、版图最大、国力最强盛的第十八王朝。	约公元前 1550—前 1500 年，两河流域上游地区的米坦尼王国建立。	约公元前 1500 年，赫梯王朝消灭埃兰王朝，迈锡尼圆顶墓王朝。	
约公元前 1500—前 1200 年，古蜀国三星堆青铜文化进入繁荣时期。	约公元前 1504—前 1492 年，图特摩斯一世在位，远征西亚，到达幼发拉底河，开始建立于帝王谷的王家陵墓。	约公元前 1525—前 1500 年，赫梯王铁列平在位，颁布《铁梯法典》，确立王位世袭制。	约公元前 1450 年，克里特人占领克里特岛，迈锡尼文明进入后王宫时代。	
约公元前 1486—前 1411 年，商王武丁在位，商朝复兴，死后庙号高宗。	约公元前 1479—前 1458 年，特谢普苏特统治时期。	约公元前 1495—前 1430 年，加喜特巴比伦王朝，以后 150 年内，埃兰曾处于巴比伦驻埃及安善总督的统治下。		
约公元前 1411—前 1300 年，从商王武丁开始经历九王 100 多年的王位继承纷争，史称"九世之乱"。	约公元前 1458—前 1425 年，图特摩斯三世在位，进行大规模军事征服，埃及军队在幼发拉底河击败米坦尼王国，埃及领土达到顶盛。	约公元前 1430 年，赫梯王国进入新王国时代。		
	约公元前 1437 年，图特摩斯三世领埃及军队在幼发拉底河击败米坦尼王国，埃及领土达到顶盛。	约公元前 1410—前 1353 年，米坦尼王萨乌什塔塔即位，在位期间成功征服亚述。		
	约公元前 1353—前 1336 年，埃赫那吞推行宗教改革，以太阳神阿顿神取代阿蒙神崇拜，迁都阿赫塔顿。	约公元前 1380—前 1353 年，亚述王伊里巴·阿达德一世在位，亚述进入中王国时代。		
	约公元前 1353—前 1340 年，埃及法老图坦卡蒙即位，改革失败，埃及宗教纷争，以乘埃及陷入太阳神阿顿神崇拜，侵占埃及在叙利亚的附属国。	约公元前 1358—前 1323 年，赫梯王苏庇路里乌玛一世在位，赫梯进入大帝国时代。		
	约公元前 1332—前 1323 年，埃及法老图坦卡蒙改革，恢复对阿蒙神的崇拜，埃及宗教改革宣告失败。	约公元前 1353—前 1318 年，米坦尼王阿淑尔—乌巴利特一世在位。		
	约公元前 1323 年，埃及法老图坦卡蒙突然死亡，宰相阿伊强娶王后，成为新法老，夺取埃及在西亚的众多领土。	约公元前 1350 年，亚述王阿淑尔·乌巴利特一世与赫梯王苏庇路里乌玛一世结盟，击败米坦尼王国。		
		约公元前 1345 年，赫梯王苏庇路里乌玛一世帮助他的女婿——因国内政变逃亡的米坦尼王子沙提瓦扎夺取王位。		
		约公元前 1345 年，巴比伦驻埃兰总督胡尔帕提拉脱离巴比伦独立，建立埃兰王朝。		
		约公元前 1332 年巴比伦尔·乌巴利特一世爆发起义，国王被杀死，亚述王阿淑尔·乌巴利特一世选立加喜特贵族库瑞嘎尔祖二世为巴比伦国王。		

152

第三章
鼎盛与衰败
(约公元前1300—前1180年)

在上一章中，古埃及文明通过军事扩张，使古埃及王国从一个地域性王国变成了一个洲际性帝国。希腊人通过学习克里特人的文明成果，使爱琴文明从爱琴海上的岛屿扩展到希腊半岛上，并进一步使爱琴文明的中心也转移到希腊半岛上的迈锡尼城。赫梯王国是巴比伦第一王朝的终结者，而这一时期的赫梯帝国更是取代巴比伦第三王朝，成为西亚地区的主导势力，并开始与埃及新王国争夺中东地区的霸权。那么埃及与赫梯的争霸战究竟将如何收场？上古的帝国时代又会以何种形式落下帷幕？迁都不断的商王朝能否实现突破，迎来文明的大发展？这些都将是本章所要展现的内容。

第一节　殷商盛世

商之先后，受命不殆，在武丁孙子。武丁孙子，武王靡不胜。龙旂十乘，大糦是承。邦畿千里，维民所止，肇域彼四海。四海来假，来假祁祁。景员维河。殷受命咸宜，百禄是何。

——《诗经·商颂·玄鸟》

一、盘庚迁殷

商朝在"九世之乱"期间，因黄河水患和王权争斗多次迁都，朝廷居无定所，国势衰落，诸侯都不来朝见，周边的戎夷等族多次侵犯国界，商朝陷入严重的内忧外患之中。

约公元前1300年，商王盘庚即位，为避开水灾，复兴商朝，决定再次迁都，有关盘庚迁都的历史记载是很不清楚的。《史记》载："帝盘庚之时，殷已都河北，盘庚渡河南，复居成汤之故居……乃遂涉河南，治亳，行汤之政。"根据《史记》中的记载，盘庚应该是从河北地区迁移到商汤的故地亳（今河南商丘）。而据《古本竹书纪年》载："盘庚旬自奄迁于北蒙，曰殷。"也就是盘庚将商朝的都城从奄（今山东曲阜）迁到殷（今河南安阳市小屯村）。

目前学术界多采取《古本竹书纪年》中的说法，认为盘庚最终将都城迁到殷，史称"盘庚迁殷"。盘庚迁殷后，在新都推行成汤的德政，使得国泰民安，各诸侯重来朝见，商朝国势再度振兴，商王都迁徙不定的历史就此

商代青铜鼎

结束，商朝的都城也永久地固定在殷地①。之后从盘庚至商纣，共8世12王，在此建都273年，殷都成为商朝的统治中心，故后世称商朝为"殷朝"或"殷商"，商人也被称为殷人。

在河南安阳殷墟东北部发现的洹北商城遗址被认为是盘庚建立的都城。洹北商城面积约470万平方米，"在此遗址的东、西、北三面都发现明显的沟槽，槽宽约7米，但就所发掘的剖面观察，尚不能确定为城址基槽"②。也就是说洹北商城可能四周仅有沟槽，而没有城墙。在城内的宫殿区已发现大型夯土基址30余处，其中规模最大的1号宫殿基址总面积达1.6万平方米，是迄今发现的面积最大的商王国单体建筑基址。

二、武丁盛世

盘庚死后，其弟小辛、小乙先后继位，他们放弃盘庚的治国之策，

---

① 《竹书纪年》载："自盘庚迁殷，至纣之灭，二百七十三年，更不徙都。纣时稍大其邑，南据朝歌，北据邯郸及沙丘，皆为离宫别馆。"
② 郑振香：《安阳殷墟布局及其相关问题》，刊《21世纪中国考古学与世界考古学》，中国社会科学出版社，2002年，第280页。

武丁像　　　　　　　　傅说像

致使商朝国势复衰，百姓写下《盘庚》三篇表达对盘庚的思念。约公元前1250年，盘庚的侄子、小乙之子武丁继位。武丁刚上任时，由于贵族与王权矛盾冲突严重，他一连三年不发表政见，一心寻找德才兼备的贤臣，终于从奴隶的队伍里发现贤才傅说，他提拔傅说担任宰相，辅佐朝政，使商朝国治民安。

考古学家认为，殷都经历了由"盘庚之殷"（洹北商城）到"武丁之殷"（小屯殷墟）的变迁。武丁时期把都城从盘庚所建的洹北商城迁到洹水南岸，兴建起一座没有城墙的新都，也就是后来发现的殷墟遗址。殷墟作为商王朝首都，在当时人口多达5万，是中原地区前所未有的大都市，遗址由洹河南岸的宫殿宗庙区和洹河北岸的王陵区两部分组成，宫殿和王陵区在洹河南北的布局体现了商朝人已具有阴阳的观念。

商朝的青铜冶炼技术在殷墟时代实现了跨越性的飞跃，世界上最大最重的青铜器后母戊大方鼎就发现于殷墟遗址。"后母戊"即商王武丁的正妻妇妌，由于武丁曾经被父王小乙下放到民间劳作，知道农业的重要，他娶了善于种植黍的妇妌为正室。妇妌在殷人的周祭中和武丁配享①，后母戊大方鼎就是其子商王祖庚或祖甲为祭祀她而铸的，故名"后母戊"。后母戊大方鼎高133厘米，重832.84千克，鼎身雄伟庄重，上有饕餮纹、双虎噬人的图案，被称为国之重器、青铜之王，反映了商朝青铜铸造的超高工艺和艺术水

后母戊大方鼎

平。妇妌是武丁60多个妻子中唯一葬入王陵的，但王陵如今已被盗窃一空。在殷墟遗址中唯一未遭盗墓贼挖掠过的商王室墓地是武丁的三配（三位王后）之一——妇好的墓穴。

妇好是中国古代第一位著名的女将军，曾率领军队征讨鬼方等部族。在武丁时期，商朝西北的朔方、土方、鬼方、羌方等部族日益强大，他们多侵掠商朝边境，成为商朝的严重外患。武丁对西北各部落采取各个击破的方针，先征服实力较弱的朔方、土方，然后再对付实力强大的鬼方。鬼方领土大致在今晋陕北部和内蒙古西部的河套地区，地广人众，实力强大，鬼方战役也是武丁时期规模最大、耗时最长的战役。

为了平定鬼方，武丁御驾亲征，一次用兵就达1.3万人，并在40天之内7次下令增调援军，总共征调2.3万人，其用兵规模远超以往。在甲骨文中发现了许多关于鬼方战役的卜辞，其内容遍祭商族祖先及诸神，可见此战之凶险。有一次战局危急，武丁身边无人可用，王后妇好自告奋勇，要求率兵前往，武丁求神占卜大吉后，决定派妇好出征，果然大获全胜。在妇好的帮助下，武丁经过长达3年的征战，终于成功击溃鬼方。

---

① 配享即为配祭、合祭。

鉴于妇好在对鬼方战役中的杰出表现，武丁任命她为平定西羌的主帅，统领1.3万人的大军攻打羌方。羌方属古羌族部落，主要活动在今陕西西部及甘肃一带。妇好在羌方战役中再次大获全胜，俘获大量羌方人，上至方伯，下至百姓，这些俘虏除了一部分被转化为奴隶去养马外，其余全部被用作人牲祭祀商朝人的上帝。

人牲是以人为祭品供奉上帝以及商朝人祖先，由于武丁对外战争的战绩显赫，商朝已发现的人牲现象约有四分之三都发生在"武丁时代"。据统计，充当人牲的战俘数量殷墟甲骨文中可考的就达1.3万余人，其中武丁时就达9000余人，他们的脑壳上还刻着武丁的伟绩。与其他上古文明将战俘大多转化为奴隶用于劳动不同，商朝人几乎将全部的战俘都杀死作为人牲，只有极少数有养马、打猎特长的得以成为奴隶保命。有研究认为，这是因为商朝时虽然已出现农业灌溉，但是大部分地区仍然采取抛荒休耕和刀耕火种的农业生产方式，这种生产方式对农业劳动力的需求是很有限的，无法养活更多的劳动人口，所以外来的战俘最大的用途就是充当祭品，在商朝人眼里价值还不如畜牲，据甲骨文统计可知，武丁时期用人牲祭祀的数量超过用畜牲的数量。后来随着农业生产力的发展，新的生产方式下能养活更多人口，对劳动力的需求大大增加，俘虏大多变成奴隶，人牲现象就大为减少了。

除人牲外，人殉现象在商朝也很普遍，殷商时用作人牲和人殉的牺牲者的身份各有不同。人牲中的牺牲者大多是由战俘转化而来的奴隶，人殉中的牺牲者一般是死者的妻妾或亲近的奴仆、武士，在妇好墓中就发现了用于殉葬的人的骨骸，男女老少皆有。

妇好墓虽然墓室不大，但贵在保存完好，随葬品很多，在妇好墓里共发现了468件青铜器、755件玉雕、564件骨雕、11件陶器和5件雕刻精美的象牙杯。妇好墓中的玉器制作精美，包括各种动物和人物跪坐的形象，其中的"玉凤"造型已和后世的凤凰十分接近，还出现了龙凤相叠的玉雕作品。在妇好墓中就还发现了6800多枚贝壳，由天然海贝加工而成的贝壳是中国最早的货币，在汉字中，凡与货财有关的字，大都从"贝"字旁。除使用天然海贝，商朝还出现了石贝、骨贝、玉贝、铜贝、玛瑙贝等仿制贝，不过这些仿制贝数量较少，多用于装饰、祭祀或陪葬，多属于商品或礼器性质，还不能完全等同于充当一般等价物的货币。

在妇好墓中发现的468件青铜器中包括了130件兵器。这130件兵器中又有三分之二是戈。戈是商朝军队最常见的武器，也是商周车战中基本的格斗武器，殷墟车马坑中就发现了中国古代最早的车马实物，商代战车为两匹马拉拽的独辕双轮车，在战车冲入敌阵时，站在车上的戈兵就能借助车速用戈头钩杀车边的敌人。车兵使用的戈属长戈，步兵则使用短戈钩杀战车上的敌人。

除戈外，和其他上古文明一样，青铜斧也是商代步兵的主要武器。商朝人在斧的基础上制作出刃更宽、柄更长的钺作为军权的象征。古代将领在行军打仗时常常仗钺执旗来指挥军队，一般来说，钺的大小与军权的大小成正比，在妇好墓出土的两件青铜钺是至今所知中国最早的青铜钺，上铸有"妇好"铭文，体现了妇好持有的军事权力。

商朝精美的青铜礼器表明，商朝工匠的青铜器冶炼铸造工艺已达到相当纯熟的地步。与商朝高超的青铜铸造工艺相比，商朝的锻造工艺相对落后，当时没有大、小焊接技术，青铜器只能铸接而不能焊接，以铜焊铜（大焊）在战国以后才开始出现。锻打技术的不足

商代的青铜钺

使得商朝可以铸造后母戊鼎这样器型巨大、外观精美的青铜礼器,却无法普及简单实用的青铜工具。商朝的铜制工具较为少见,青铜农具则更为稀有,出土的大部分农具都是木、石、骨、蚌所制。在武器方面,由于缺乏锻造,所以比较容易折断,至于对锻造要求条件更高的青铜铠甲,至今尚未发现,出土的商代武士铠甲都是皮甲和布甲,仅少数镶嵌有青铜甲泡(大型甲泡类似后世的护心镜)。

虽然未发现锻造的青铜铠甲,但是商朝人已成功铸造出青铜头盔,商代的头盔由青铜浇铸而成的,也有一些是缝在皮革头盔上的青铜板,头盔上大多装饰有饕餮纹,后来的周代青铜头盔则基本没有商代青铜盔的复杂纹饰。

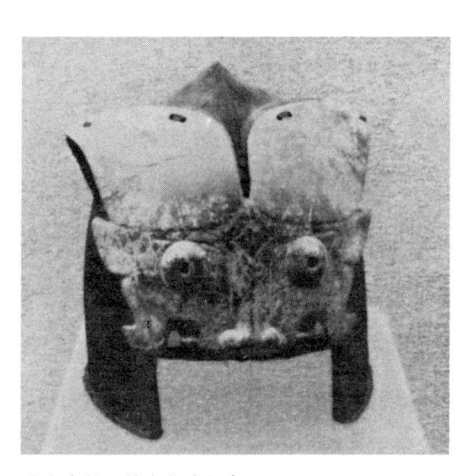

缝在皮革上的商代青铜盔

殷墟最重要的出土文物是甲骨文,甲骨文的发现使得殷墟成为中国第一个有文献可考并为出土文字所证实的都城遗址。甲骨文的内容主要是卜辞,商朝占卜之风盛行,商朝人不论大小事皆要进行占卜,甲骨文就是占卜文,目前已知的中国最早的文字正是占卜用的甲骨文。占卜二字的"占"意为观察,"卜"是以火灼龟壳,巫师进行占卜时都要把所卜之事的象形符号刻在龟甲或兽骨上,然后把它放在火上加热,通过研究加热时断裂纹路的类型来预测吉凶福祸。占卜者还会把卜兆和后来事情的真实发展情况的象形图案刻在甲骨上,作为记录保存,以观是否灵验,这些刻在甲骨上的象形图案最终发展成中国最早的文字。但也有学者认为甲骨文属于较严密、系统的文字,在此之前很可能就已经有文字存在。

在郑州二里岗遗址就已出土了商朝用于占卜的甲骨，可惜有刻字的仅有两片，而在殷墟遗址，出土甲骨多达154 600多片，甲骨上刻有的单字约4500个，迄今已释读出的字约有2000个，刻在甲骨上的文字已具备"象形、形声、指事、会意、假借、转注"六种造字方法（即所谓"六书"），后来的汉字都是以六书系统为依据创造出来的。甲骨文卜辞中还留有中国最早的天文现象记载，如日食、月食等，在一块牛胛骨甲骨上刻有完整的六十干支表，表明这一时期人们已使用干支纪日。

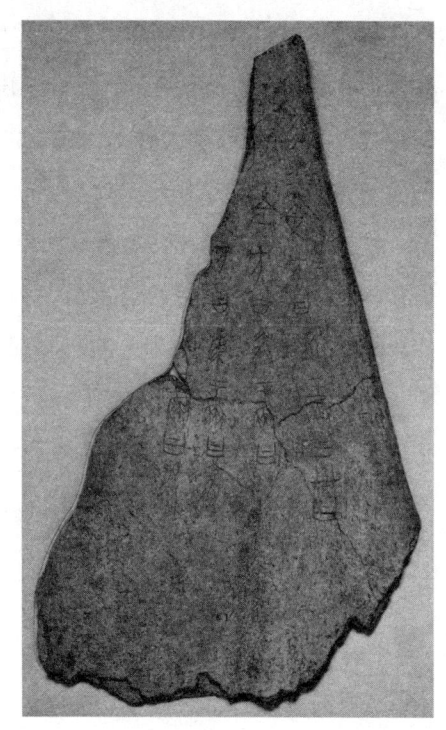

四方风甲骨

甲骨文中有70%都写成于武丁时期，武丁在位59年，总共征服了81个叛乱不朝的方国，极大开拓了商朝的疆域，将商朝带入鼎盛时代，史称"武丁中兴"或"武丁盛世"。

商朝人崇拜以"上帝"为首的诸神，甲骨文献证明，商王正是通过推崇上帝为至高的天神，以"下帝"（上帝在地上的代表）的名义自居，征讨四方，迫使天下万国认同商朝为天下中心，向其称臣纳贡。

在这种思想的指导下，商王朝将全国官员分为中央王畿地区的内服官和被封于王畿以外的外服官两大类。内服官中等级最高的是"尹"，其次是主管内廷事务的"宰"，下为师长（管军队）、司工（管工程）、牧正（管畜牧）、兽正（管狩猎）、酒正（管酒）、车正（管车队）等，还有负责祭祀和某些具体事务的"宗工"。外服是各部族邦伯所管辖的地区，外服官分为侯、伯、甸、男、卫几种，其中侯、伯是较大的方国部落首领，甸、男是较小或较远的方国部落首领，卫则是负责守卫边境的战士。

武丁将自己的亲族、大臣以及臣服的部落首领分封在外服地区为侯、伯，甲骨文中被封的侯有50余个，伯有近40个，其中就包括为他立下赫赫战功的妻子妇好。同时，武丁通过联姻的方式娶诸侯之女为妃，或将王室之女嫁于侯伯来维持商王朝对各诸侯方国的控制，从而建立了一个"邦畿千里"的超级大国，当时商朝的势力西起陕西，东到海滨，北及大漠，南逾江汉，是与古埃及新王国东、西并立的欧亚大陆两大强国。

第二节　埃赫争霸

> 拉神之子拉美西斯，他是凭勇气和力量获得一切土地之人，他是让遥远异邦铭记其胜利之人，对他的敬畏永远留在每个人心中。
>
> ——《拉美西斯二世与赫梯第一次联姻铭文》

一、帝国再生者

与实行内服与外服制度的商王朝略有不同，古埃及王国将尼罗河流域的上下埃及分为42个州（上埃及22个，下埃及20个），实行中央集权统治，尼罗河流域以外的地区则实行殖民统治。在古埃及第十八王朝后期，西亚赫梯王国的兴起使埃及失去了叙利亚与巴勒斯坦地区的许多殖民地与保护国。

约公元前1292年，大体在商王盘庚迁殷后的第8年，埃及第十八王朝末代法老赫仑西布去世。他临终时没有将王位传给自己才能平庸的儿子，而是禅让给他的宰相普拉美斯，埃及由此进入第十九王朝。普拉美斯是赫仑西布手下最重要的战将，他凭借卓越的战功从一个普通的军队指挥官成为埃及第一上将，再到全国的宰相，并得到了埃及首席大祭司和阿蒙祭司长的头衔，从而掌管了全国的军事、行政和宗教大权。普拉美斯登上王位后改名拉美西斯一世（意为"拉塑造了他"），以表明他的王权来自拉神的授予。不过这名字却没能给他带来拉神的庇佑，拉美西斯一世加冕后仅一年多便驾崩了，他不再禅让王位而是让他的儿子塞提一世做继承人。

塞提一世自幼跟随父亲在军中长大，曾多次参与赫仑西布对叙利亚和巴勒斯坦的远征，性格英勇果断。他一即位就出兵击败西部沙漠中的利比亚人，成功镇压了南部努比亚地区的反叛，重新确定了埃及在两地的权威地位。

塞提一世与奥西里斯神石刻

稳定后方的局势后，塞提一世把战略重点放在亚洲地区，为收复先前埃及被赫梯夺走的西亚领土，他组建了三个以神命名的军团，即阿蒙军团——"强大的弓箭手们"、拉神军团——"全面武装的士兵们"、塞特军团——"英勇的弓箭手们"，作为军队的王牌力量。于约公元前1282年发动了对西亚地区的大规模远征，一路横扫，攻下叙利亚的战略要地阿莫尔、卡迭石，其他赫梯的附属小国全都望风而降，塞提一世成功收复了埃及失去的西亚领土，自称"帝国再生者"。

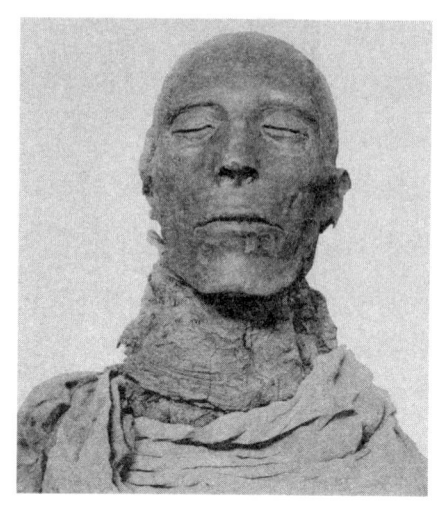

塞提一世的木乃伊

面对埃及对叙利亚附属国的进攻，赫梯王穆瓦塔鲁采取"敌进我退，敌退我打"的作战方针，先是让赫梯军队避其锋芒，坚守不战。等到埃及班师归国后，穆瓦塔鲁果断出击，向投降埃及的各城邦发起进攻。到约公元前1280年，叙利亚重镇阿莫尔和卡迭石又重新依附于赫梯王穆瓦塔鲁。

塞提一世眼见自己辛苦夺回的领土又重归赫梯人之手，悲愤之下于次年含恨而终，恢复埃及故土的任务就此落到了他25岁的儿子拉美西斯二世的身上。

二、卡迭石之战

出身军人世家的拉美西斯二世自幼就在其父的影响下接受军事训练，在他14岁时就是被塞提一世任命为联合执政，开始随父统军作战；22岁时，他亲自率军平定南方努比亚叛乱，驾着双轮战车带头冲锋陷阵，大败敌军，成为军中万人敬仰的勇士。

塞提一世竭力培养他的王储，以期他将来复兴埃及帝国。年轻气盛的拉美西斯二世决心不负父亲的苦心栽培，建立一番超越前辈的功业。他在继位后第一年便派兵围剿袭扰埃及海岸的沙尔丹人海盗，将之转变为埃及的雇佣军。随后他又组建以孟菲斯主神命名的普塔军团，和之前他父亲组建的阿蒙军团、拉神军团、塞特军团合称四大军团，作为远征叙利亚的主要力量。

为便于进军亚洲，拉美西斯二世将首都迁移到开罗东北部、靠近亚洲、原喜克索斯人的都城阿瓦利斯旧址上，建起一座新的都城比-拉美西斯（意为拉美西斯的宫殿）。赫梯王穆瓦塔鲁二世深知埃及绝不会善罢甘休，所以他也将赫梯都城从哈图萨迁往南部的达塔萨，以便更靠近战场，更好地指挥战役，一场前所未有的上古大战即将爆发。

约公元前1276年，拉美西斯二世即位后的第4年，准备充分的拉美西斯二世派先遣部队攻占叙利亚和巴勒斯坦连接地带的重要港口城市——黎巴嫩的别里特（今黎巴嫩首都贝鲁特）和比布鲁斯，建立海上运输补给线，作为远征叙利亚的前方据点。

拉美西斯二世像

拉美西斯初战告捷，这大大激起了他的壮志雄心，他认为埃及已具备一举收复叙利亚的实力。稍作准备后，他于约公元前1274年4月末，御驾亲征，率领共2万余人、2000辆战车的四大军团向叙利亚进军，其直接军事目标便是赫梯帝国在叙利亚的咽喉要地卡迭石城。卡迭石这个图特摩斯三世时期的反埃及联盟中心，如今已成为赫梯抵抗埃及的前沿重镇，拿下控制叙利亚南北交通的卡迭石就等于获取了叙利亚的霸权。

赫梯王穆瓦塔鲁得知拉美西斯御驾亲征，便立刻集结了3500辆重战车和2万余人的兵力，准备与拉美西斯二世决战。这次，他采取了"请君入瓮"之计，决定将全部兵力埋伏于卡迭石城内外，布下天罗地网,然后以逸待劳,诱敌主力深入,将其一举歼灭。他派出两个假扮成牧民的间谍,故意让埃及人抓获审问,假传情报给拉美西斯二世:"赫梯的军队还未赶到卡迭石城,目前仍在卡迭石以北百里之外,卡迭石守军的力量单薄,士气低落,十分害怕埃及法老到来。"

拉美西斯二世没多加思索就对两名间谍的话信以为真,为在赫梯军队到来之前夺取卡迭石,他不等后方的三大军团到来,就直接率领前锋部队阿蒙军团孤军深入,一路行军到卡迭石城下。当疲惫的埃及军队抵达目的地时,迎接他们的是以逸待劳、早就想大开杀戒、人数远超过他们的赫梯军。

为断掉埃及军队的后路,赫梯王穆瓦塔鲁先秘密率领赫梯军主力,包抄到拉美西斯二世亲率的阿蒙军团的后面,对正赶往卡迭石的埃及第二战队拉神军团发动突然袭击。赫梯军队的战车数量远比埃及多,并且其重战车拥有强大的冲锋优势,猝不及防的拉神军团根本抵抗不住,被反复冲锋的赫梯战车轻易击溃,四散逃命去了。解决埃及后备援军后,穆瓦塔鲁二世掉转军队,对拉美西斯二世统领的阿蒙军团的营地后方发起突击,同时他下令卡迭石城内的部队出兵,对其前后夹击。

此时的拉美西斯二世已经从抓捕的赫梯囚犯口中得知,赫梯军队和赫梯国王实际上都近在咫尺。但还没等他做好战略部署,犹如天降的赫梯军队就如潮水般涌入埃及的后方营地。在此危难之际,除了法老的贴身卫队,大部分埃及士兵都只顾自己逃命去了。眼看拉美西斯二世就将成为埃及历史上首位被敌人活捉的法老,在这生死关头,杀入营地的赫梯军却因哄抢战利品而乱成一团。相传拉美西斯二世趁此时机放出自己的秘密武器——驯养的战狮团,前来护驾。赫梯士兵一见到这支突然杀出的野兽特种部队,吓得不敢上前,尤其是拉战车的马匹,见到扑面而来的狮子,纷纷掉头逃跑,赫梯士兵相互践踏,包围圈顿时被冲出一个缺口,拉美西斯二世得以成功逃出重围。

拉美西斯二世的战狮

　　古埃及神庙中的壁刻上确实描绘了拉美西斯二世将狮子作为宠物的场景，然而在随军记录中却没提及战狮部队，因此有关拉美西斯战狮的故事仅是个传说。根据历史记载可知的是拉美西斯二世依靠自身的英勇与出色的指挥能力，不仅成功脱离重围，还使攻入营地中的赫梯军队陷入苦战。等到埃及第三战队普塔军团赶到，拉美西斯复仇的时机到了，他命令军队对赫梯军展开全面反击。埃及军队因之前遭遇埋伏而士气低迷，拉美西斯为鼓舞军心，显示出前所未有的勇气，带头向敌军发起冲锋。随军人员的战争记录文献描写道："这时候，陛下站出来，登上战车，独自一人冲进了赫梯的堕落者阵列，没有其他人和他一起……数万的赫梯大军没有一个人能够站稳脚跟与陛下作战，陛下一个人就杀死近200个敌人。"

　　记录虽然可能有夸张的成分，但拉美西斯二世勇武无敌的表现的确重振了埃及军队的斗志，士兵们都变得奋不顾身，英勇向前，埃及军队开始扭转劣势，与赫梯军队杀得难解难分。等到埃及第四战队塞特军团

古埃及卡迭石会战壁画复原图

也赶到战场，局势开始变得对赫梯军不利，赫梯王穆瓦塔鲁的两个兄弟及数位将军都被埃及人杀死，许多战车也被埃及人掳去。穆瓦塔鲁无心恋战，下令退守卡迭石城，并派人与拉美西斯二世议和，拉美西斯二世也知攻城无望，便答应议和，卡迭石战役宣告结束。

回国后的拉美西斯二世将这次自己险些被生擒的战役宣传成一次前所未有的伟大胜利，他下令在全国各地的神庙和方尖碑上用浮雕壁画和象形文字告诉世人，自己如何通过英勇的表现在危机中反败为胜，击败强大的赫梯军队，取得卡迭石会战的胜利。浮雕壁画中的拉美西斯二世站在骏马拉的战车上，张弓射向败逃的赫梯人，毫无险些被活捉的狼狈模样。他还命人创作了两首史诗来颂扬他的英勇和胜利："赫梯的堕落者在陛下威武的神力面前，终于害怕逃回了城里，派人向陛下祈求和平，埃及军队胜利了。"

赫梯王穆瓦塔鲁也宣称自己取得了抗战的伟大胜利，他不但成功守住了卡迭石，埃及人寸土未得，埃及四大军团中最强大的两个——阿蒙军团和拉神军团，也在这次战役中遭到近乎毁灭性的打击。巨大的兵力损失使埃及一时再无力进军叙利亚。

三、《银板和约》

大致在卡迭石战后的次年（即约公元前 1273 年），赫梯王穆瓦塔鲁就去世了，由其子穆尔西里三世即位。不肯放弃的拉美西斯二世得知赫梯王过世，当即卷土重来，再次出征叙利亚，袭击阿斯卡隆城，与赫梯展开长达十几年的拉锯战。与此同时，西亚的局势开始发生改变，日益崛起的亚述开始成为赫梯帝国更大的威胁。

亚述自从脱离米坦尼独立后，不断吞并周边部族，又夺取了米坦尼与巴比伦的部分领土，实力迅速崛起。亚述王阿达德尼拉里一世在位时期（约公元前 1295 年—前 1263 年）①，先是在卡尔-伊什塔尔战役中击败巴比伦国王纳齐马鲁塔什，将亚述边界再次向南扩张。随后又在幼发拉底河畔彻底击败了米坦尼国王沙图瓦拉一世统领的米坦尼军队，将米坦尼王沙图瓦拉俘虏到亚述首都阿淑尔城，逼其盟誓称臣。

米坦尼王沙图瓦拉的儿子瓦萨沙塔不愿臣服亚述，在国内继位起兵，反抗亚述入侵，并向原宗主国赫梯求救。赫梯人无疑也深知唇亡齿寒的道理，日益崛起的亚述必将成为赫梯的心腹大患。忠于赫梯的米坦尼是赫梯与亚述之间重要的缓冲国，米坦

赫梯王哈图西里三世的浮雕

---

① 按不同的年代系统，亚述王阿达德尼拉里一世在位时间为约公元前 1307 年—前 1275 年或约公元前 1295 年—前 1263 年等。由于亚述王阿达德尼拉里一世与赫梯王穆尔西里三世曾经有书信来往，所以这里参照书中赫梯王穆尔西里三世在位时间，取约公元前 1295 年—前 1263 年在位。

尼如若灭亡，下一个遭殃的就是赫梯，但身陷埃及战争的赫梯还是无法及时出兵援助，最终亚述军队长驱直入，攻占了米坦尼的首都瓦舒卡尼，新任的米坦尼国王瓦萨沙塔也被押送到阿淑尔城。赫梯人只好扶持米坦尼的王室沙图瓦拉二世在卡哈特另建新都，继续与亚述对抗。

此时的赫梯同时面对埃及、亚述两大强敌。而赫梯王穆尔西里三世最大的威胁则来自国内。其父穆瓦塔鲁在位时期，因常年在帝国西南方与埃及对战，所以将都城从哈图萨迁往南部的达塔萨，而将帝国北方的军政交给其弟哈图西里三世处理。哈图西里三世趁机发展自己的势力，权倾朝野。穆尔西里三世继位后，将都城迁回哈图萨，试图从叔父哈图西里三世手中拿回北方的统治权。不甘心失去权力的哈图西里三世遂发动叛变，于约公元前1266年联合朝中旧党篡夺王位，成为赫梯新国王，被废黜的穆尔西里三世只好逃往埃及。

哈图西里三世要求埃及法老拉美西斯二世将其侄子穆尔西里三世引渡回赫梯，拉美西斯二世则表示对穆尔西里三世的下落一无所知。两国之间因此险些再次爆发大战，这时赫梯东南部的亚述王萨尔玛那萨尔一世（约公元前1263—前1234在位）突然向赫梯的盟友米坦尼王

亚述王萨尔玛那萨尔一世将其夷为平地的城市的尘土挥洒在地上

国发起进攻，在米坦尼境内大败由米坦尼人、赫梯人以及叙利亚境内的阿拉米人组成的反亚述联军。亚述王萨尔玛那萨尔一世留下的铭文提到：亚述的军队将180座米坦尼的城镇变成瓦砾堆，如同杀羊一样屠杀赫梯人和阿拉米人，并刺瞎了14 400名战俘的右眼，将他们卖为奴隶。

亚述军事上的强势使哈图西里三世意识到应该立刻停止与埃及作战，通过与埃及结成军事互助同盟，集中力量抵抗亚述入侵。而埃及也因对赫梯多年征战没有太大收获，想尽快结束战争，亚述的崛起也日益威胁到埃及在叙利亚地区的附属地。很明显，如果埃及再不停止与赫梯的战争，将会出现"鹬蚌相争，渔翁得利"的局面，对埃及来说，赫梯的存在无疑成为埃及和日益强大的亚述之间的缓冲力量。

记录《银板和约》内容的泥板

约公元前1258年，赫梯王哈图西里三世派使团将一块刻着和议草案的银板送给埃及，拉美西斯二世把这当作赫梯求和的表现与对赫梯战争胜利的成果，表示同意缔结和约，埃赫两国长达82年的世纪争霸战就此结束。两国的和平条约因被刻在银版上，故而得名《银板和约》，和平条约主要内容包括三个方面：

第一，埃赫两国缔结永久和约，划分在叙利亚的势力范围，互不侵犯，并结成军事互助同盟，在其中一国面临外敌入侵或内部危机时，另一国也应给予支援。

第二，两国互不接纳对方国家的逃犯，并有引渡逃犯的义务。①

第三，两国国王有执行各自条约的义务，埃及和赫梯的主神是该和约的见证人，违约者将受到双方神灵的惩罚，守约者将被两方神灵施予恩泽。

为了巩固同盟关系，赫梯国王哈图西里三世还将自己的长女和次女都嫁给拉美西斯二世做王妃，拉美西斯二世则送给岳父一块珍贵的巨大绿松石作为聘礼，这块巨大绿松石至今仍保留在赫梯的首都哈图萨，作为埃赫两国人民永恒友谊的象征，从此这两个强大的国家和平相处，双方再无战事。

四、亚述称霸

埃及和赫梯和平条约的签订实际上对赫梯来说已经太晚了，此时亚述对它的威胁早已迫在眉睫。约公元前1256年，《银板和约》签完没过几年，亚述人就攻占了米坦尼最后的都城卡哈特，俘虏米坦尼末代国王沙图瓦拉二世，并在其城中修建亚述的雷电与风暴之神阿达德的神庙。到此，米坦尼全境都被亚述征服，从附属国降为行省，彻底并入亚述领土，存在近300年（约公元前1550—前1256年）的米坦尼王国就此灭亡。没有了米坦尼作为缓冲国，亚述便开始直接威胁到赫梯的核心领土。

赫梯的噩梦还没有结束。由于赫梯王图特哈里三世是篡位出身，被废除的穆尔西里三世的后代一直想重新夺得王位，而按照赫梯法律，图特哈里三世又不能无故杀害王室成员斩草除根。为了缓和双方的对立局势，他收养了年幼的穆尔西里三世家族成员库伦达为养子。图特哈里三世死后，其子图特哈里四世继位，养子库伦达则被分封为诸侯王。但是库伦达并不

---

① 根据该条约，潜逃到埃及的前赫梯国王穆尔西里三世在不久后就从历史记载中消失了。

亚述王出征图

满足,为了夺回属于自己家族的王位,他起兵造反,并一度率领叛军攻入赫梯都城哈图萨,焚烧了城内的王宫和神庙,自立为赫梯新国王。

图特哈里四世联合勤王的各路诸侯,最终平定叛乱,夺回王位,但各地方诸侯却因此得势,赫梯中央权力大为衰落,附属国也开始纷纷脱离赫梯的统治。与人祸伴随而来的是天灾,赫梯国内出现大范围的干旱,农业歉收让赫梯各城市人口大量减少,粮草的缺乏也让赫梯军队规模急剧缩减。亚述趁着赫梯天灾人祸之际向其发起进攻,在北叙利亚一举击败赫梯王图特哈里四世带领的军队,强大的赫梯帝国就此走向没落,彻底失去与亚述争雄的实力。

打败赫梯后,亚述在西亚地区的对手就剩下手下败将加喜特巴比伦王国,加喜特巴比伦的军队在国王卡什提里亚什四世的带领下,继续保持着历来对亚述军队屡战屡败的稳定战绩。约公元前1225年,亚述成功攻占巴比伦,加喜特王卡什提里亚什四世被押送到阿淑尔神庙,巴比伦城被洗劫一空,连主神马尔杜克的金像也被运到阿淑尔神庙,以此表明巴比伦主神马尔杜克都臣服于亚述主神阿淑尔。在亚述王尼努尔塔一世(约公元前1233—前1197年在位)的铭文中记载道:"我抓住巴比伦国王卡什提里亚什四世,像踏脚凳一样踏着他高贵的脖子,我把苏美尔和阿卡德置于我的统治之下,在太阳升起的下海(波斯湾),建立我帝国的边界。"

此时,亚述已经成功控制了整个上下美索不达米亚,巴比伦成为亚述的附属国,亚述王尼努尔塔一世亲自担任巴比伦国王,亚述语也被定为巴比伦的官方语言,亚述王国就此成为当之无愧的西亚霸主,尼努尔塔一世也是已知第一位使用"万王之王"称号的亚洲国王。

然而由于巴比伦人持续不断的反抗,亚述王尼努尔塔一世不得不放弃巴比伦王位,改采用"以夷制夷"的政策,改将出身加喜特贵族的傀儡恩利尔·那丁·舒米扶上王位,实行间接统治,但这依然不能有效缓解民族矛盾,新王在位不到6个月,巴比伦南部伊辛就爆发了起义。

亚述士兵

与此同时，巴比伦的老邻居埃兰也开始威胁到亚述在巴比伦的统治。埃兰全境曾被加喜特巴比伦征服，由巴比伦驻埃兰安善总督统治，但在约公元前1345年，巴比伦驻埃兰安善总督胡尔帕提拉脱离巴比伦独立，建立埃兰安善王朝。安善王国的君主与加喜特巴比伦的君主一样，同为加喜特人，因此他们自认比亚述人更有资格统治巴比伦。趁着巴比伦爆发动乱，埃兰安善王朝趁火打劫，大举入侵巴比伦，攻占圣城尼普尔，杀死傀儡巴比伦王恩利尔·那丁·舒米。亚述王尼努尔塔一世只好再立了一个新傀儡，结果未过数月又被埃兰王废黜，巴比伦的伊辛、马尔达等城都被埃兰攻陷。亚述对巴比伦的统治早就引起了巴比伦人的不满，如今他们又无法抵抗埃兰的入侵，巴比伦人在传奇英雄阿达德·舒马·乌苏尔的领导下发起复国战争，将亚述人赶出巴比伦，恢复独立地位。

从巴比伦退回后，亚述的霸权走向衰落，亚述王尼努尔塔一世因和亚述首都阿淑尔城内的贵族、祭司发生矛盾，在底格里斯河对岸兴建起以自己名字命名的新都城图库尔蒂-尼努尔塔城。但是阿淑尔的反对派并不死心，发起针对他的战争，围攻其都图库尔蒂-尼努尔塔城，约公元前1194年，尼努尔塔一世之子阿淑尔·纳迪纳普利联合反对派贵族发动宫廷政变弑父，登上王位。巴比伦国王阿达德·舒马·乌苏尔趁机发动对亚述的战争，扭转先前的弱势，多次击败亚述，成功夺回被亚述侵占的全部巴比伦领土。

五、传奇法老

与迅速走向衰败的赫梯帝国不同，埃及在签订和约后，再次进入和平稳定的发展时期，西亚各国的动荡更是进一步巩固了埃及在中东地区第一强国的地位。长寿的拉美西斯二世一直活到约公元前1213年才以90多岁的高龄去世，他将余下的毕生精力都投入空前绝后的工程建筑中去，将第十九王朝推到了顶峰。

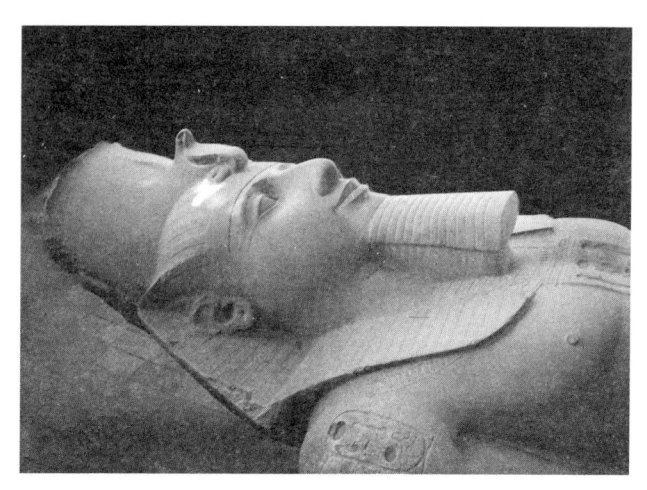

拉美西斯二世的巨像

早在拉美西斯二世父亲塞提一世即位时就开始了新一轮伟大工程的建设，修建包括卡纳克神庙的多柱大厅、阿拜多斯的奥西里斯神庙等诸多宏伟建筑。拉美西斯二世不仅要让自己留下的建筑超过父亲，还要超过埃及历史上所有的法老。他是埃及法老中首屈一指的建筑师，在位时期营造了难以计数的宏伟奢华的宫殿、庙宇、雕像和石碑，在数量和规模上没有任何一个法老能望其项背。

为了获取新建筑的材料，他甚至不惜拆毁先王兴建的建筑，如埃及第二大的哈夫拉金字塔的整块花岗岩就被拆下来用于修建位于孟斐斯的普塔大神庙。拉美西斯坦言，这些永恒之石是为诸神和自己的荣耀而建造的。这位好大喜功、喜欢自我吹嘘的法老在埃及留下了50多块记功碑来宣传自己的丰功伟绩，今日的埃及到处留有他巨大的雕像和狮身像，有数尊高度超过20多米，其俊美的形象为他留下"古埃及第一美男子"的美誉。

拉美西斯二世兴建的新都比-拉美西斯是当时世界上最奢华的城市，这个城市以拉美西斯皇宫为中心，分为东、西、南、北四区，每区都以一座神庙为中心，留存的文献记载道："这是一个宏大的、令人窒息的城市，这里的河流中鱼虾成群，仓库里堆满食物，拥有其他地区所看不到的商品和服务，而凡其他地区所拥有的，这里都不缺少。城内到处都有美丽的阳台，铺有天青石和绿松石的大厅，众人皆离开自己的故土，在此定居。"在当时，比-拉美西斯是一座国际化的都市，不仅居住着埃及居民，还有大量来自利比亚、努比亚、迦南、赫梯、爱琴海等地的居民和奴隶，人口多达 12 万，是当时世界上最大的城市，并一直作为埃及首都，直到第二十一王朝。

除了修建新都外，拉美西斯二世也不忘旧都底比斯的建设，当时底比斯人口达到 8 万，是世界第二大城市。

卡纳克圆柱殿遗址

卡纳克圆柱殿局部复原图

拉美西斯二世为底比斯的卡纳克神庙和卢克索神庙增添了许多新的建筑群，其中最重要的是卡纳克神庙的核心建筑阿蒙-拉圆柱殿的最后工程，这座神殿在第十八王朝阿蒙霍普特二世时代就开始持续修建，经过 200

多年的时间，终于在拉美西斯二世手上得以完成。

这座大殿东西宽 52 米，南北长 102 米，占地面积 5000 多平方米，是当时世界上最大的圆柱殿。仿佛一片宏伟壮丽、排列密集的石柱阵森林，殿内 134 根巨型擎天石柱分 16 行排列，支撑着屋顶。位于中央两排的 12 根圆柱，每根高 21 米，直径为 3.57 米，上面承托着长 9.21 米、重 65 吨的大梁，每根圆柱都要七八个人才能抱住，圆柱上有各种形象的精美浮雕，柱头为绽放的纸草花冠。两侧的其他圆柱高 12.8 米，直径 2.74 米，柱头为纸草花蓓蕾型。这 134 根石柱历经 3000 多年依然屹立，不能不说是一个奇迹。

拉美西斯在已有的建筑上又增加了一个由 72 根石柱支撑的走廊和一个巨大的拱门，在拱门的墙壁上则刻有记述卡迭石战役的精美浮雕和象形文字。在神殿的前面排有 6 座巨大的拉美西斯雕像以及一个巨大的人造圣湖，作为举行供奉太阳神和奥里西斯神的仪式的净身处。

拉美西斯留下的最伟大的建筑奇迹是位于今日埃及最南端阿斯旺的大阿布·辛拜勒神庙，这是在尼罗河西岸山崖上开凿出来的岩窟庙，前后修建长达 24 年，是古埃及规模最大的岩窟庙建筑。

这是献给太阳神阿蒙、天空之神拉赫拉克帝和手工业之神普塔神的神庙，同时也是拉美西斯二世本人的祭庙，拉美西斯二世喜欢将自己的雕像与神并列在一起，以显示他拥有和神一样的地位。大阿布·辛拜勒神庙大门高 32 米，宽 36 米，入口两旁并排立着 4 座高 21 米的拉美西斯二世坐像，在 4 座雕像小腿之间，还有拉美西斯二世王族的小雕像。神庙内分 3 个大厅，其中用作支撑石柱大厅的 8 根石柱全部雕成拉美西斯与冥王奥西里斯神的结合形象，象征着法老在冥界的永生，大厅的墙壁上则雕刻着卡迭石之战等歌颂法老丰功伟绩的浮雕和文字。

庙内的深处供奉着埃及 3 位主神阿蒙、拉赫拉克帝、普塔神和神化

大阿布·辛拜勒神庙

的拉美西斯二世雕像，这里是整座建筑最神秘的地方。为了神化拉美西斯二世，神庙设计者运用自己天才的构思使得每一年中只有两天，即每年2月21日拉美西斯二世生日，以及10月21日拉美西斯二世继位日，让旭日的阳光穿过神庙的长廊，依次照耀在庙窟深处阿蒙神、拉美西斯二世及拉赫拉克帝的神像上，4座雕像中最左边的普塔神除了是手工业之神外，还是黑暗和墓地守护神，所以他始终不能被阳光照到。人们把这一奇观发生的日子称作"太阳节"，后因建筑阿斯旺大坝，庙址被迁移到离尼罗河201米远的65米高处，"太阳节"也因此延后一天。

大阿布·辛拜勒神庙以北100米处是拉美西斯二世为他最宠爱的妻子——王后奈菲尔塔利——所建的小阿布·辛拜勒神庙。这座神庙是拉美西斯二世为奈菲尔塔利在努比亚兴建的6座石建神庙之一，又被称为

小阿布·辛拜勒神庙

王后神庙。这座神庙的正面排列着6座雕像，为4座拉美西斯像和2座奈菲尔塔利像，每座都高达10米。王后像被塑造为代表母爱与幸运的哈托尔女神的形象，十分美丽动人。

拉美西斯二世被称为埃及历史上最浪漫的法老，在这座王后神庙的石碑上，铭刻着3000多年前拉美西斯二世留给她的爱情誓言："太阳因你而升起。""我对你的爱是独一无二的，因为你是世界上最美丽的，最好的女人，埃及伟大的王后，没有人能够取代。""当你从我身边轻轻经过时，就偷走了我的心。"拉美西斯二世对奈菲尔塔利的爱意因刻在石碑上永不磨灭的情话得以千古流传，奈菲尔塔利也因此成为许多女性所崇拜的"美丽与宠爱集一身"的偶像，埃及到处都有参照她的形象制成的各式工艺品。

还没等到年华老去，这位美丽的王后就英年早逝了，拉美西斯为她在"王后谷"修建的陵墓同样也被称为全埃及最著名的王后陵墓，墓内壁画中的奈菲尔塔利在众神之中，头戴金冠，身穿飘逸的白袍，表明她已荣登天国，和众神得以永生。

第三节　出埃及记[①]

你们要归我为圣，因为我耶和华是圣的，并叫你们与万民有分别，使你们作我的民。

——《圣经·旧约·利未记》

一、上帝的选民

拉美西斯二世留下的建筑是埃及艺术繁荣和国力强盛的象征，在人类历史上留下了永不磨灭的印迹。但是如此大兴土木，必然导致严重的社会压迫，根据碑文记载，拉美西斯二世经常去施工现场，发表鼓励和赞扬建筑工人的演说，并关心他们的生活，确保他们不会缺衣少食。不过拉美西斯二世的关心只限于埃及人，同在埃及生活的异族以色列人就没有这种待遇。

以色列人和阿拉伯人一样同属闪米特人，据《圣经》与《古兰经》记载，闪米特人亚伯兰（阿拉伯称为易卜拉欣）是以色列人和阿拉伯人的始祖，亚伯兰原来居住在巴比伦尼亚的乌尔城，后来他率领族人迁往迦南地区。

迦南原意为"低"，是指地中海东岸黎凡特[②]沿海的低地，主要包括约旦河以西、埃及西奈半岛以东、阿拉伯高原以北的地中海沿岸地区，大致相当于今以色列、巴勒斯坦、约旦河西岸以及黎巴嫩和叙利亚西南部的临海地区。这里的地中海气候有着有别于西亚内陆地区较多的

[①] 本节的主要内容出自《圣经》，属于未被考证的历史传说。由于以色列早期的历史主要记载于《圣经》中，所以研究以色列历史，《圣经》里的内容是绕不开的话题。对于古人来说，在历史学诞生之前，神话传说就是他们的历史。当然由于《圣经》中历史与神话交织在一起，无法确保其内容的真实性，但只有知晓这些历史与神话交织的故事，才能进一步理解以色列乃至西方后世文明的演变。因此本节的内容不追求历史的真实性，而是记录一段将在人类历史上产生巨大影响的历史神话传说。

[②] 黎凡特意为"东方日出之地"，是指位于埃及以东、土耳其托罗斯山脉以南、阿拉伯沙漠以北、上美索不达米亚平原以西的地中海东南部沿海地区，主要包括今天的叙利亚、黎巴嫩、以色列、巴勒斯坦和约旦五国，是亚洲通往非洲的交通要道。

降雨，沿岸内陆是一片肥沃的平原，海岸线上有许多优良港口，是一块适于农耕和贸易的富裕之地。《圣经》中称其为"流着奶和蜜的乐土"，犹太教和基督教将其视为"天国之地"。居住在这里的土著被称为"迦南人"，建立巴比伦第一王朝的阿摩利人就是迦南人的一支。

《圣经》中提到，迦南人是诺亚的儿子含的后代，属于含米特人，但是根据考古发现可知，他们使用闪米特语，应属于西支闪米特人。从两河流域到迦南地区需渡过幼发拉底河，所以当地的迦南人将从东边幼发拉底河迁徙过来的亚伯兰一族人称为"希伯来人"，意为"从河那边来的人"。

亚伯兰在迦南定居后，自称受到全能神伊勒沙代的启示，为其筑起祭坛。伊勒沙代意译即全能的神，也就是《圣经》中的上帝耶和华，但《圣经》中后来提到，亚伯兰不知道他的圣名叫作耶和华①。现在学者考证认为，耶和华可能是后来才有的神名，而亚伯兰信仰的全能神伊勒沙代的原型最有可能就是迦南地区的至高神、众神之父伊勒（又称厄力或厄勒），亚伯兰将其进一步推崇为全能的至上神，进而创建了犹太教、基督教和伊斯兰教三大一神教的共同源头——亚伯拉罕一神教。犹太教、基督教和伊斯兰教因此又被统称为亚伯拉罕诸教。

亚伯兰宣称全能神伊勒沙代与他立

迦南人的上帝伊勒的金箔青铜像（约公元前 1400—前 1200 年）

---

① 《圣经》出 6：3："我是耶和华，我从前向亚伯拉罕、以撒、雅各、显现为全能的神（El Shaddai/伊勒沙代），至于我名耶和华，他们未曾知道。"

亚伯拉罕、撒拉与夏甲

约，将他现在寄居之地，也就是迦南全境，赐给他和他的后裔，他的后裔将极其繁多，他将成为多国之父，而全能神伊勒沙代也将作他和他后裔的神，他后裔的所有的男子都要受割礼，作为他们与神立约的证据。

　　亚伯兰因此改名为亚伯拉罕，其意为"万国之父"，代表他的子孙后代会遍布世界为王。亚伯兰在改名之前只有一个儿子以实玛利，由来自埃及的妾侍夏甲所生,在他改名亚伯拉罕后的第二年,他的正妻撒拉又生下儿子以撒,以撒是正妻撒拉所生,所以他有权继承亚伯拉罕的产业,接受神所应许的福分,这让生下长子的夏甲很不服气。由于妻妾矛盾不可调和,亚伯拉罕在正妻撒拉的要求下,将外族妻子夏甲与他的儿子以实玛利送到今沙特阿拉伯的麦加山谷,只给他们留下一袋干粮和一皮囊水后便离开了。阿拉伯人将被遗弃在麦加的以实玛利(阿拉伯语称伊斯玛仪)视为自己的祖先,在阿拉伯人的传说中,以实玛利长大后,他的母亲夏甲从埃及给他娶了一个妻子,生下12个儿子,形成阿拉伯的各支派。

亚伯拉罕的嫡子以撒则娶了本族的女子利百加为妻,生子雅各,雅各又娶了他舅舅的女儿拉结和利亚,共生养了12个儿子和1个女儿。雅各后来改名为以色列,意思是"与神角力者",他的12个儿子的子孙发展成以色列民族的12个支派,统称为以色列人,亚伯拉罕、以撒和雅各被以色列民族尊为三大圣祖,而以色列人因亚伯拉罕而得福,成为上帝的选民。

二、走出埃及

以色列人在所谓"流着奶和蜜"的迦南定居没多久,就因迦南地区发生严重的饥荒而迁往埃及。大多数学者认为,以色列人迁入埃及时,

以色列人在埃及

正值异族喜克索斯人统治时期，同为闪米特语族的喜克索斯人急需来自亚洲的同族帮忙统治埃及土著，因此以色列人在埃及受到优待，喜克索斯王将丰饶肥沃的歌珊之地赐给他们居住，他们的人数大量增长，成为仅次于喜克索斯人的埃及异族。但随着喜克索斯人被赶出埃及，被喜克索斯人优待的以色列人受到埃及人的仇视，遭到排挤、奴役和迫害，日子变得越来越不好过。

由于以色列人生养众多，埃及统治者担心这些受压迫的以色列人会起来反抗，或联合外敌颠覆国家政权。于是埃及人派督工奴役他们，强迫他们每天从事工程建设。然而埃及人越发迫害以色列人，以色列人的数量越发增多，埃及法老干脆下令把所有刚出生的以色列男婴都扔到河里，有位以色列妇女为保住刚出生的儿子的性命，将其放在蒲草箱中随尼罗河水漂流而下，正好法老的女儿来到河边洗澡，发现了这个婴儿，对其产生了母爱，便将其带回宫中当作自己的儿子抚养，取名为摩西，意思是"拉出"（从水里救出）。

法老女儿发现摩西

摩西长大后知道了自己的身世,对埃及人压迫自己的同胞十分不满,有一天,他看见一个埃及监工打以色列人,竟然忍不住出手将埃及人活活打死,掩埋在沙土里。法老知道后想杀死摩西,摩西为躲避法老,逃亡到西奈半岛的米甸旷野,以牧羊为生。许多年后,埃及的老法老去世,新法老即位,许多历史学者认为这位新法老可能就是拉美西斯二世①。热衷于修建巨大城市和巨型公共工程的拉美西斯二世强迫以色列人进行更多的劳作,以色列人苦不堪言。出逃在外的摩西没有忘记在埃及的同胞所受的苦难,他得知以色列人日夜向神祷告哀求,便拿着自己牧羊时用的手杖,作为神赐信物,重返尼罗河畔,招聚以色列的长老,对他们说:"耶和华,我们以色列人祖宗的神,就是亚伯拉罕的神,以撒的神,雅各的神,在西奈山②上向我显现,要我带你们将你们从埃及的困苦中领出来,前往他赐给以色列人的应许之地——流着奶和蜜的迦南。"

摩西用牧羊的手杖展现了神迹,使以色列人相信了他的话,随后摩西面见法老,向他传达了上帝耶和华的旨意,要他放归以色列人。法老觉得非常可笑,他说:"耶和华是谁,使我听他的话,容以色列人去呢?我不认识耶和华,也不容以色列人去。"法老没有惩罚摩西,但他加重了对以色列人的压迫,让他们每天都要干加倍的活儿,这让摩西成为以色列人的眼中钉,他们都不肯听摩西的话。摩西并没有因此退缩,他再次面见法老,声称法老如果再不让以色列人离去,以色列人的神耶和华就将把十次灾难降临到埃及。

法老把摩西的话当作耳边风,结果第一次灾难到来了:"尼罗河水

---

① 对于新法老是谁,《圣经》学者与历史考古学者常持两种说法,分别对应"早出埃及"与"晚出埃及"两种算法。《圣经》学者认为《圣经》上记载的都是准确无误的,因此他们根据《圣经·列:6:1中记载的时间,推算出以色列人应在公元前15世纪出埃及,当时法老可能是图特摩斯三世或阿蒙霍特普二世。而多数历史考古学者则从当时对应的考古资料与历史记载得出以色列出埃及的时间应在公元前13世纪,当时的法老有可能就是拉美西斯二世或者其继承人麦伦普塔赫,《圣经》中还记载了以色列人曾为法老修建了一座名为拉美西斯(兰塞)的城市。
② 西奈山意即"月亮山",根据古代闪米特民族神话中的月亮老人辛而命名,又叫摩西山、何烈山,在今埃及连接非洲及亚洲的西奈半岛中部,海拔2285米,是犹太教、基督教和伊斯兰教的圣地。

3世纪初犹太教堂内的摩西壁画

变成血,并发出腥臭,不能饮用,河里的生物全都死去。"随后又发生了蛙灾、牲畜之疫、疮灾、雹灾、蝗灾、日食等灾难。后世学者通过分析这些灾难源头,试图提出科学的解释,柏林莱布尼茨协会生物学家弗伽马契尔认为,尼罗河水变成血是由一种有毒的淡水红藻所致。在拉美西斯二世末期,气候发生了剧烈的变化,由过去的温暖湿润变成了高温干旱。气温升高导致尼罗河干涸,往日急湍的河流变得水流缓慢。水流缓慢加上水中富含营养,会导致这类有毒淡水红藻大量繁殖,等到它们死亡,就会把水染成血红色。同时有毒红藻的大量滋生,会使河里氧气耗尽，导致青蛙无法在水中繁殖，鱼虾因缺氧而死绝，进而腐烂变臭。之后的蝇灾和瘟疫则是因为青蛙等吃害虫的动物大量死亡，河流中有大量的死鱼和死蛙的尸体，从而滋生的苍蝇和瘟疫。

法老虽然一时被这些灾害吓到，但却仍然不肯放以色列人离开，也许在他看来这些不过都是曾经有过的自然灾害，并不值得因此放走作为廉价劳动力的以色列人。然而最后的第十项灾难，就不能再用自然灾害解释了，摩西声称如果法老再不肯放走以色列人，耶和华将"杀死埃及所有的头胎生物"，法老对此依然无动于衷。摩西转达耶和华的旨意，要以色列各家各户在本月十四日黄昏的时候，宰杀一只羊羔，再将羊羔的血涂在房屋的门框和门楣上，晚上全家一起吃烤羊羔与无酵饼，谁也不可出自己的房门，因为上帝耶和华要巡行击杀埃及人，他看见门楣和门框上的羊血就必越过那门，不让灾殃降临到以色列人身上，以色列人

以色列人离开埃及

要世世代代纪念这日，定为耶和华的节日。

根据《圣经》记载，就在那晚午夜时分，上帝耶和华把埃及人的所有长子，连同一切头生的牲畜都杀了，唯有以色列的人畜得以幸免，失去长子的埃及法老悲痛万分，下令立刻将带来厄运的以色列人全部赶出埃及。这次灾难可能并非完全虚构，根据出土的拉美西斯二世长子的木乃伊发现，他是因头部突然遭到来自后方的重击而暴毙的，在当时可能发生了以色列人的极端者针对包括拉美西斯二世长子在内的埃及人的恐怖谋杀，因此埃及人不得不将以色列人驱逐出埃及。

以后的犹太人遵守上帝的旨意世世代代纪念这个节日，将每年的这时候定为犹太人最重要的节日——逾越节，逾越在犹太语中意为"越过"，就是指上帝在击杀埃及头胎生物时"越过"以色列人的家庭。至此，每年逾越节，犹太人都要感谢上帝拯救他们，全家在一起"束腰"吃羔羊，早上之前不能出门。

以色列人出埃及的事件在古埃及的史书上并无记载。不过按照惯例，古埃及人从来不会记载不光彩的历史，并且经常因政治斗争将过去的历史人物事件从文物和记载中抹去。而且一个民族从一个国家迁移逃脱并非绝无仅有，在清朝乾隆时期，居住在俄罗斯伏尔加河流域的蒙古族土尔扈特部因不堪俄罗斯人的压迫，其首领汗王渥巴锡率领近17万人的部族，扶老携幼从欧洲的伏尔加河出发，一路摧毁俄国的要塞，穿过冰封的乌拉尔河和大雪覆盖的哈萨克草原，在前有堵截、后有追兵的情况下，长途跋涉数万里，成功逃出俄罗斯，回归中国，其路途是以色列人的数倍。

三、摩西十诫

在英雄摩西的带领下，以色列人离开了为奴之地埃及，前往传说中"流着奶和蜜"的迦南美地，沿途浩瀚沙漠中风餐露宿、颠沛流离的生活让以色列人遭受了前所未有的苦难。和富饶肥沃的尼罗河畔相比，这

西奈旷野

里他们遇到的只有烈日、干旱、炎热、沙暴，还有时常出没的游牧强盗，恶劣的环境和缺水少食让他们中大量的人死去。以色列人早就没有了自由的喜悦，纷纷开始怀念在埃及做奴隶的美好日子，他们开始责怪摩西："你为何逼着我们出埃及，领我们到这死亡旷野，使我们和我们的儿女、牲畜都渴死在这里呢？""难道在埃及没有坟地，你把我们带来死在旷野吗？""巴不得我们早死在埃及，耶和华的手下，那时我们坐在肉锅旁边，吃得饱足；你们将我们领出来，到这旷野，是要叫我们都饿死啊！"

面对族人的责难和疑惑，摩西带领族人来到旷野中的西奈山下安营。摩西称当初他是在这里接到上帝耶和华的任务，要他带着以色列人逃出埃及，如今耶和华从山上呼唤他，他要重新上山请求神的指示。随后，摩西让众人在山下等候，独自一人登上山顶。这一去就是40天未归，在山下苦苦等待、群龙无首的族人早已乱成一团，他们不知道摩西遭了什么事，以为他可能再也不会回来，许多人彻底失去对上帝的信仰，他们铸造了一个金牛作为他们的引路神，准备离开这里，不再继续毫无希望地等下去。

眼见以色列人就要分崩离析，摩西带着耶和华的旨意下山了，看到被祭拜的金牛偶像，他愤怒万分，以耶和华的名义，号召族人对这些偶像崇拜者大开杀戒，那一天，就有约三千名以色列人被杀。随后，摩西传达神旨，称耶和华要他带领以色列人前往"流着奶和蜜"的迦南，并在山上和他订立了"圣约"，把对以色列人的"十条诫命"写在石板上，分别是：

第一诫　我是耶和华，你们的上帝、曾将你从埃及地这为奴之家领了出来，除了我以外，你们不可有别的神。

第二诫　不可制造并崇拜偶像，也不可做什么形像仿佛上天、下地，和地底下、水中的万物。不可跪拜那些像，也不可侍奉他。

第三诫　不可妄称上帝耶和华的名。

第四诫　要守安息日，前六日你们要劳碌工作，但第七日是向耶和华——你的神当守的安息日，不可从事任何工作。因为六日之内，耶和华造天、地、海和其中的万物，第七日便安息，所以耶和华赐福与安息日，定为圣日。

第五诫　当孝敬父母。

第六诫　不可杀人。

第七诫　不可奸淫。

第八诫　不可偷盗。

第九诫　不可做假见证陷害人。

第十诫　不可贪恋他人的房屋，也不可贪恋他人的妻子、仆婢、牛

带着"十诫"的摩西

驴，并他人一切所有。

这就是著名的"摩西十诫"，以色列人把摩西的十诫石碑放在特制的金柜里。金柜顶部置有怜悯之座，是由两尊用黄金打造的天使面对面的翅膀围出的一个空间，代表上帝所在的地方。这就是被犹太人视为最神圣的国宝的约柜。约柜里的摩西十诫作为《圣经》中上帝要求人类的生活规范，不仅成为犹太人的最高律法，也是后来基督教和伊斯兰教世界的立法基础和核心道德观，影响深远。因此与颁布《汉谟拉比法典》的汉谟拉比一样，摩西也是美国国会大厦众议院会客厅大理石浅浮雕上雕刻的23位立法者之一。

以色列人在西奈山下停留了大约一年的时间，在这段时间里，摩西以"十诫"为基础，制定具体和完善的规章制度，编著犹太教义和以色列人的历史。按照犹太人的传统说法，《圣经·旧约》中的前五卷：《创世记》《出埃及记》《利未记》《民数记》《申命记》，大多是摩西亲自创作的，故称《摩西五经》。《摩西五经》中的相关律法被称为摩西律法，包括以色列人的宗教戒律和礼仪律法，是公元前6世纪以前唯一的以色列法律汇编，摩西也因此被视为犹太教的立法者和创立者、以色列的立国之父、犹太人最伟大的民族英雄等。

然而摩西至死都没能带领以色列人回到上帝赐给他们"流着奶和蜜"的迦南美地。

摩西像

摩西在带领以色列人走出西奈旷野抵达迦南边境时，派出12个探子去迦南，考察那里的情形，结果其中10个探子都声称当地的迦南人个个如同雪松木一样高大强壮，不可战胜，会把以色列人捏得粉碎。这10人的陈述使大多数以色列人丧失了和迦南人进行战斗的勇气，摩西只好带着他们重新回到西奈半岛的沙漠旷野上开始长达数十年的漂泊生活。

由于西奈半岛沙漠的生存环境恶劣，最初从埃及出发的以色列成年男子几乎都死于旷野之中，只有约书亚与迦勒还活着，而这两个人也是摩西派遣进入迦南12名侦探中仅有的不怕迦南人，并声称"上帝将保佑以色列人夺回迦南"的两位。摩西死前将领导权交给两人中的约书亚，由他带领在西奈半岛旷野成长的新生代以色列人开始对迦南故土的征服。

经过长期艰难生活的磨炼，以及思想信仰和法律礼仪上的规范，以色列人从过去一盘散沙的乌合之众转变为信仰坚定、纪律严明的精锐之师，年轻的以色列人个个都是威猛强悍的英勇战士。约书亚率领年轻的以色列勇士渡过约旦河，向迦南进军，他们攻陷的第一座城池就是有"世界第一古城"之称的耶利哥。此后，以色列人在约书亚的带领下经过多次艰难的战斗，终于打败迦南人，结束了漫长的沙漠漂泊生活，在迦南定居下来，回到上帝答应赐给他们的应许之地。以色列人因此更加坚信，他们的上帝耶和华是宇宙中唯一全能的主宰者，只要他们相信上帝，就能创造奇迹，他们的宗教信仰在以后的演化中将对人类历史产生重大影响。

第四节　海上民族大迁徙

他们（海上民族）在岛屿上制定阴谋，然后发起突然袭击，所有的地方都遭遇战火，从赫梯到塞浦路斯，没有土地能够幸存，他们所到之处都成一片废墟,就像从未有人住过。

——[古埃及]哈布城铭文

一、海上民族的入侵

以色列人能成功进入迦南定居,得益于埃及与赫梯在过去长年征战不休,财穷力竭,不得不将兵力从迦南走廊撤走,以色列人得以趁虚而入。约公元前1213年,统治埃及整整67年的拉美西斯二世终于过世,他的统治时间占埃及第十九王朝的一半以上,他的去世标志着埃及一个时代的终结。作为埃及历史上最传奇的法老,拉美西斯二世被后人称为拉美西斯大帝,他的事迹成为后代法老效仿的榜样,以至于后来共有9个法老都以他的名字来命名。但由于他生前挥霍无度,耗尽了埃及的财力,也导致本国异族和奴隶的反抗,在他统治晚期埃及其实已经开始走下坡路。

拉美西斯二世的前12个儿子都没能活过长寿的父王,排行第13位的麦伦普塔赫最终得以继位(约公元前1213—前1203年在位),此时他已是年过半百的老人,但是

麦伦普塔赫石碑上记载的内容

依然有意建立他父亲一样的赫赫功业。

为了恢复埃及在迦南地区的霸权,报复从埃及逃跑的以色列人,麦伦普塔赫发动了针对以色列人在内的迦南战争,在他所立下的记功碑文《麦伦普塔赫石碑》[1]中记载了这场战争的辉煌胜利:"以色列惨遭蹂躏,其种无存,迦南的妇女因埃及变成了寡妇,所有地方都被平定,没有一个外国人保留住他的头,与赫梯则相安无事。"

麦伦普塔赫当政时期与赫梯王苏庇路里乌玛二世(约公元前1210—前1180年在位)继续保持良好关系,赫梯国内发生饥荒时,麦伦普塔赫还为他送来大量的谷物援助。当时赫梯刚被亚述击败,国力大为削弱,原本臣服于赫梯、位于塞浦路斯的阿拉西亚趁机独立,苏庇路里乌玛二世特地在乌加列建立一个军港基地,先后与阿拉西亚进行过3次海战,才重新获得对阿拉西亚的宗主权。

为了庆祝胜利,苏庇路里乌玛二世特地立下一块纪念碑,但是才平定阿拉西亚没多久,来自地中海的海盗集团联合海上民族相继突袭、劫掠并摧毁了阿拉西亚的恩科米、克提昂、辛达、马阿、皮拉等主要城市,并逐渐占领整个塞浦路斯岛,阿拉西亚王国彻底灭亡。

随后,海上民族以塞浦

赫梯时代晚期的玄武岩门狮

---

[1] 《麦伦普塔赫石碑》是已知最早提及以色列人的历史文物,也是迄今发现的证明以色列存在的年代最古的证据,而在此之前,历届埃及法老多次出征迦南都没提及以色列,这也是以色列人直到拉美西斯二世后期或麦伦普塔赫时期才逃出埃及的主要证据之一。

路斯岛为基地，以强大的海上舰队为后盾，展开对西亚地中海沿岸的赫梯和迦南地区的一系列侵袭。这些海上强盗都装备了盾牌和青铜盔甲，以约一米长的青铜长剑为武器，这比赫梯人和迦南人使用的斧头短剑更有战斗力，他们到处掠夺破坏，毁灭了一个又一个的城市，随意驱逐、杀戮或奴役当地人。赫梯在叙利亚最重要的附属国迦南的第一大城邦乌加里特向赫梯王苏庇路里乌玛二世请求支援："敬爱的陛下，敌人的舰队已经到达了这里，火烧了我的城市，他们在我的国家作恶，但愿陛下您知道，我这里遭到的重大损失。"赫梯王表示一定不会坐视属国灭亡，回信要求他们坚守阵地，但在他回信不久，乌加里特就因海上民族入侵而被夷为平地。

紧接着，赫梯周边的阿尔扎瓦、科迪等国，甚至远到内陆幼发拉底河流域的卡尔基米什等国全都遭到海上民族的侵袭灭亡。随着邻近国家一个个倒下，赫梯成为海上民族打算最后瓜分的肥肉，他们在原属赫梯帝国的叙利亚领土南端的阿莫尔城建立了一个根据地，海陆并进，向赫梯杀奔而来。海上民族的英勇凶残早就让日薄西山的赫梯人闻风丧胆，赫梯王苏庇路里乌玛二世决定走为上计，他放弃坚守历代营建的固若金汤的都城哈图萨，带着重要财物举族搬迁，留下一座空无一人的城市。强盛一时的赫梯帝国就此终结，苏庇路里乌玛二世之后的赫梯国王都没有相关记载，以后赫梯分裂出诸多小国，仅在《圣经》中留下了关于赫梯人的只言片语。

二、最后的大法老

席卷东地中海岸的海上民族自然也不会放弃埃及这片最富饶的土地，由于此时埃及余威尚存，他们便联合埃及西部利比亚游牧首领穆罗伊从西面袭击，企图侵占埃及三角洲的中心城市孟斐斯。埃及法老麦伦普塔赫不负其父威名，以年迈之身御驾亲征，统领埃及军团在三角洲和

海上民族与埃及人交战

敌人进行长达6小时的浴血奋战,最终成功击溃敌军,取得抗战的辉煌胜利。此战共杀死和俘虏敌人18 000人,其中杀死的9376人中利比亚人占6359人,利比亚的首领穆罗伊虽然侥幸逃回利比亚,但是很快被自己的兄弟取代。

在麦伦普塔赫法老统治的10年间,他竭力维护埃及帝国的余威,但依然阻挡不住国力下滑的趋势。在此期间,埃及王权与阿蒙神庙祭司集团的矛盾再度激化,麦伦普塔赫以孟斐斯主神普塔神为王名,通过推崇普塔神排挤阿蒙神,他还把对海上民族的胜利归功于普塔神,由此遭到上埃及底比斯阿蒙祭司集团的反对。

麦伦普塔赫去世后,埃及君权旁落,崇拜阿蒙神的王室成员阿蒙麦西斯篡夺了王位,并得到上埃及底比斯阿蒙集团的支持,麦伦普塔赫的儿子塞提二世则在下埃及举起讨逆大旗,埃及陷入混乱。塞提二世仅仅在位6年就去世了,由年幼的西普塔二世继位,其继母——塞提二世的妻子塔沃斯塔摄政。体弱多病的西普塔二世也仅在位6年便早逝了,塔沃斯塔加冕为第十九王朝的末代女王,拉美西斯二世众多的子孙①趁机借口争夺王位,各地方势力先后发动叛乱,埃及境内的奴隶和贫民也趁机作乱,埃及政局彻底崩溃。

据当时的《哈里斯大纸草》记载:"埃及的国土,以及所有的人,全都听天由命了。他们许多年都没有国王。埃及的土地落在诸大臣和各城市统治者手中。一个杀戮一个,不论在贵族之间,或是在平民之间。一个叙利亚奴隶伊苏尔(意为"僭主")成为国王。他迫使全国只向他一个人纳贡,他到处劫掠,对待神也像对待人一样,神庙里的祭祀中断了……最后,神重新让国家回到正常的道路上,恢复埃及人作为他们的统治者……拉之子,塞特那克特……他恢复了叛乱之前的国内秩序。"

显然,一位名叫塞特那克特的埃及领导者以拉神之子的名义平定了这次大动乱,重新统一了全埃及,埃及进入第二十王朝(约公元前1190—前1077年)。此时埃及仍处于内外交困的动乱局面中,据记载,埃及人民因长期战争流离失所,全埃及都找不到一块净土安家生活,外族利比亚人不断渗入埃及,企图趁乱瓜分埃及领土。塞特那克特仅执政不到5年,还没来得及重建埃及就去世了,留下一个千疮百孔的帝国。他年轻的儿子拉美西斯三世继位,他取这个王名就是希望自己能重建拉美西斯二世时期的强盛和荣耀。他将大批财富赠给神庙,取得祭司集团的支持,从而缓解了王权与神权的矛

古埃及壁画《拉美西斯三世》

---

① 拉美西斯二世先后娶过8名正室、近200名妃子,共生育了100多个儿子和60多个女儿,在埃及历届法老中无出其右者。

盾，使埃及再次团结起来。由于地方势力抬头，导致中央兵力不足，拉美西斯三世改编军队，大量招募外族雇佣兵，尤其是来自努比亚的黑人弓兵，以应对将要出现的危机。

事实证明，这些措施非常及时，在他统治的第5年，埃及西部的利比亚部落就趁着埃及局势未定，再次大举入侵埃及。拉美西斯三世来到底比斯阿蒙神庙请示神谕，神赐给他一把弯刀，让他出战迎敌。拉美西斯三世带着自己的新军成功击溃利比亚人的入侵，杀敌12 535人，并俘虏了1000人作奴隶。

利比亚人刚被打退，埃及就再次迎来规模最大的海上民族入侵浪潮，约公元前1178年，在拉美西斯三世即位的第8年，海上民族以埃及东北部迦南海岸为据点，陆海两路一起向埃及进发。这次入侵不再是如过去一样的简单军事抢掠，而是一次民族迁移，因为这些入侵者都带着妻子儿女、家畜及他们的财产，显然，因某种缘故，让他们离开故土，企图进入埃及，建立属于他们的家园。

古埃及的铭文记载道："在小岛上的'北方人'骚动不安，他们击败赫梯、考狄、卡尔基米什、阿尔瓦德、阿拉萨，没有一个人能阻挡他们。如今，他们用准备好的火焰，朝向埃及而来。他们的船来了，我们的城市燃烧起来，他们把魔鬼带进我们的家园，使人民感到恐惧和孤独，好像他们国家的保卫者不存在那样。"

面对如此大规模的敌军，拉美西斯三世在迦南地区南部建起一道长城防线，成功抵挡了

拉美西斯三世神庙中关于三角洲之战的铭刻浮雕

拉美西斯三世神庙全景图

拉美西斯三世神庙正大门

敌人的陆军,但是敌人的海军依然朝着尼罗河三角洲的东岸进发。拉美西斯三世采取诱敌深入之计,召集所有能动员的船只保护尼罗河的咽喉入口,并在岸边布置好精锐的弓箭手和战车兵,然后将敌军引入他所设下的埋伏圈。等海上民族的舰队一到,埋伏好的埃及舰队用巨大的金属钩子截击敌舰,改变他们船只的方向,岸上的弓箭手万箭齐发,战车兵则将登上岸的敌军冲到海里。在拉美西斯三世的指挥领导下,弓箭手、步兵、战车兵、舰队紧密配合,彻底粉碎了海上民族入侵埃及的企图,取得了卫国战争的辉煌胜利。拉美西斯三世特地在战场立下碑文记载:"他们被成批拖走,海岸上和舰船的首尾到处堆积他们的尸体,还活着的则被派到矿山上当奴隶,他们的妇女和财产都归我们所有。"

两年以后,被拉美西斯三世击败的利比亚人又卷土重来。不过和前两次相比,这次规模并不大,主要是移民性侵略,拉美西斯三世轻松驱逐了利比亚人,共杀死2175人,捕获了2052名俘虏和558名妇女儿童。连续三场防御战的大获全胜挽救了埃及,为拉美西斯三世赢得了极高的威望,埃及再次进入和平昌盛时期。

拉美西斯三世效仿拉美西斯二世通过大兴土木来彰显帝国辉煌,他在都城比-拉美西斯兴建了塞特神庙,在底比斯西岸的哈布城建起仅次于阿蒙神庙的拉美西斯三世神庙,这也是底比斯神庙中壁画保存得最为完好的一座,虽历经数千年依然色彩艳丽,完整展现了拉美西斯三世对抗海上民族等伟大功绩。

拉美西斯三世除兴建埃及传统的石头建筑外,还兴起用木头修建大型建筑的风潮,其代表作是迈迪耐特海布神庙和规模庞大的园林,通过从各国掠夺贸易获得的植物树种,拉美西斯三世将比-拉美西斯、底比斯、孟斐斯等城市打造成一座座花园城市。他在《哈里斯大纸草》中这样写道:"我建设了具有青草树木的花园国家,我准许人民在它们的遮蔽下;我令埃及的女人可以自由地到她想去的地方,因为没有外国人或任何人在路上伤害她。"

作为中兴之主，拉美西斯三世为埃及帝国赢得了新王朝时期最后一段辉煌岁月，他也因此被誉为"埃及最后一位大法老"。拉美西斯三世的功绩无疑是伟大的，但是这也让他开始变得居功自傲、不可一世。在他的晚年，生活日渐奢靡腐败，埃及的国库因他的大肆挥霍开始亏空。在他执政的第29年，爆发了人类历史上第一次有记载的工人罢工，起因是修建王陵的工人得不到足够的口粮。随后又发生了王墓被盗事件，反映了埃及人民生活的日益贫困和对王室奢靡生活的不满。面对百姓的反抗，拉美西斯三世没有选择开仓济民，而是将大量的财富献给神庙，让神庙的祭司安抚人心，来麻痹人民反抗的意志。

拉美西斯三世最后死于古埃及历史上最著名的宫廷谋杀事件，由于他宠爱妃子所生的儿子塞泰帕那蒙，所以王后泰伊为了帮儿子潘特瓦瑞特夺取王位，便策划谋杀法老。拉美西斯三世被割喉，当场丧命。但是王后的阴谋最后却未能得逞，由于当时人们迷信法老天神附体，所以在谋杀法老前，王后曾经派人偷取神圣经书以破坏法老的神力，结果偷书的人正好被塞泰帕那蒙抓住，通过神庙的最高审判揭穿了王后泰伊和其子潘特瓦瑞特的阴谋。这对母子及所有叛乱分子全部被处死，塞泰帕那蒙成功登上王位，即拉美西斯四世。

拉美西斯三世的死标志着古埃及黄金时代的结束，他之后的所有第二十王朝的法老都以拉美西斯作为王名，一直持续到拉

拉美西斯三世的石棺

美西斯十一世，他们都希望埃及能恢复拉美西斯大帝时代的无上荣光，但是事实证明他们恢复的只有拉美西斯这个名字，古埃及文明的辉煌正是在第二十王朝走向没落。

三、特洛伊战争和海上民族的起源

据记载，入侵埃及、肢解赫梯的海上民族主要来自希腊半岛、爱琴海岛屿和小亚细亚的沿海地区，有人认为他们可能是以希腊人为主的海盗部落联盟。《不列颠百科全书》有关海上民族的词条就称："海上民族是一帮富有侵略性的航海者……他们是来源不明的族群，种种推测表明，他们是青铜时代的希腊人、第勒尼安人、安纳托利亚人、撒丁人、西西里人等的集合。"《剑桥世界古代史》则通过引用英法学者的研究资料，比较明确地指出："海上民族很可能来自南欧，尤其是爱琴海地区。"

埃及人所记录的入侵的海上民族中的埃克维什人与爱凯瓦沙人被认为很有可能就是来自爱琴海的希腊-阿卡亚人中的部族，海上民族所使用的武器青铜长剑也是爱琴文明的特色武器。海上劫掠与商业贸易一直以来就是爱琴文明的经济支柱，"史诗《奥德赛》中写道，有一次国王涅斯托耳客气地问奥德修斯的儿子忒勒玛科斯，'你是商人还是强盗？'这两种职业在当时都被看作是极受人尊敬的职业，没有很大区别，只不过是海员获取自己所需物品时可选择的两种方法"①。据赫梯史料可知，在小亚细亚掳掠的强盗首领的名字疑是"阿特柔斯"，而在希腊传说中，这一时期希腊最强大的迈锡尼城邦的国王正好就叫阿特柔斯，古希腊诸王之王阿伽门农便是阿特柔斯的儿子。

迈锡尼王阿伽门农领导的特洛伊战争被古典希腊作家视作希腊民族

---

① 斯塔夫里阿诺斯：《全球通史：1500年以前的世界》，吴象婴、梁赤民译，上海社会科学院出版社，1999年，第133页。

古希腊陶器中的阿伽门农（约公元前 4 世纪）

作为共同体的首次联合远征。希罗多德提及，在此之前，希腊人与亚洲人之间的伤害只不过是彼此劫掠而已，特洛伊战争是希腊人与亚洲人的首次大战，乃至后来波斯人追溯到他们和希腊人结仇，就称始于希腊人侵袭特洛伊，因为希罗多德时期的波斯人将西亚地区的各民族都视为波斯帝国的子民。

相传特洛伊战争的起因是为争夺一位名叫海伦的妇女，海伦是古希腊第一美女，她父亲斯巴达王廷达柔斯当年为女儿海伦征婚时，吸引了几乎古希腊所有的单身英雄前来应聘，导致人选一直无法确定，因为不管选中谁，都将引起公愤，其他求婚者会群起围攻被选中者。古希腊最智慧的英雄奥德修斯提议抽签，"由命运决定海伦的归宿"，并且事先让在场的所有英雄举行盟誓，约定"一旦中签者因海伦而陷入麻烦，在场之人一律有义务发兵援助"。结果阿伽门农的弟弟墨涅拉俄斯中签，他不仅当上了斯巴达王廷达柔斯的女婿，而且还成为这位无子的老斯巴达

古希腊陶器中的海伦（中间）(约公元前5世纪)

王的王位继承人。

　　但是事情并没有结束，"中签者因海伦而陷入麻烦"的情况出现了。英俊潇洒的特洛伊小王子帕里斯在前往斯巴达进行友好国事访问的同时，还关心起斯巴达国王的家事，竟然直接把王后海伦拐跑了。斯巴达王墨涅拉俄斯怒火中烧，小亚细亚的特洛伊人拐走了希腊第一美女也让全体希腊人感到耻辱，而且根据最初求婚抽签者约定的盟誓，"一旦中签者因为海伦而陷入麻烦，所有人一律有义务发兵援助"。

　　迈锡尼王国是当时希腊城邦联盟的统领，作为"诸王之王"的阿伽门农当然有为其弟斯巴达王墨涅拉俄斯出头的义务，而且他也一直想要征服特洛伊城。特洛伊城位于小亚细亚半岛东北海岸赫勒斯滂海峡和爱琴海交界处，是扼守地中海、通达黑海航线的战略要地，商业贸易十分繁荣，是一座相当富裕的城市，史诗称其"城内尽是金银财宝，有神话般的财富"，攻占特洛伊对迈锡尼向亚洲和黑海扩张势力有重大意义。

阿伽门农组织希腊各城邦联军率船舰 1200 艘，共 10 万大军东渡爱琴海开始了对特洛伊城的远征。

特洛伊元老院听说希腊大军到来，纷纷提出要把战争的祸首海伦交还给希腊人，但是当海伦出现在他们面前时，元老们全部被她的美貌震撼，纷纷表示愿意为女神而战。但据希罗多德听古埃及祭司描述，特洛伊人之所以没交出海伦，是因为帕里斯王子将海伦拐走后，在返程途中，在海上迷失了方向，去了埃及，埃及人扣留了海伦。特洛伊人多次向希腊人解释，海伦不在这里，在埃及，但希腊人就是不肯相信。① 或许希腊人真正在意的不是海伦在哪里，他们只是想以此为借口，攻陷并劫掠特洛伊。然而由于特洛伊粮草充足、城墙坚固，希腊人连续 10 年

特洛伊木马

---

① 希罗多德认为荷马也知道海伦去了埃及的说法，但他却故意采用了另一种说法以便适用于他的英雄史诗。

都无法攻破，连希腊第一勇士阿喀琉斯也战死在城墙下。最后，希腊联军在海滩上留下一只巨大的木马，便扬帆离开了。

特洛伊人误以为希腊人撤军回国，在来自希腊的间谍的劝说下，他们将木马作为战利品拉进城内，然后举行庆祝胜利的狂欢酒宴。趁着深夜特洛伊人都酒醉熟睡后，希腊间谍来到木马边，放出藏在木马中的希腊勇士，他们悄声杀死睡梦中的城门守卫，打开城门，并点火发送信号，等待多时的希腊大军一举杀入特洛伊城。长达10年的战争终于以希腊人胜利告终，海伦被斯巴达王墨涅拉俄斯带回国继续做王后，①但是特洛伊却被彻底毁灭了，全城居民不是被屠杀就是成为奴隶，城内财富能带走的被带走，不能带走的则被付之一炬。不过据罗马人的传说，在特洛伊城破之时，有一部分特洛伊人在特洛伊驸马埃涅阿斯带领下成功渡海出逃，最后来到了意大利的拉丁姆地区，并成为当地国王的女婿，他的后代在台伯河下游建了一座新城——亚尔巴龙迦，后来建立罗马城的孪生兄弟便是来自亚尔巴龙迦的王族。

自此以后，人们就把位于今土耳其西北的希萨利克视为特洛伊城所在地，但对于是否真的发生过特洛伊之战，甚至特洛伊古城是否真实存在，仍有争议。19世纪德国考古学家海因里希·施里曼在希萨利克进行考古发掘时发现了一处城市遗址，很多人认为，这座城市就是传说中的特洛伊，因此这处遗址通常被称为特洛伊考古遗址。②

特洛伊考古遗址的文化堆积可分作9层，第一层向上到第五层年代约为公元前3000—前1900，属青铜时代早期遗址。第六层约为公元前1900—前1200年，这时外来民族入主特洛伊，特洛伊城进入全盛时期，出现了多层城墙，经济十分繁荣发达，遗址中出土了大量来自希腊半岛的陶器，显然两地之间有密切的贸易往来。

特洛伊的城墙坚固，有9米高，4米多厚，共有4座城门，城中有

---

① 根据希罗多德记载的古埃及祭司的说法，直到希腊人攻下特洛伊城，也没发现海伦，最后希腊人是在埃及找回海伦的。
② 1998年，联合国教科文组织将特洛伊考古遗址作为文化遗产，列入《世界遗产名录》。

特洛伊遗址

王宫及大型庙宇建筑。在约公元前 1250 年，特洛伊城内出现居住拥挤、各房屋内大量贮备生活必需品的迹象，这表明当时特洛伊遭到长期围困，特洛伊城被掠夺一空后毁于大火，并留下大量遗骸，这被看作特洛伊战争确实存在的重要证据。

不过入侵者将城内掠夺一空的同时却遗漏了埋在地下的宝藏，考古学家在被烧毁王宫的墙底下发现了一批贵重的金银宝物，包括最珍贵的两顶华丽的金冠，还有金镯、高脚琥珀金杯、金耳环、金扣子、穿孔小金条以及银、铜的花瓶与青铜武器等，这些被称为"特洛伊的宝藏"。

据史诗与传说记载，希腊人虽取得了特洛伊战争的巨大胜利，但迈锡尼文明却从此开始走向衰落。10 年战争严重消耗了希腊人的实力，虽然攻陷特洛伊为他们带来众多的奴隶和财富，但是他们却没能把这些人力和财力带回家乡。特洛伊战争结束后返乡的希腊人因为遭遇风暴，只有极少数成功回归，《荷马史诗》的下部《奥德赛》就是讲述希腊英雄奥德修斯因风暴在海上漂泊 10 年未归的故事。

作为希腊联军统领的阿伽门农同样因特洛伊战争 10 年未归，他的

被谋杀的阿伽门农

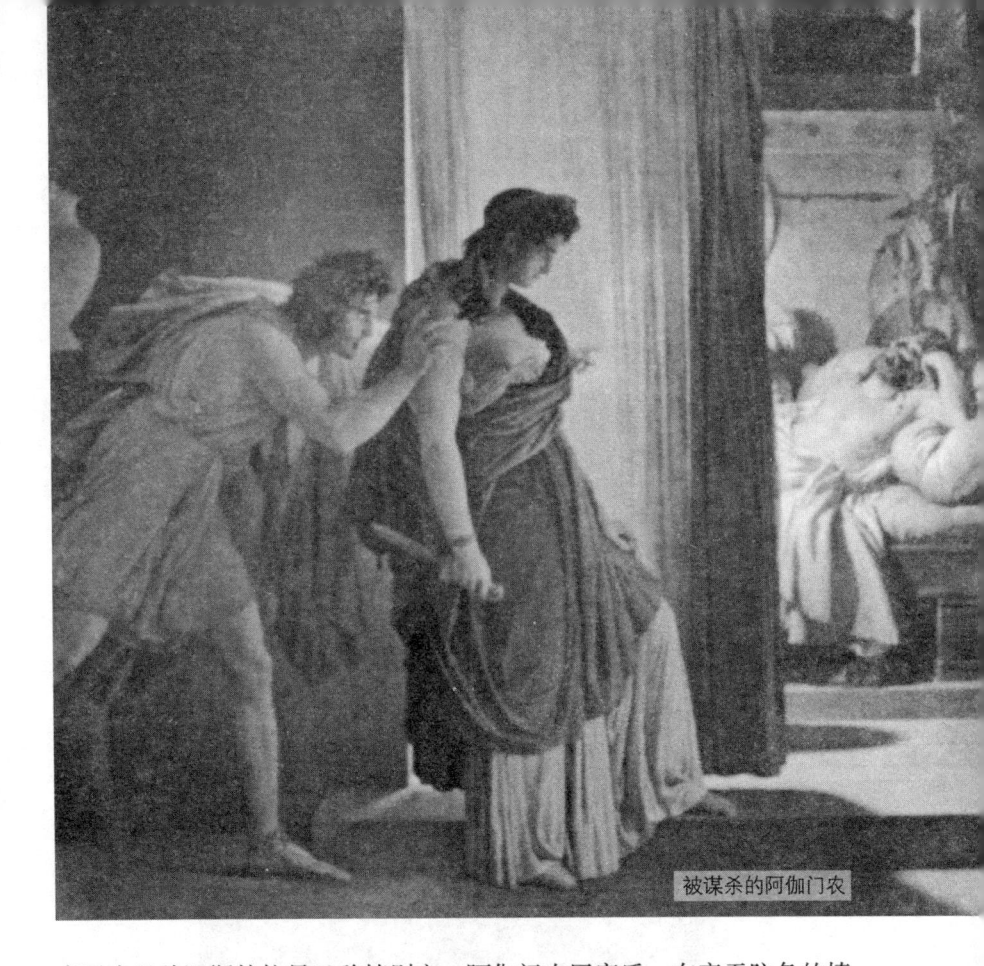

妻子克吕滕涅斯特拉早已移情别恋，阿伽门农回家后，在毫无防备的情况下被他的妻子与其情夫杀死，此后迈锡尼便陷入严重的内讧之中。更糟的是，由于气候持续变暖，降雨减少，希腊遭遇大规模旱灾，造成农业歉收，经济萧条，来自北面的野蛮落后的多利安人趁机入侵迈锡尼所在的伯罗奔尼撒半岛。

多利安人和阿卡亚人、爱奥尼亚人、伊奥利亚人同为希腊四部族之一，他们讲希腊语多利安方言。希腊半岛在地理上分为北希腊、中希腊和南希腊三大部分，北希腊因奥林匹斯山脉阻隔分为马其顿、色萨利、伊庇鲁斯等地区，中希腊分为阿提卡半岛、比奥提亚、佛西斯等地区，南希腊则指希腊半岛最南端的伯罗奔尼撒半岛。希腊四部族中的阿卡亚人迁移到了南希腊的伯罗奔尼撒半岛,并通过学习南方克里特岛上土著的克里特文明,创造了希腊人最早的文明——迈锡尼文明;希腊四部族的爱奥尼亚人迁移到了中希腊的阿提卡半岛等地区,建立了雅典等城邦;伊奥利亚人则迁徙到希腊中北部地区,建立了底比斯、德尔菲等城邦。

多利安人是希腊四部族中最晚南下的一支,他们称自己是古希腊传说中最伟大的英雄赫拉克勒斯的后代。赫拉克勒斯又名海格力斯,他是力量和勇气的化身,他的名字甚至成为西方大力神和勇士的代称。作为赫拉克

大力神赫拉克勒斯

勒斯的子孙,多利安人也以尚武著称,他们曾经在迈锡尼王阿特柔斯统治时期入侵伯罗奔尼撒半岛。因为多利安人首领许罗斯和迈锡尼王阿特柔斯单挑失败,他承诺赫拉克勒斯的子孙在50年内不得进入伯罗奔尼撒。

50年过后,赫拉克勒斯的子孙们并未违约,迈锡尼人却因为特洛伊战争、内讧和自然灾害实力大大削弱。此时迈锡尼和赫拉克勒斯的子孙多利安人50年的和平期限已到,多利安人开始再次入侵伯罗奔尼撒,

经历几次失败后，他们终于在特洛伊战争80年后攻占并摧毁迈锡尼，把迈锡尼文明，连同后王宫时代的克里特文明一并毁灭。

经过这次大劫难后，爱琴文明上千年积淀起来的文明成果几乎被摧毁殆尽，其特有的线形文字B失传了，精美的壁画和手工艺品消失了，原本商业繁荣的爱琴海城市退回到自给自足的农耕和畜牧的农村公社时代，宏伟壮丽的王宫建筑变成了清一色的简陋茅舍；甚至连用于军事防卫的高大的堡垒和城墙也被夷平，黑暗笼罩了整个希腊，希腊历史重新倒退回没有城市和文字的原始社会，考古学家将公元前11世纪到前9世纪这段倒退时期称为"希腊的黑暗时代"。如果你了解多利安人的后代，就不会对他们摧毁文明的行为感到吃惊，多利安人中的一支攻占海伦所在国家斯巴达，并建起属于他们的军营化国家，在后来与雅典争雄，以军事化教育闻名的斯巴达人就是多利安人，而非海伦时期的古斯巴达人。

多利安人的入侵引发了可怕的多米诺骨牌效应，由于赖以生存的城市被毁和商贸的中断，阿卡亚人被迫出走，从迈锡尼时期的海盗行动演化为大规模的人口迁移；多利安人在追击阿卡亚人的过程中也顺势向海外推进，一路直达克里特岛、罗德岛和西西里岛东部、小亚细亚南部一带；爱奥尼亚人虽然保住了阿提卡半岛的雅典等城邦，但受多利安人造成的大规模难民潮影响，一部分爱奥尼亚人被逃亡的阿卡亚人驱逐出故土，从雅典渡过爱琴海抵达小亚细亚西海岸中部地区，在那里建立起著名的爱奥尼亚居留地①；伊奥利亚人也在这次民族迁移浪潮中从色萨利和希腊中部航行到莱斯博斯岛，再由此航行到小亚细亚北部，建立居留地。

如此，今土耳其小亚细亚西海岸的大部分地区都成了希腊人的殖民地，其中多利安人占据小亚细亚西海岸的南部以及周边的罗德岛和科斯岛，爱奥尼亚人占据海岸的中部及相邻的萨摩斯岛和希俄斯岛等，伊奥利亚人占据着海岸的北部，还有临近的涅多斯岛和莱斯沃斯岛等。通过

---

① 今日希腊人还以爱奥尼亚来称呼小亚细亚西海岸地区和爱琴海东部诸岛，这片亚洲领地在后来成为早期希腊城邦文明的发源地，并曾是希腊世界最繁荣的地区。

这次大规模的迁移浪潮，希腊人成功控制了小亚细亚西海岸，使欧洲希腊半岛和亚洲土耳其半岛之间的爱琴海变成了属于希腊人的海域。整个殖民过程是非常血腥残暴的，由于大多数妇女都不愿跟随男子逃亡，希罗多德称这些来自希腊的殖民者大多不曾把妻子带到新的领土上，而是强娶那些父亲被他们杀死的小亚细亚人的姑娘为妻。

除希腊人外，原本小亚细亚、塞浦路斯和叙利亚北部、意大利南部和西西里岛等地这些希腊曾经的贸易伙伴——克勒什人、达努人、条克里人、韦舍什人、腓力斯丁人等部落也加入这次大规划的海上迁移活动，最终形成横扫东地中海岸和埃及的海上民族迁移大潮。

第五节　地中海文明的摧毁与重建

> 总而言之，侵略给盛极之后停滞不前、似乎注定消亡的文明以致命的打击。这使我们联想起当今世界残酷的轰炸，它摧毁了摇摇欲坠的古老建筑，正因如此，我们才有可能建起更为现代化的城市。
>
> ——罗伯特·洛珀兹，《欧洲的起源》

海上民族迁移浪潮令埃及在亚洲的势力衰落，强盛的赫梯帝国走向灭亡，地中海地区原本辉煌的文明都陷入前所未有的动荡和倒退中，法国年鉴学派历史学家布罗代尔曾这样形容道："公元前 12 世纪带来如此重重灾难，以至于此前的几百年与之相比都可谓幸福平静了。"同时我们也可以看出海上民族迁移浪潮对传统的大河文明影响较为有限，如两河流域的巴比伦因为远离地中海，所以并未受其影响，尼罗河流域的埃及虽然遭受了重创，但依然凭借自身强大的实力，成为海上民族迁移浪潮的终结者，并在其后迎来了短暂的复兴。而真正遭遇毁灭性打击的爱琴文明与赫梯文明都不属于大河文明。

爱琴文明属于海洋文明，这次海上民族迁移浪潮某种程度上说，就是爱琴文明这个海洋文明崩溃后引发的多米诺骨牌效应。与灌溉农业发达、土地肥沃、能确保粮食产量的各大河文明相比，爱琴文明的农业经济相对薄弱，农业是国民经济的基础，根基不稳的爱琴文明在这次天灾人祸中被外来的入侵者连根拔起，由爱琴文明开创的东地中海贸易体系也全面崩溃，原本半商半盗的海员只能转变为完全靠劫掠为生，整个东地中海沿岸地区一片哀嚎，人类文明也因此暂时退出了海洋地区。

与兴起于海洋的爱琴文明不同，赫梯文明发源于小亚细亚东部的高原山区，其国土大部分是山地，因此其文明是典型的山地文明。山地文明的优势是拥有丰富的矿产资源，赫梯正是凭借当地丰富的铁矿石成为世界上最早进入铁器时代的民族。赫梯文明的采掘与冶炼业都十分发达，军工实力也相当强大，乃至能与人口远超过自己的埃及新王国相抗衡。

然而，赫梯文明的农业虽然较爱琴文明发达，但其所处的山地缺少大河流域地区那样宽阔的河谷平原，被山地相互隔绝的山民不像河谷平原的居民交流那样方便，更容易实行统一管理。因此赫梯王国在建国之初就采取派驻王室成员的统治方式，每征服一片土地，就封王室成员为统治该地的诸侯，形成赫梯的封侯制度。由于山地的阻隔，与后来大河流域的西周封建制相比，赫梯国无论是中央的王畿领土，还是地方诸侯的领土都较为狭小。在这种体制下，中央对地方的控制力往往较弱，周王朝后来因犬戎入侵，迁都洛邑，进而导致王畿之地锐减，王权衰微，诸侯并起称雄。同样赫梯国也因海上民族的入侵，选择了迁都避难，赫梯王在地方的势力也随之一落千丈，各路诸侯纷纷另立山头，赫梯王国分裂成众多小国，直到赫梯文明灭亡也没能再重新统一。

海上民族的大迁徙摧毁了地中海旧有的文明体系，但同时也为创建新的地中海文明体系铺平了道路。希腊人在这次民族迁移浪潮中占据了更广阔的海域，这为他们往后创造出更伟大的海洋文明提供了更优越的地理条件；以色列人趁乱在迦南地区站稳了脚跟，他们的宗教思想至今仍然深刻影响着人类的精神文明；在叙利亚、巴勒斯坦与小亚细亚等地区也将出现一些新的民族，由他们带来的新文明将对人类历史发展起到至关重要的作用。

历史大事件对照表

中　华	古埃及	赫　梯	地中海沿岸	两河流域及周边
约公元前1300年，商王盘庚将国都由奄迁至殷，商朝进入"殷墟时代"。 约公元前1250—前1191年，商朝武丁盛世。	约公元前1292年，埃及第十八王朝末代法老赫仑西布去世，临终前将王位禅让给宰相拉美西斯一世，埃及进入第十九王朝。 约公元前1279—前1213年，拉美西斯二世在位，在尼罗河三角洲地区营造新都比·拉美西斯城，与赫梯争霸，在国内大兴土木。 约公元前1258年，埃及和赫梯缔结《银板和约》。 约公元前1250年，摩西领导以色列人逃离埃及。 约公元前1213—前1203年，拉美西斯二世之子麦伦普塔赫在位，发动以色列战争，击退利比亚人和海上民族的入侵，他去世后，埃及陷入王位争夺的内乱。 约公元前1190年，埃及贵族塞特那克特镇压起义，埃及法老，建立埃及第二十王朝。 约公元前1178年，拉美西斯三世成功击溃海上民族入侵的海上民族。	约公元前1285—前1273年，赫梯王穆瓦塔鲁二世在位，与埃及同爆发卡迭石之战。 约公元前1266年—前1236年，赫梯王哈图西里三世在位。 约公元前1210—前1180年，赫梯末代国王苏庇路路什乌玛二世在位。 约公元前1180年，赫梯王国因海上民族入侵而分裂瓦解。	约公元前13世纪，迈锡尼文明进入鼎盛时代。 约公元前1260—前1250年，希腊半岛各城邦远征小亚细亚城邦特洛伊，摧毁特洛伊古城。 约公元前1230年，多利安人南下入侵伯罗奔尼撒半岛，进而引发希腊人的迁徙浪潮。 约公元前1200年，迦南重要海港城邦乌加里特因海上民族入侵而毁灭。 约公元前1180年，多利安人攻陷迈锡尼城，迈锡尼全城被毁，迈锡尼文明走向灭亡。	约公元前1295—前1263年，亚述王阿达德尼拉里一世在位，先后击败巴比伦国王沙齐马鲁塔什及米坦尼国王沙图瓦拉，迫使米坦尼臣服于亚述。 约公元前1256—前1233年，亚述王图库尔提·尼努尔塔一世在位，米坦尼王国最后的都城卡哈特，米坦尼王国灭亡。 约公元前1233—前1197年，亚述王尼努尔塔一世在位，征服巴比伦，俘获加喜特王卡什提里亚什四世，称霸西亚地区。 约公元前1197—前1180年，亚述王提革拉特帕拉沙一世发动其子发动政变杀害，亚述陷入衰落。 约公元前1187—前1185年，巴比伦国王阿达德·舒马·乌苏尔去世，巴比伦再次走向衰败。 约公元前1185年，埃兰进入苏萨王朝时期。

第四章
更迭、新生与没落
(约公元前1180—前950年)

海上民族大迁徙摧毁了由爱琴文明开创的东地中海贸易体系，瓦解了最早迈入铁器时代的赫梯帝国，那么将会由哪个民族重建起地中海贸易体系，再次点燃海洋文明的火种呢？赫梯帝国的灭亡又将对冶铁技术的传播造成哪些影响？击溃海上民族的古埃及文明与未受海上民族入侵影响的古巴比伦文明能否再起称雄？相比同为大河文明的古埃及与古巴比伦，中华文明的地理优势又有哪些？与所有文明一样，中华文明的发展过程也并非一帆风顺，中国古代王朝总是逃不过兴衰更替的轮回，商汤革命开启了中国历史上改朝换代的先河，如今历史又将重演，而中华文明也正是在王朝的兴衰更替中曲折发展。

第一节　西周王朝

普天之下，莫非王土；率土之滨，莫非王臣。

——《诗经·小雅·谷风之什·北山》

一、小邦周取代大邑商

在欧亚大陆，西方的各文明因海上民族的入侵纷纷走向衰败后，东方强盛的商王朝也即将被周王朝取代。商王朝在武丁时期达到鼎盛，武丁过世后庙号被尊为"高宗"，由王后妇姘的儿子祖庚继承王位，先前武丁在位时偏爱幼子祖甲，甚至曾打算废祖庚改立祖甲为太子。但是祖甲认为废长立幼是乱国之举，便暗自离宫出走，隐居在民间充当小民。祖庚有感于弟弟祖甲的义举，便立他为王位继承人。

祖甲（约公元前1185—前1153年在位）继位后结束了商朝"兄终弟及"的传统，改实行父死子继制，又讨伐西戎开辟西部领土，让商朝国势进一步发展。但祖甲晚年变得厌于政事，生活也日益奢侈淫乱，导致商朝再次走向衰败。原周边附属部族纷纷叛商自立，东部山东、江苏一带的夷族和西部陕西、甘肃一带的羌族时常侵扰商朝的边境。

在外患不断的同时，商朝内部上下皆沉浸在巫术迷信中，在中国古代，施术者女称巫，男称觋，人们相信巫觋能"通天人之际"，利用法器、咒语保护自己和加害敌人。商朝是个崇信鬼神的朝代，巫觋具有崇高的地位，掌管天文、历法、占卜、记录等多项权力，巫觋常以鬼神之意来左右国策，以神权干涉王权。

商朝晚期的青铜器

约公元前1147年，商王武乙继位，为打破人们对鬼神的迷信，他命人制作名叫"天神"的偶人加以侮辱，谓之"战天"；又将血囊吊于空中，当作天神射击，称为"射天"，并让下属装作神的样子向自己跪地求饶。在具体措施上，他大大降低商朝人牲、人祭的规模。

武乙虽然打击了迷信，重振了王权，但是他生性暴虐，贪图享受，所以在他统治期间，商朝国势持续衰败。西北的戎狄部落屡屡侵犯商朝的附属邦国，豳国部落的首领古公亶父因不堪戎狄袭扰，率领部族迁移到陕西宝鸡岐山下的周原定居，并改国号为周，古公亶父也因此被周人追认为周太王。

周原地处关中平原，土壤肥沃，周人在此开荒务农，修建城池，逐渐强大起来，并多次打退戎狄部落的入侵。武乙将周原所处的岐邑赐给古公亶父作为封地，作为商朝西部的屏障，在这里考古发现的岐山宫殿是中国已知最早的完整形态的四合院。

由于古公亶父喜欢小儿子季历所生的儿子昌，想让他继承自己的位置，所以古公亶父的长子太伯、次子虞仲便出走至南方的蛮夷之地，把王位让给弟弟季历，相传后来江东地区的吴国就是太伯、虞仲兄弟所建。

季历继位后，前往参拜商王武乙，武乙令他讨伐西落鬼戎，季历大获全胜，共俘虏20个首领。约公元前1113年，商王武乙在渭河和洛水之间打猎时被雷劈死，其子文丁即位。文丁命季历为"牧师"，掌牧马之地，作为西方诸侯伯长，与戎狄对抗。

季历率领周族多次大败西北地区的戎狄诸部落，通过长期与强悍的戎狄部落作战，培养出一支英勇善战的队伍。商王文丁感到这无异于养虎为患，便以封赏的名义召季历入朝，名义上封其为"方伯"，号称"周西伯"，实则将其软禁后杀害。季历的儿子昌在其父死后，继承西伯侯之位，故称西伯昌。不久商王文丁也去世，由其子帝乙继位，《易经》中有"帝乙归妹"的记载，有学者将此事与《诗经·大明》中描写的西伯昌成婚之事联系起来，认为帝乙将自己的妹妹或女儿嫁给周族首领西伯昌，以安抚周族继续向商王朝称臣。

约公元前1076年，帝乙死，他的小儿子帝辛继位，他就是著名的纣王，纣王能言善辩、力大无穷，但是他又刚愎自用、好酒淫乐。他上任后，发动大军，进攻河南地区的有苏氏部落，有苏氏首领被迫献出牛羊、马匹及自己的女儿苏妲己。

妲己有倾国之貌，纣王对她十分宠爱。但妲己又性

苏妲己

喜奢靡、心如蛇蝎，纣王在她的影响下变得更加荒淫无道，终日寻欢作乐，不理朝政。他加重赋税劳役，兴修行都朝歌（今河南淇县），扩建离宫别馆、苑囿台榭，搜刮天下的奇珍异宝堆在七年才建成的鹿台之上；他造酒池肉林，令乐师制作"北里之舞、靡靡之乐"，让男女裸身其间，歌舞嬉戏。

此时，西伯昌、九侯和鄂侯为商朝地位最高的三公，九侯的女儿是纣王的嫔妃，因她不喜淫荡，被纣王挖掉眼珠，并用烧红的铜斗烙掉双手，她的父亲九侯也被剁成肉酱。鄂侯为其极力强谏，结果也被纣王制成肉干。

西伯昌表面上对纣王的行为漠不关心，背地里却广施仁义，趁势拉拢人心。纣王听说后，将西伯昌囚禁在羑里①。西伯昌的下属将众多美女、名马、珠宝献给纣王，才使西伯昌获释。

西伯昌脱身归国之后，便同谋臣吕尚（姜子牙）暗中谋划推翻商朝政权，在吕尚的策划下，西伯昌在今西安市西郊之沣水西岸营建丰邑，将都城从岐下迁至此地。他对内行惠民之事，施行德政；对外采用武力征伐和仁义外交相结合的手段，征伐西戎诸部，分化商朝西部的附庸部落，吸引周边小国归附，许多诸侯都

商纣王

---

① 相传西伯昌被囚禁在羑里时，曾经增演伏羲的八卦为六十四卦，成为《周易》的主要内容。

叛商归周，形成了"三分天下，其二归周"的局面。后来，西伯昌决断虞（位于今山西平陆县）、芮（位于今陕西大荔县）两国之君的田地纷争，受到周边诸侯的拥护。西伯昌遂于同年在诸多诸侯的簇拥下，建筑灵台，受命称王，也就是周文王。

约公元前1056年，周文王过世，由太子发即位，也就是周武王，吕尚继任太师，武王之弟周公旦做辅相。周武王将都城从沣河西岸的丰京迁往东岸新建的镐京（位于今西安市长安区），以便向东方的商王朝扩张。

西伯昌

当时东夷族对商朝的入侵愈演愈烈，纣王为了对付东夷，训练了一支强大的象兵部队①。不仅打退了东夷的入侵，还扩大战果，将商朝国土扩展到江淮一带，俘获了数万奴隶。

但是与东夷的战争严重削弱了商朝的实力②，同时战争的胜利让商纣王越发自负残暴，好谀恶直。他亲近小人，任用贪财好利、善于阿谀奉承、谗言毁谤的费仲、恶来等奸臣掌管朝政，用酷刑残害朝中的正直大臣，他的叔叔比干因为进谏被挖心处死，他的庶兄微子惧祸出走，他的叔父箕子装疯卖傻也被囚禁为奴，商朝的太师疵、少师彊抱着用于祭礼的乐器逃往周国。

周武王觉得灭商时机已到，便于约公元前1046年，汇集天下八百诸侯，率领战车三百辆，勇士三千人，披甲战士四万五千人东进伐纣。商纣王也发动全国的兵力在牧野与武王决战，商军的人数虽然占优势，

---

① 《吕氏春秋·古乐篇》："商人服象，为虐于东夷。"
② 《左传·昭公十一年》："纣克东夷而殒其身。"

但因他们不满纣王暴政，毫无士气，才刚交战，就纷纷阵前倒戈，周武王乘势在牧野一举击溃商军，攻克商都，商纣王逃到鹿台自焚而死。

周武王散发商纣王搜刮来的钱粮赈济百姓，以安抚民心，并向殷民公布纣王之罪状。同时增筑纣王叔叔比干的坟墓，释放被囚禁的纣王叔父箕子，任用纣王的庶兄微子为臣，并封商王纣之子武庚管理商朝的都城殷（河南安阳），从而取得商朝百姓贵族的支持，随后周武王将象征天下大权的九鼎迁往镐京，统治长达约554年的商王朝从此被周王朝取代。

武王灭商后，纣王叔父箕子不愿意留在周朝，他率领5000名商朝的遗老、遗少东迁往朝鲜半岛，成为那里的国君，并被周朝分封为侯，也就是"箕氏侯国"，史称"箕子朝鲜"，① 这是最早的关于朝鲜国历史的记载，但由于目前缺乏考古学上的证据，朝韩史学界多不承认箕子王朝的存在。

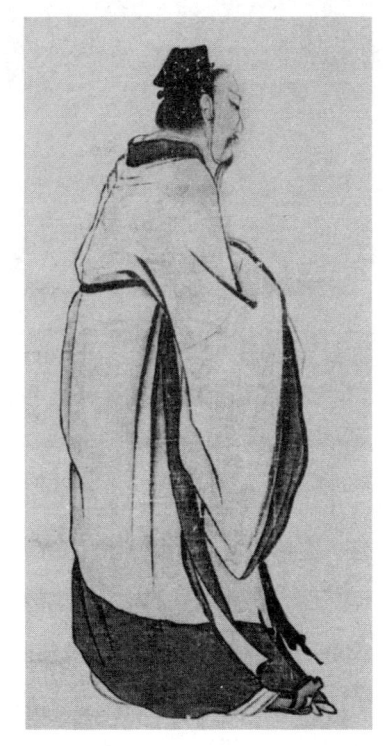

周武王像

二、周公摄政

周武王在灭商后不到3年就驾崩了，他年幼的儿子周成王即位，当时朝廷地位最高的三公分别是太师吕尚、太傅周公旦、太保召公奭。由

---

① 关于箕氏朝鲜的位置，有学者认为，箕氏朝鲜最初的统治中心应在河北、辽西一带，后来因受燕国扩张影响，才逐渐迁移到朝鲜半岛。

于成王年幼，所以由家族的长辈周公和召公主管全国政事，两公分陕而治，陕原（河南省陕县）以东的地方归周公管理，陕原以西（这也是陕西省名称的由来）的地方归召公管理，而中央大权则完全由周公把持。

当时有流言说："周公将对天子不利。"与周公关系较好的太师吕尚和太保召公奭都选择相信周公，支持他摄政当国，但是周武王的其他弟弟管叔、蔡叔、霍叔三监却怀疑周公。当年周武王灭亡商朝后，为安抚殷商的遗民，封商王纣之子武庚于商都殷，让他继续奉行殷之祭祀。但武王其实对武庚并不放心，为防止商人叛乱，他将商的王畿分为东部的卫、西部的墉和北部的邶三个封区，分别由武王的弟弟管叔、蔡叔、霍叔治理，同时监视商民，被称为三监。如今周公独揽朝政，三监不服，便联合商纣王之子武庚和东夷诸部落发动叛乱。

周公于是率领大军平定叛乱，诛杀武庚、管叔，流放蔡叔，将霍叔贬为庶民，改封纣王的庶兄微子启为爵位最高的公爵，在宋（今河南商丘）建国，以承续殷之祭祀。同时，为巩固对中原地区的控制，周公在河南洛阳营建东都雒邑，雒邑号称天下之中，土地肥沃，周边又有山河险阻，进可攻，退可守，是控制东方、巩固政权的战略要地。"这样，西起周原，东至雒邑，即渭、泾、河、洛一带皆为周的王畿之地。西边以镐京为中心，是周人发祥之地，称为'宗周'；东边以雒邑为中心，是东方重镇，也是保护宗周的门户。"[①]

周公像

---

① 朱绍侯、齐涛、王育济主编：《中国古代史》，福建人民出版社，2010年，第3章第1节。

雒邑以瀍水相隔，分为两部分，瀍水西岸为周王城，作为周王朝朝会东方诸侯的"东都"，瀍水东岸称为"成周"，周公把殷商的遗民迁到这里，以监督殷民。同时，周公又封弟弟康叔到原来商王统治的中心地区商都朝歌，建立卫国，让他监管殷民七族，统领驻守在成周雒邑的成周八师，负责"拱卫宗周、威镇商夷"。

西周青铜簋
簋，古代青铜或陶制盛食物的器具，圆口，两耳，在祭祀和宴飨时，与鼎配合使用。

周公写下《康诰》《酒诰》《梓材》教训康叔要行施文王之政，教化殷民成为周朝的顺民。其中的《酒诰》是中国第一篇禁酒令。周公认为商朝之所以灭亡，一个重要原因就是纣王酗酒，导致伤德败性。所以周公要求只有在祭祀时才可少量饮酒，平时如果发现有人聚饮就要处以极刑。由于禁酒令的实行，原本在商朝盛行的爵、角、斝、觯等酒器少至稀有，转而新出现了大量簋、簠、盨等盛食器，西周青铜器的风格也从殷商时的繁缛华丽转向实用大方。

和以农立国的周朝不同，殷商素以贸易闻名，有"殷人重贾"和"殷人贵富"之说，商朝灭国后，殷商遗民失去了赖以生存的土地，只好转而贩卖东西来维持生活，人们因此开始把从事贩卖的人称为"商人"，把用于交换的物品叫"商品"，把商人从事的职业叫"商业"。周王朝为加强对商人的控制，实行工商食官制度，将所有的手工业者和商人都收编为官方的奴仆，要求他们必须按照官府的规定和要求从事生产和贸易，并设立泉府，掌管市的税收，收购滞销商品，管理人民对财物的赊销及信贷业务，市场上商品的定价权力也牢牢掌握在司市、胥师和贾师等政府官员手中。

三、封建与礼乐

周公东征平定三监与东夷之乱后，周人已成功将势力扩张：东至大海、南至淮河流域。以当时的条件，难以控制如此规模的领土，所以周公实行"封建亲戚，以藩屏周"的制度来治理天下。

封建，即"封土建国"，为"封土地，建诸侯"之简称，即周天子将除自己直接管辖的王畿以外的土地分封于亲戚或功臣，让他们在各自封地内建立封国来拱卫王室。虽然周天子是全国土地和臣民的最高所有者，是天下的"共主"，但并不干涉封国内政。而各封国则要服从效忠周王，定期到周朝的都城朝见，向周王上缴赋税和贡品，并提供军队随从作战。封国君主被称为"诸侯"，按爵位大小分为公、侯、伯、子、男五等[①]。

各诸侯在其封国内也将土地分封给子弟和下属，为卿大夫，卿大夫的封地叫采邑，卿大夫再将其封地分封给士，士是最末一等的贵族，士以下不再分封，这样就形成了统治阶层内部"天子—诸侯—卿大夫—士"层层分封的等级制度。各级贵族在自己封地上既是统治者，又是土地的所有者，财产和地位世代相传。而贵族统治下的庶民只有土地的使用权，而没有所有权，他们要向贵族封主缴纳贡物，而封主可随时收回田地。

西周的封建制度和欧洲中世纪实行的封建制度有许多相同的地方。欧洲中世纪的封建制度也是大封建主将领土封给下属建立封国，各自为政，封臣则有效忠于封主的义务，封建等级大体分为公爵、侯爵、伯爵、子爵和男爵五等。欧洲封建主下属的农奴和西周庶民一样没有土地

---

① 《礼记·王制》："王者之制禄爵，公、侯、伯、子、男凡五等……天子之田方千里，公、侯田方百里，伯七十里，子、男五十里。"

所有权，封建主同样既是土地的所有者，也是土地上的统治者。

为了维护西周的封建制度，周公用了整整六年时间制定了一套维护君臣上下等级秩序的礼乐制度。中国被誉为礼仪之邦，最早可追溯到周公制定的礼乐制度，礼乐制度的内容包括从道德礼仪到统治原则、从家庭关系到政权形式等社会的方方面面，其核心内容是天命宗法制度。

周人认为"天"为世间万物的最高主宰，"天命不可违"，王权天授，君王是"天子"，替上天治理人间。天对统治者的要求是"德"，统治者要"以德配天""替天行道"，这样国家才会稳定和谐，他的王朝才会依天意继续统治下去。如果君主失德，将会被"天"收回王权，转而把它授予另一个有德之人，导致王朝更替。周王朝用这种理论为自己推翻商朝找到充分的理由，这个理由后来也被用来解释中国历朝历代的更替现象。

与天命观配套的是宗法制度，宗室是西周社会结构的基本组织单位。宗法制度是宗室权力和土地占有的严格等级制度，其中最主要的是嫡长子继承制，也就是正妻生的儿子称为嫡子，其他妻妾所生的称为庶子，继承人"立嫡以长不以贤，立子以贵不以长"。王位由周王的嫡长子继承，他的宗室即是大宗，其他儿子则分封为诸侯，其宗室是小宗。各诸侯王在自己的封地又为大宗，他的嫡长子继承父亲的宗主地位，其他子则分封卿大夫，为小宗。各阶层宗室都是由嫡长子继承，其他众子辅佐，由有直系血缘关系的人组成。

周王朝通过血缘关系强化等级制度，保障对各级宗族的支配权力，让周王成为"天下大宗，海内共主"。这同时也是西周封建制度和欧洲中世纪的封建制度的主要不同之处。西周封建制是以血缘婚姻关系为主的，据《荀子·儒效篇》记载："（周公）兼制天下，立七十一国，姬姓（周朝的国姓）独居五十三人。"其余少数也多为异姓联姻，形成"血缘宗法制为基础的宗族组织"。至于欧洲，由于实行一夫一妻制，子嗣稀少，家族人丁单薄，所以中世纪的封建制不以血缘婚姻关系为基础，而是以主臣关系为纽带，其基本特征是附庸通过宣布效忠封主受封土地，与之建立臣属关系。由于土地是层层分封的，附庸只承认自己直接受封的人为封主，而与自己封主的封主没有臣属关系。早期的欧洲领主只可以管辖自己的封臣，但无权管辖自己封臣的封臣，即所谓的"我的附庸的附庸不是我的附庸"。而中国的封建宗法制则是通过血缘和婚姻关系实现层层从属，周王室下所有诸侯的子民都对天子有效忠义务，正如《诗经》所说的"普天之下，莫非王土；率土之滨，莫非王臣"。

天命宗法制的礼仪中心是宗庙，宗庙指各宗室供奉祖宗的庙宇，西周的祭司阶层并不像其他古代文明那样庞大，西周王朝重宗庙而轻神庙，祭祖要比祭神更为重要。西周的宗庙制度把"敬天"和祭祖有机统一起来，祭祖中包含着敬天，谨遵祖命即谨遵天命。各级贵族宗庙的大小多少在西周都有严格的规定，据《礼记·王制》载："天子七庙，诸侯五庙，大夫三庙，士一庙，庶人祭于寝（墓地）。"对祭祀方式和内容也有极为严格的等级规定，只有天子才能祭祀天地，诸侯能祭社稷山川，大夫则祭祀五祀（户神、灶神、土神、门神和行神），士与庶人只能在年终祭祖先。

除宗法制度外，西周的礼仪还包括对婚姻和女子行为的规范。商代还存在内婚制，嫁娶不避同姓。在上古时期，庶人无姓，少数有姓的贵族同姓必同宗。为强化伦理关系以及

周代青铜鼎
依照周礼，使用青铜器的规格、数量等都有严格的限制。如据何休注《春秋公羊传》记载，天子用9鼎，诸侯用7鼎、卿大夫用5鼎、士用3鼎或1鼎。

与异姓诸侯的联系，周公制定了严格的同姓不婚制度。据《礼记》记载，即使是买卖而来不知姓名的妾女，也要用占卜方法判断是否同姓。① 从西周开始对女子有了严格的规定，在举止言行、穿着打扮方面都有要求，如"男女授受不亲""出门必拥蔽其面""女不言外事""顺从不违"等。不仅如此，相传在西周初年，男女滥交的现象严重，周公规定男女在结婚前不能随便发生性关系，并制定了男女从说亲到嫁娶成婚——

周代的青铜编钟

纳采、问名、纳吉、纳征、请期、亲迎和敦伦七个环节的礼仪，也就是"周公之礼"，后来又引申为夫妻同房之意。

礼乐制度的"礼"是道德规范和行为准则，"乐"则是当时各门艺术的总称，包括乐德、乐声、乐舞、乐诗、乐文等。乐教在西周享有崇高的地位，周人认为音乐能塑造人的性格，甚至影响国家的命运，商朝的灭亡就和纣王喜欢"北里之舞""靡靡之乐"有关，所以周公制定出一套更符合"礼仪"的音乐文化，通过音乐让人们理解礼仪，礼教和乐教互为表里，从而维护封建宗法制度。对乐教的重视也促进了乐器的发展，青铜编钟作为国之礼乐重器在周朝盛行一时。其后各朝代虽想恢复周礼古制，如制造雅乐用的钟、镈等，但均不能与先秦时代青铜编钟同日而语。如清代制作的编钟没有一套是合律的。②

---

① 《礼记·曲礼》："取妻不取同姓，故买妾不知其姓则卜之。"
② 蒋定穗：《中国古代编钟论纲》，《中国音乐》1995年第1期。

周公创制礼乐为中国礼乐文化之始，孔子及儒家学说的核心正是源于周公创立的德政思想和礼乐制度。孔子一生四处奔波，强调"克己复礼"，他梦想恢复周公的礼乐之治。周公是孔子念念不忘的梦中人，孔子在晚年还常常哀叹："甚矣吾衰也，久矣吾不复梦见周公。"孔子传承周公礼仪，唐代以前，儒家学说被称为"周孔之道"，周公也被后世尊为"儒学元圣"。

四、西周盛世

周公共摄政七年，待周成王成人之后，便将政权交还。但是在周公摄政期间，关于他密谋篡位的流言不断，连成王也有所怀疑。成王亲政后，周公连遭弹劾，被迫逃亡到湖北江汉之滨的楚地。后来，成王得知周公曾在自己病重时写册文祷告上天愿以身代死，大为感动，便亲自迎回周公。由于周公避祸于楚期间，楚人敬之如上宾，周公回朝后向成王诉说此事，成王又想起楚人的先祖鬻熊曾经担任周文王的火师，于是便将鬻熊曾孙熊绎封为诸侯五等爵中的第四等"子爵"，即楚人的国君，楚国就此建国。

周公过世后，成王将周公葬于文王之旁，表示不敢以周公为臣。此后，成王继续推行周公"明德慎罚"的政策，使百姓和睦、天下太平。约公元前1021年，周成王崩，其子周康王即位，在他统治期间，对内以礼乐治国、实施惠民政策；对外以武御敌，消除四境边患，其中规模最大的对西北鬼方之战，共斩杀鬼方4800多人，俘虏1.3万多人，缴获大量车马牛羊等战利品，西北边境得以安宁。通过周成王和周康王两代贤君的治理，西周的国库丰裕，百姓富足，四方蛮夷纷纷前来朝贡，《史记·周本纪》称"故成康之际，天下安宁，刑错四十余年不用"，被后世誉为"成康之治"。

周康王统治时期，楚、鲁、卫、晋、齐五国国君一起辅佐周康王，结果齐、晋、鲁、卫四国都得到了周康王赐予的钟、鼎、车、旗等宝器，唯独漏了楚国，这事让楚国大为不满，所以楚国后来就不再按时向周王室进贡楚国的特产桃木弓和茅草。约公元前996年，周康王崩，周昭王即位，他先后三次南征不听命的楚国，结果每次都无功而返，在最后一次战役中，周昭王更是落水溺死，连尸体都没找回来。

周康王

周昭王死后，其子周穆王继位，他不再征伐南方的楚国，转而去攻打西北的犬戎，犬戎当时属于周王室的"荒服"，常向周王室进贡方物特产。但在周穆王十二年，犬戎没有按时进贡，周穆王以此为由，不顾大臣的劝阻，执意西征，结果大军出动却只获得四只白狼和四只白鹿回来。穆王西征，破坏了周王朝和周边荒服外族的关系，从此以后，荒服地区就不再来朝见周王了。边夷不朝，让周穆王觉得脸上无光，他随即发动第二次犬戎战争，这次征讨大获全胜，共俘虏了犬戎五王。

周穆王西征犬戎打通了中原前往西域的道路，大大加强了中原和西域的联系。被认为可能成书于战国时期的《穆天子传》记载了周穆王在位时的游历之事，虽然主要是传说故事，却也是反映先秦时期中原和西域交流的重要资料。据《穆天子传》记载，周穆王西征犬戎之后，一个名叫造父的善于御马者向周穆王献上赤骥、盗骊、白义、逾轮、山子、渠黄、骅骝和绿耳八匹骏马。周穆王得到八骏后，遂以造父为御驾，经常出外游玩。周穆王十四年，从西域来了一个魔术师（时称"化人"）觐见，能入水火，贯金石，变化多端，穆王为其所惑，便仍造父为御

汉代壁画中的西王母

其外貌据《山海经》记载为："其状如人，豹尾虎齿，善啸，蓬发戴胜。"

者，驾驶八骏西游，途经流沙黑水，最后到达了传说中昆仑山瑶池圣境的西王母之国。

周穆王在瑶池受到西王母的热情款待，早已忘却归朝之事。君主久不在位，国内朝纲松懈，东夷中最为强大的徐国（今江苏宿迁东南）的国君徐偃王见周穆王在西域乐不思归，便乘机率九夷之兵进攻周朝都城，一路势不可挡。周穆王得知后，乘坐八骏急驰归国，并联合楚国包抄徐国后路，徐偃王未料周穆王归国神速，徐军更传闻周穆王乘八龙驾云而归，顿时军心溃散，在周与楚的夹击下大败而逃，徐国的部族被驱逐到彭城（今江苏徐州）武原山下，从此一蹶不振。在这次危机中，由于造父驾驭八骏，日驰千里，让周穆王能及时归国，挽救了局面，周穆王特赐造父以赵城为邑（今山西洪洞县赵城镇），造父的后代以邑为氏称赵氏，成为天下赵姓的始祖。几十年后，造父的侄孙非子又因功封于犬丘，成为后来秦国国君的始祖。

打败东南部的徐国后，穆王继续东征南讨，征服许多方国部落，并仿照大禹在涂山（今安徽怀远东南）大会诸侯，确立了周朝对江淮地区的统治地位。涂山大会之后，周穆王继西游后又开始了东游，这次同样乐而忘返。作为中国历史上第一个以巡游著称的帝王，《列子·周穆王》

称其：“不恤国事，不乐臣妾，肆意远游。"周穆王的云游活动对加强周边地区的交流和开发有积极意义，但是作为君主，长期在外同样也使周朝内部朝纲混乱。周穆王时期，西周内部已出现礼乐崩坏的情形，社会呈现动荡的局面。周穆王认为单单靠礼乐来治国已经不够了，还需要靠刑罚来惩戒，他任命吕侯（亦作甫侯）为掌管刑狱的司寇，作《吕刑》，制定墨（在额头上刻字涂墨）、劓（割鼻子）、膑（断足或砍去犯人膝盖骨）、宫（阉割）、大辟（死刑）五种刑罚。《吕刑》作为已知我国最早的刑书，其原本今已失传，仅部分内容在《尚书·吕刑》篇中保存下来。

经历成康之治和周穆盛世，周王朝直接控制的领土达到空前规模，与此同时，周王室以封建宗法为纽带，通过对各诸侯的充分授权，其封国领土也不断对外扩张。此时的周王朝无论是疆域，还是人口，都超过之前的夏朝与商朝以及同时期世界上的任何国家，这是周王朝的鼎盛时代，在全世界范围内都堪称盛世。

五、锟铻之剑

《列子·汤问》记载："周穆王大征西戎，西戎献锟铻之剑，火浣之布。其剑长尺有咫，练钢赤刃，用之切玉如切泥焉。"锟铻之剑是用琨珸石①炼成之剑，《河图》即称："流州多积石，名琨珸石，炼之成铁，以作剑，光明昭如水精。"很明显，这里的琨珸石是铁矿，而"练钢赤刃"的锟铻之剑则是中国传说中最早的钢铁兵器。虽然这则记载仅是传说，不过从目前的考古发现上看，中原地区出现人工冶炼铁器的时间确实晚于西戎人所在的西北地区，而中国西北地区出现人工冶炼铁器的时间又晚于西亚地区。

人类早期冶炼出的铁都是质地柔软、不如青铜实用的"熟铁"，约

---

① 中国传说中的锟铻山被认为是中原内的一座盛产铜矿之山，而琨珸石则被认为是来自西海流州的铁矿。

公元前 14 世纪，小亚细亚的赫梯铁匠发展出"熟铁渗碳炼钢"技术，从而打造出比青铜武器更坚韧的钢铁武器。铁是地壳中含量仅次于铝的金属元素，比铜元素的含量高 600 倍，然而由于赫梯王国将锻铁技术视为只有少数工匠才能掌握的国家顶级机密，严禁冶铁术外传，铁器一直无法普及。铁器被当作赠予国外王室的珍贵礼品，在其他国家贵如黄金，如迦南从赫梯进口铁的价格竟是黄铜的 60 倍。

从公元前 13 世纪下半叶到公元前 12 世纪上半叶，席卷东地中海沿岸的海上民族入侵活动使东起小亚细亚和巴勒斯坦、西达克里特岛、南抵埃及、北至希腊半岛的许多古代文化中心迅速衰落甚至灭亡。赫梯王国也在这次海上民族入侵浪潮中土崩瓦解，赫梯王国崩溃后，赫梯的铁匠流散四方，"熟铁渗碳炼钢"技术也因此传播到周边各地。

西戎人所在的中国西北地区，在地理上最靠近西亚的赫梯，因此也是中国最早出现人工冶炼铁器的区域，其出土的代表性铁器有新疆焉不拉克古墓等地发现的约公元前 1000 年以熟铁为原料制作的铁刀等人工铁制品，而目前中原地区所见最早的冶炼铁①实物是河南三门峡虢国墓地出土的约公元前 800 年的玉柄铁剑等铁刃兵器，一些学者认为"西戎向周穆王献锟铻之剑"的传说可能与钢铁兵器由西北传入中原的历史背景有关。

第二节　黑铁时代的到来与腓尼基文明的兴起

> 我们所知道的只是他们（迈锡尼人）的文明毁灭了，在它告终的时候，铁就代替了青铜；并且有一个时期海上霸权转到腓尼基人的手里。
>
> ——［英］伯特兰·罗素《西方哲学史》

---

① 1972 年，在河北藁城台新村商代遗址中，曾出土一件铁刃铜钺，但这把商代器物的铁质部分是用陨铁制成，而非人工冶炼的铁。

一、古希腊黑铁时代

入侵赫梯帝国的海上民族被认为是继赫梯人之后最早掌握铁器冶炼技术的民族之一。北希腊的多利安人对南希腊的阿卡亚人的入侵揭开了海上民族迁移浪潮的序幕，而正是在这场迁移浪潮中，希腊人习得了赫梯人的冶铁技术，从此由青铜时代迈入黑铁时代。

在黑铁时代，希腊半岛青铜制品的种类明显减少，而且更多用于雕像和铸造，铁器制品则得到推广普及。雅典是古希腊黑铁时代最重要的城址，多利安人虽然征服了南希腊伯罗奔尼撒半岛上的阿卡亚人，但是他们没能完全征服中希腊阿提卡半岛以雅典人为首的爱奥尼亚人。传说，在约公元前1068年多利安人进攻雅典的时候，曾经请求神谕，被告知他们一旦伤害到雅典国王科德鲁斯的性命，就将无法得胜。雅典国王科德鲁斯得知此神谕后，便伪装成出城砍柴的樵夫，故意与多利安武士发生冲突，被其所杀。当多利安人得知他们杀死的是雅典国王时，知道获胜无望，便撤兵而去，雅典得以保全。通过牺牲自己拯救雅典的科德鲁斯是雅典王国的最后一位国王，他的死标志着雅典王政时代的结束。在他之后，雅典人民限制了王权，科德鲁斯的儿子墨冬成为古雅典共和国的首任执政官。原本雅典城内的大型王宫则在公元前10世纪毁于天灾，从此再未能修复。

可以说雅典王政时代结束的最重要原因就在于多利安人的入侵，

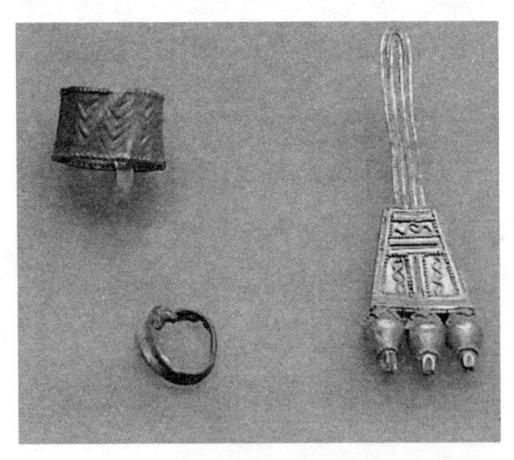

黑铁时代雅典贵族墓葬中的黄金饰品

导致整个希腊经济社会的崩溃，受经济下滑影响的雅典再也无力维持迈锡尼时代奢侈的宫殿王权文化。不过雅典虽然没有了王权，但是生活奢华的贵族阶层依然存在，在雅典贵族墓葬的一座妇女墓中发现的随葬珍贵金银装饰品和陶器数量就达 80 件以上。而且在黑铁时代，除雅典共和国等少数城邦外，大多数希腊城邦仍普遍实行王权统治，但他们的王（巴西琉斯）只是世袭制度的酋长，而并非像迈锡尼文明时代的国王是一个凌驾于众人之上、具有绝对权威的统治者。黑铁时代希腊各部族的国王和贵族虽然也占有大量的土地和财富，拥有众多的家奴，但是其家属也常常要参与生产劳动，并没有完全脱离劳动阶层。

作为多利安人入侵下仅存的硕果，雅典保留了较多迈锡尼文明时期的成果，包括用于防御的共 9 座城门的巨石城墙，这座城墙直到公元前 480 年波斯入侵时还存在。同时雅典也是当时希腊的制陶中心，在黑铁时代，原本迈锡尼文明陶器上绚丽多彩的形象图案消失了，取而代之的是简单几何风格的陶器，因此黑铁时期的陶器又被称为几何陶。雅典生产的几何陶器以杂有鸟、马等动物图像的几何纹饰而出名，后来又发展出格式化的人物形象描述故事场景，其中最具代表性的就是雅典的狄甫隆陶瓶（因在雅典古城遗址狄甫隆门出土而得名），这种巨型陶瓶与人同高，陶瓶的装饰图案大部分是几何图形，其造型和质量在当时世界都堪称上乘。

希腊黑铁时代的几何陶

在冶铁技术传入雅典后，雅典迅速发展成为全希腊的冶铁中心，在这一时期雅典的古遗址铁匠作坊中发现了铁制的斧、钻、锯、锄等工具和刀、剑、矛等武

黑铁时代的雅典遗址中出土的铁制的武器与工具

器,还有铁制的门闩、马衔和别针等。

希腊人的铁制武器不仅仅传承了赫梯人的"熟铁渗碳炼钢"技术,还懂得运用淬火工艺。所谓淬火,是指将铁器加热到一定温度并保持一段时间,随即浸入淬冷介质(如凉水)中快速冷却,从而大大提高铁器的硬度。创作于希腊黑铁时代的荷马史诗《奥德赛》就记述了淬火处理的过程:"铁匠将灼热的斧浸入冷水,就狂暴地嘶嘶作响。"但经过淬火的钢会变脆,容易断裂,所以后来又出现了经过回火处理的铁制品。所谓回火,是将淬火后的钢再加热到不太高的温度保持一定时间,然后再缓慢冷却回温,以提高其延韧性的热处理工艺,通常是钢件热处理的最后一道工序。

经过淬火和回火联合热处理工艺后的钢铁各方面性能都已远非青铜可比,虽然早期直接"锻打成钢"及经过联合热处理的铁器只有极少数,大部分的铁器都只是经过简单"锻打渗碳"处理的锻铁,但其硬度也已经大大提高,而且铁矿资源与青铜的主要原料铜和锡相比,不但数量要多得多,分布也更为广泛,更便于开采利用。所以用于生产活动的铁制工具首先因为价格上的优势普及开来。随着锻铁技术、热处理技术的改进，铁器时代替代青铜时代已不可阻挡。

二、腓尼基文明

多利安人征服迈锡尼文明虽然促进了希腊人从青铜时代迈进黑铁时代，但也对青铜时代的希腊文明造成了毁灭性的破坏，迈锡尼文明时期希腊人发达的海上贸易几乎全部中断，海上民族迁移的浪潮接踵而至。不过海上民族对东地中海沿岸的迁移与入侵也给当地的居民带来了先进的航海技术，在海上民族迁移浪潮结束后，东地中海沿岸的腓尼基人崛起，成为海上贸易的主人。

腓尼基意为"紫红之国"，这个名称源于迦南沿海地区的居民从海边常见的海螺贝壳中提炼出的一种紫红色染料，这种染料因主要产自腓尼基的推罗城（又称提尔、苏尔）而被称为推罗紫。推罗的居民用这种染料为纺织品染上鲜艳亮丽的红色和紫色，这种紫红色的织物很快成为周边国家的热门商品，被定为王室贵族和祭司礼仪的专属服饰布料。在海上民族迁徙的浪潮平息以后，地中海各地的商贸活动开始恢复，推罗因贩卖这种染色布匹和紫红染料而迅速发展成为地中海第一大港口城市。

推罗周边地区的沿海城邦也纷纷效仿推罗，从海洋生物中提取染色剂，在以黎巴嫩为中心的东地中海沿岸兴起了

紫红染色纺织品及其对应的海螺贝壳

许多商港城邦，如西顿、比布鲁斯、阿什杜德、阿什凯隆和贝鲁特等，这些城邦都以一个港埠作为经济与行政中心，城邦首领称国王，但是权力受到由工商业贵族寡头组成的长老会的限制。其中最强大的两个城邦就是位于黎巴嫩的推罗和西顿（今黎巴嫩的赛达），推罗与西顿两城相距100千米，推罗在南，西顿在北，都以染色织品、玻璃制品和象牙雕刻等手工产品闻名。而西顿的历史要早于推罗，被誉为"腓尼基城邦之母"，推罗城就被认为是由来自西顿的殖民者所建立，不过这一时期作为最正宗"推罗紫"原产地的推罗实力已凌驾于周边所有城邦之上。后来的希腊人就将这片出产紫红染料的沿海狭长地带称作腓尼基，当地的居民也因此被称为腓尼基人①。

腓尼基人给人类文明做出的最大贡献，就是他们创立的腓尼基字母。使用象形文字的古埃及人发明了最早的象形文字音符来表示纯粹的发音概念，西亚的闪米特人学习古埃及的象形文字音符来书写他们的发音，从而创造出半象形半字母的原始西奈字母。在海上民族入侵浪潮之前，在地中海沿岸，有着由原始西奈字母演化而来的北部叙利亚乌加里特城的乌加里特字母和南部迦南地区的迦南字母两套字母文字系统。

乌加里特字母是由乌加里特的商人在原始西奈字母的基础上利用两河流域楔形文字的外观组合出的30个闪米特辅音音素的字母文字系统，书写在泥版上。当时的乌加里特城是东地中海沿岸的第一大港口城市，与埃及、巴比伦、赫梯、塞浦路斯、爱琴海诸岛等有频繁的贸易往来，乌加里特字母也是当时最通行的字母文字。在乌加里特古城遗址发现了数以千计的用楔形符号书写的字母文字泥版，其中一份约公元前14世纪的泥版书是迄今为止发现的最古老的有字母文字表的《识字读本》。

---

① 从基因检测上看，今日的黎巴嫩人是腓尼基人最直系的后裔，许多黎巴嫩的基督徒也以腓尼基人的后裔自称，只不过他们的语言已被阿拉伯语同化。

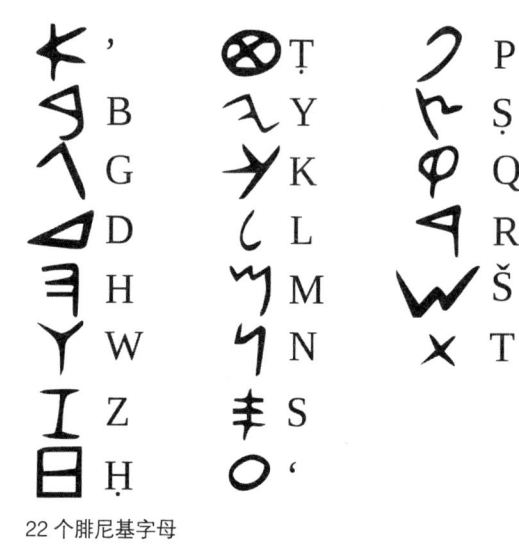

₭ '	B	⊗ Ṭ	⟩ P
⊀	G	⇟ Y	⌐ Ṣ
⊲	D	⌐ K	φ Q
∃	H	⌐ L	⊲ R
Y	W	⇕ M	W Š
⊥	Z	⇟ N	× T
⊟	Ḥ	ᴕ S	
		○ '	

22 个腓尼基字母

海上民族入侵导致北部的乌加里特城被夷为平地，该城的字母也因此被弃用，而南部的迦南字母则在海上民族入侵浪潮中幸存下来。

迦南字母也是刻在泥版上的楔形字母，腓尼基字母就是由迦南字母演化而来的，迦南字母在约公元前 1050 年仍在沿用，其后被腓尼基字母取代。腓尼基城市比布鲁斯是腓尼基字母的起源地，位于今黎巴嫩中部的沿海商埠比布鲁斯是埃及最主要的木材进口港口，也是古埃及莎草纸出口到希腊的中转站，在希腊语中，比布鲁斯有着"书本"的意思。

比布鲁斯人拥有更好的书写载体莎草纸，于是他们将刻在泥板上的迦南楔形字母进行简化改良，以适应在莎草纸上的书写，进而引发字母文字革命。在比布鲁斯发现了迄今为止已经解读的最古老的字母，这是公元前 11 世纪刻在比布鲁斯国王阿希兰石椁上、由 22 个辅音字母组成的字母文字。只有 22 个符号的比布鲁斯字母文字要比有成百上千个符号的象形文字容易得多，同时，由字母组合成的拼音文字，其文字的读音更容易学习。字母文字牺牲了象形文字的艺术外形，换取了更快的学习和书写效率，降低了学习的成本和难度，让先前只有祭司和贵族才能掌握的文字体系普及平民百姓。比布鲁斯字母很快成为腓尼基人的通用字母，腓尼基字母又随着腓尼基人的商贸活动传遍各地，成为今日几乎所有字母文字的共同始祖，如腓尼基人的近邻以色列人就通过学习腓尼基字母创造出属于自己的古希伯来字母①。

第三节 以色列王国

> 已有的事，后必再有；已行的事，后必再行；日光之下，并无新事。
>
> ——《圣经·旧约·传道书》[以色列] 所罗门王《传道书》

一、大卫王

腓尼基人是生活在迦南东北部沿海地区的居民，而迦南也正是以色列人要回归的"应许之地"。古代的迦南包括巴勒斯坦与北部的黎巴嫩和叙利亚西南部等地区，腓尼基人主要生活在巴勒斯坦北部的黎巴嫩和叙利亚沿海一带，而从埃及逃离的以色列人则生活在与埃及接壤的巴勒斯坦地区。

"巴勒斯坦"这一地名源于海上民族中的一支——腓力斯丁人，在海上民族入侵浪潮中，腓力斯丁人成功占领了迦南沿岸从加沙到雅法之间的土地，古希腊人把他们占领的地方叫作"巴勒斯坦"，意即"腓力斯丁人的土地"。

以色列著名政治家、外交家阿巴·埃班在《犹太史》一书中提到，腓力斯丁人是爱琴海上的一个民族，入侵的北方部落把他们从家乡克里特岛和小亚细亚的沿海地区赶了出来，腓力斯丁人最初想在埃及找到立足之地，但没有成功，然后他们才进入巴勒斯坦的。

与希腊人一样，腓力斯丁人也在海上民族迁移浪潮中学会了赫梯人的冶铁技术，在巴勒斯坦开展的考古活动中发现了许多约公元前1180

---

① 古希伯来字母被用来书写早期希伯来语，与腓尼基字母十分相似，现代希伯来语字母则是在阿拉米字母的基础上发展起来的，而阿拉米字母也源于腓尼基字母。

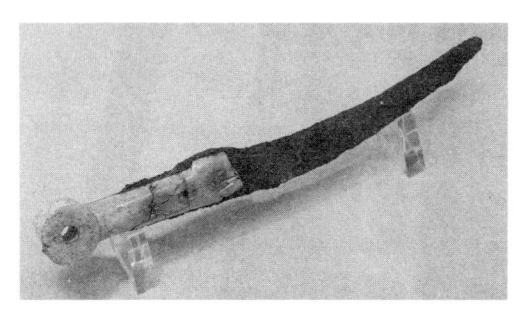

腓力斯丁人的象牙柄铁匕首

年的冶铁炉子和铁制工具，在腓力斯丁人的墓葬中，还出土了各式各样的铁制武器。以色列人要想在巴勒斯坦立足，就必须战胜已经进入铁器时代的腓力斯丁人。

此时的以色列仍处在部落联盟的士师时代，"士师"是以色列人政教合一的领袖。在士师的带领下以色列十二个部族为了生存的领土和腓力斯丁人展开长期激烈的战斗，但是一盘散沙的以色列部族敌不过拥有精良铁制装备的腓力斯丁人。屡战屡败的以色列人为鼓舞士气，把他们最重要的圣物——用来放上帝与以色列人所订契约的约柜——抬到战场上，结果依然遭遇惨败，以色列士师以利的两个儿子何弗尼和非尼哈命丧沙场，约柜也被腓力斯丁人抢走。年老体衰的以利在得知约柜被抢后，当即跌倒在地，颈骨折断而死。

以利死后，先知撒母耳受命于危难之际，继承了士师的职位，在他统治时期，以色列人成功拿回被掳的约柜。撒母耳年老后，立他的两个儿子为士师，但他的儿子们却利用职权贪财受贿，以色列的长老便向自己的士师撒母耳请求："你年纪老迈了，你的儿子不行你的道，现在求你为我们立一个王治理我们，像列国一样。"撒母耳起初不同意，他声称国王会压迫民众，但是在众人的压力下，只好以上帝的名义选中高大英勇的扫罗为以色列人的第一个国王，撒母耳也因此成了以色列最后一位士师，以色列从此由士师时代进入王国时代。扫罗不负众望，临危受命的他统领全族人投入到对抗腓力斯丁人的斗争中，并取得了多次胜利，为自己赢得了极高的威望。

扫罗的成功使王权政治在以色列各部落中得到承认，同时也标志着

腓力斯丁人击败以色列人

以色列王权和神权斗争的开始，先知撒母耳选定扫罗为国王之后，扫罗的地位凌驾于他之上，并逐渐不再把他放在眼里。在一次紧急的祭祀上，由于撒母耳没有及时到场，扫罗没有等撒母耳到来，便自己主持了献祭仪式。撒母耳到来后大为不满，他声称扫罗王违背了上帝的旨意，如今已遭到上帝的遗弃，上帝已另寻一个合他心意的人立他作百姓的君。随后，撒母耳与扫罗决裂，转向民间，找到一位名叫大卫的少年，以神的名义膏立他为以色列未来的国王。

大卫是以色列人的战斗英雄，在以色列人和腓力斯丁人的一场重要战争中，腓力斯丁人的第一勇士歌利亚出阵要和以色列人单挑，歌利亚

大卫斩杀巨人歌利亚

身材极为高大魁梧,以色列人见了无不胆寒。在关键时刻,大卫挺身而出,在决斗中用投石索击杀了歌利亚,砍下他的头颅。失去勇士的腓力斯丁人在随后的战斗中溃不成军,大卫在战斗中的英勇表现使他成为以色列民众崇拜的英雄,其名声甚至超过了国王扫罗,当时流传"扫罗杀敌千千,大卫杀敌万万"的说法。扫罗王因大卫的才能和威望盖过了他,心中忌恨,于是派人多次谋杀大卫,大卫只好外出逃难。扫罗王对大卫穷追不舍,最后大卫不得不逃到以色列人的敌人腓力斯丁人那里寻求庇护。失去勇士大卫的以色列军队在随后的基利波山决战中被腓力斯丁人击败,扫罗和他的三个儿子全都战死疆场,腓力斯丁人割下扫罗的首级,剥光他的衣服,将他的裸尸挂于城头上示众。

扫罗战死后,以色列顿时乱成一团,扫罗的元帅押尼珥拥立扫罗之子伊施波设为王,但是伊施波设无德无能,不得人心,无法稳定以色列

大卫王在祷告中

混乱分裂的局面。大卫得知后,便从腓力斯丁人那里回归以色列,作为战斗英雄和神选的国王,大卫很快被不服新王伊施波设的以色列南方两支派拥立为国王,以色列出现南北两王并立的局面。没过几年,不得人心的伊施波设就被部下刺杀,大卫成为以色列唯一的国王,他也就是扑克牌黑桃K上的人物。

大卫王在其统治时期带领以色列人彻底打败了腓力斯丁人,腓力斯丁人被赶到南方沿海的狭窄地带,向大卫王称臣纳贡。大卫王还攻占迦南人的城市耶布斯,将其作为以色列的首都,并改名耶路撒冷①,又称为大卫城。随后他以耶路撒冷为中心,征服了周围许多部落,将以色列领土扩张到约旦河东岸地区,奠定了以色列王国的疆域。

大卫王和扫罗王不同,他被称为最"为正义、最让上帝满意的国

---

① 耶路撒冷的"耶路"意为"城市","撒冷"意为"和平",合起来就是"和平之城"。

王",他在位期间进一步强化以色列人对上帝的信仰,《圣经·旧约》中就留有多篇他赞美上帝的诗作,他见供奉神的约柜只是存放在幔子里,便决定建一座存放约柜的豪华圣殿。大卫在其统治末年竭尽全力为建设神殿筹备了数不胜数的金、银、铜、铁、木、石等材料,并鼓励全以色列人民积极捐赠,大卫王想打造的圣殿最后在他的儿子所罗门(阿拉伯发音为苏莱曼大帝)统治时期完成。

二、所罗门王

所罗门王时期(约公元前960—前930年)是以色列历史上最强盛的黄金时代,所罗门进一步强化君主专制,将全国划分为12个省级行政区域,建立了严格的税收和劳役制度。相传他还组建了一支拥有1400辆战车及12 000名骑兵的强大军队,屯驻在耶路撒冷和其他的城邑,但与他尚武的父亲相比,所罗门王更像是一位倡导和平的建设者,他在位时期没有发动过特大战役,但他却成功地将以色列从一个宗族制的落后穷国发展成为一个经济繁荣、文化昌盛的发达国家。

当时东地中海沿岸最富裕的地区当属腓尼基,以色列人打败腓力斯丁人称霸巴勒斯坦后,其北面领土与腓尼基诸国接壤。所罗门在位期间,腓尼基的推罗王国在国王希拉姆一世(约公元前969—前936年在位)的统治下也十分强盛,地中海沿岸及诸岛遍布推罗的殖民地。所罗门看到海上贸易带来的巨大财富,他通过和推罗王希拉姆一世建立联盟,得到其帮助,组建远航船队,所罗门没有和盟友腓尼基人争夺北方地中海的霸权,而是发展腓尼基人陆地上无法涉及的南方红海一带的贸易。他派军队占领了红海沿岸,打通了到红海、印度洋的出海口,充当腓尼基人和南方红海、印度洋的贸易中介。以色列的商人由红海出发,从东非沿岸和阿拉伯半岛南部换回大量象牙、香料、珍贵木材、珍禽异兽和金银珠宝等特产,其远洋舰队甚至一度驶出红海,抵达非洲南部,运来货物。

在所罗门的统治下，以色列成为西亚地区富裕的强国，所罗门倾全国之力来建设都城耶路撒冷，他为耶路撒冷建设了许多重要建筑设施，包括巍峨雄伟的城墙和堡垒，发达的供水设施，其中最重要的是在耶路撒冷锡安山上为上帝耶和华建立的圣殿。

建于锡安山顶的所罗门圣殿是城中最重要的建筑，史称"第一圣殿"，圣殿是以色列人存放圣物约柜和"西奈法典"的地方，也是以色列人举行献祭等神圣典礼的场所。刚刚从部落走向城市文明的以色列人还不会建大型神庙，于是所罗门王用重金和腓尼基推罗王希拉姆一世交易，让他提供建设圣殿所用的香柏、雪杉等最上等的木材和最优秀的腓尼基建筑师，以及神庙里所需的各种精致的金银、象牙、玻璃等工艺品。然后所罗门强制3万以色列人服劳役，从国内和周边各国雇佣各种能工巧匠达153 600人，其中从事监理工作的就有3600人，共用了7年时间建造完成圣殿。

圣殿外观气势庄严雄伟，其长度超过200米，宽度超过100米，高13.5米，圣殿内部通体以雪杉嵌板和黄金宝石装饰，圣殿内殿墙面和地面都用精金包裹，用金链子作挂链，殿后圣堂则用纯金铺面；大门和所

所罗门圣殿的模型图

有的廊柱、天花板、门窗全部镶金；灯具、祭器和供奉"摩西十诫"的约柜也全部用纯金制造，圣殿外面的院子里还有 100 个种满莲花的金边水池。在圣殿宝库中还存放着所罗门积聚的数不尽的金银财宝，被称为"所罗门的宝藏"，可谓奢华至极。

所罗门王在耶路撒冷兴建了圣殿后，又用了 13 年的时间建造诸多宫殿，其中最著名的黎巴嫩林宫用来自黎巴嫩山的雪松木盖建，单是宫中用雪松建造的大厅就长达 44 米，宽 22 米，高 13.5 米，大厅上放有腓尼基人为所罗门王精心打造的用精金包裹的象牙御座。黎巴嫩林宫内还收藏着许多贵重的装备和器皿，其中包括 200 面用约 7 千克金子打造而成的大盾牌，以及 300 面用约 3 千克金子打造而成的小盾牌，宫里的一切器皿也都用精金制成。

所罗门王的审判

在以色列人看来，所罗门不仅拥有无数的财富和无上的权力，他也是世界上最智慧的君王。《圣经》中记载了一则所罗门判决的故事。有两位新生儿母亲争抢一个婴儿，请所罗门明断，所罗门说："那就用剑把孩子劈开，一人一半。"这时一位母亲突然大哭起来，说她宁愿不要孩子，也不能让孩子受到伤害，而另一位母亲却愿意看着孩子死于非命，所罗门王当即将孩子判给那位愿意放弃孩子的母亲。

所罗门的财富和智慧引起了南方红海尽头示巴女王（埃塞俄比亚称作马克达女王）的注意。示巴王国（约公元前12世纪—前115年）位于红海出口、亚非两大洲分界线曼德海峡的两岸，也就是今日亚洲阿拉伯半岛西南部的也门与东非的埃塞俄比亚、厄立特里亚、吉布提一带，是一个地跨亚、非大陆，横跨红海的大国。其都城位于阿拉伯半岛也门的马里卜，当时的历史学家曾形容马里卜是一个用宝石、象牙和黄金装点起来的城市，这里至今仍留存了日神庙、月神庙、大水坝等古建筑遗迹。

示巴王国盛产香料、宝石和黄金，又地处沟通亚洲和非洲、红海和印度洋的曼德海峡，十分有利于商业贸易。示巴商人很早就懂得利用红海和印度洋的季风进行远洋航行，在每年2月到8月海风吹向印度洋时，他们便出红海前往印度洋沿岸开展贸易，到8月以后又趁海风回吹时由红海而上同以色列、埃及、努比亚等国进行贸易。

精通商业贸易的腓尼基人为记录商业文件发明了腓尼基字母，而同样以贸易立国的示巴王国则是南阿拉伯字母的发源地，南阿拉伯字母又称为古也门字母，是世界上仅有的几个不是从腓尼基字母分化出的字母文字之一，它和腓尼基字母的前身迦南字母一样源于原始的西奈字母，从辈分上看还是腓尼基字母的长辈。南阿拉伯字母后来又演化出吉兹字母，直到今天吉兹字母依然被用于书写阿姆哈拉语、吉兹语等9种在埃塞俄比亚通用的闪米特语言，其中的阿姆哈拉语更是埃塞俄比亚的官方语言，埃塞俄比亚也是非洲唯一拥有自己字母表而不用阿拉伯字母或拉

示巴女王访问所罗门王

丁字母的国家，因此吉兹字母也被称作埃塞俄比亚语字母。

示巴女王因久闻所罗门的智慧渊博，便特意到耶路撒冷会见所罗门王，她带着大量的黄金、宝石、香料、紫檀木，不远万里来到所罗门王的宫殿。《旧约·列王纪上》说，示巴女王为验证所罗门是否像传说中那样智慧，便用"难解的谜语"试问所罗门，当所罗门王回答了她"所有渴求的，任何她所提出的问题"，示巴女王被他的智慧所折服，将所带的贵重礼品都献于他，作为回报，所罗门王也将女王所想要的一切都送给她。在犹太人的传奇故事中，示巴女王常被比作诱人堕落的淫妇，但根据埃塞俄比亚的古老传说，是所罗门王先爱上了示巴女王，但是却被女王拒绝，最后所罗门用计谋成功迫使示巴女王为他侍寝，从而使女王怀上他的骨肉，在回国时，示巴女王生下一个男孩，取名埃布纳·哈基姆，意为"智慧之子"。

埃布纳·哈基姆长大后继承王位，称曼尼里克一世。曼尼里克一世登基后前往耶路撒冷拜见父王所罗门。所罗门王大喜,送给他圣物约柜的复制品,并派以色列的 20 个贵族少年护送他回国。埃塞俄比亚人称曼尼里克一世临走前用复制的约柜偷偷调换了真正的约柜,将其带回埃塞俄比亚,至今仍存放在埃塞俄比亚阿克苏姆的法版会堂中,不过这一说法被以色列人否认。

护送曼尼里克一世回国的 20 个以色列少年被认为可能是今日埃塞俄比亚法拉沙人的祖先。"法拉沙"在当地语中是"外来户"之意,但法拉沙人则自称他们是所罗门王之子示巴国王曼尼里克一世的后裔,他们信仰原始的犹太教义,又被称为"埃塞俄比亚的犹太人""所罗门王的黑皮肤子孙"。1984 年和 1991 年,以色列政府曾先后通过"摩西行

约柜过约旦河

动"和"所罗门行动"将许多法拉沙人接回以色列，他们就是今日以色列常见到的黑皮肤犹太人。

示巴女王的故事只是所罗门王诸多风流事迹中的一件，所罗门王和古埃及拉美西斯大帝一样，都极好奢华，风流成性，喜好通过婚姻手段来加强与邻国关系。相传所罗门王有妃700人、嫔300人，他娶了周边摩押、赫梯、以东、亚扪和腓尼基等诸多邻国的公主为妻，其中还包括一位埃及公主，并得到加沙城作为陪嫁，这是前所未有的事，因为自古以来，埃及王室都是只进不出，只有埃及法老娶别国公主，埃及公主绝不外嫁他邦，就连盛极一时的巴比伦都无法娶到埃及公主，因此，这次联姻清楚地表明了以色列王国的强盛，也反映出埃及国际地位的一落千丈。

第四节　尼罗河与两河文明

> 当我来到堆放木材的海岸边时，我发现有11艘船从海上驶来，他们船上的人对着我大喊："抓住他！不要让一艘埃及船回到埃及去！"听到这些，我当即跌倒在地，大声恸哭。
>
> ——［古埃及］《温阿蒙历险记》

一、古埃及文明的衰败

古埃及新王国第二十王朝自拉美西斯三世后期开始逐渐走向衰败。约公元前1155年，拉美西斯四世继承父位后，为振兴埃及，再次大兴土木，他发起古埃及历史上规模第二大的万人采石远征队，其兴建的位于底比斯卡纳克神庙中的浮雕规模堪比拉美西斯二世时的神庙。他的儿子拉美西斯五世也继续父亲的大规模土木建设，他们和埃及过去的法老一样希望通过工程建设为埃及文明的辉煌添砖加瓦，但是实际上这反而更加重了埃及人民的负担，越来越多的人开始反抗王室的统治。但法老的对策不是开仓济民，而是通过给阿蒙神庙大量钱财让阿蒙祭司用神意来哄骗人民，结果导致埃及王室势力不断衰弱，阿蒙祭司集团的势力却不断增强。

据《哈里斯纸草》《威尔伯纸草》等文书记载，当时各神庙控制了埃及本土160座城市和国外的9座城市，共拥有1 070 419斯塔特[①]的土地，其中单是阿蒙神庙就占有864 168斯塔特的土地。阿蒙祭司长的位置可以父子继承，不受法老干涉，阿蒙神祭司还经常擅权干预国家财政。

拉美西斯五世死后，他的叔父拉美西斯六世篡夺王位，并霸占了他的陵墓，这座陵墓也是在帝王谷中壁画保留最完好的一处墓穴。此时由于埃及王室内部权力斗争严重，加之前几任法老的大肆挥霍，拉美西斯六世已无力继续大兴土木。到他的儿子拉美西斯七世在位期间，埃及出现了严重的通货膨胀，谷类价格比以往攀升了三倍，这和作为埃及经济支柱的金矿被开采殆尽有关，同时也受到当时阿蒙神庙势力扩张的影响，由于当时阿蒙神庙的地产遍布埃及，他们将大量粮食运往阿蒙神崇拜中心底比斯，导致埃及首都比-拉美西斯粮价暴涨。拉美西斯七世除了在帝王谷中留下了一座陵墓外，没再留下任何建筑，而他的继任者拉美西斯八世的陵墓甚至到

遭到盗墓者严重破坏的拉美西斯六世的木乃伊

---

① 斯塔特，古埃及面积单位，通常用来丈量土地，1斯塔特合2375平方米。

现在都未被发现。

到约公元前1129年，拉美西斯九世即位后，埃及的经济形势进一步恶化，粮食价格持续暴涨，只能以定量的方式发放给雇佣工人，百姓的贫困导致帝王谷陵墓不断遭到盗窃。与此同时，阿蒙祭司集团的经济实力越来越强，政府高官的职位也大多被阿蒙祭司垄断，底比斯的"阿蒙祭司长"阿蒙霍特普更是总揽了底比斯的宗教和政治大权。严重的内忧引起外患，埃及西部的利比亚游牧部落开始不断向埃及的底比斯和附近地区渗透，拉美西斯九世的陵墓也因他们的骚扰被迫停工。到拉美西斯十世时，法老已经连定量的粮食也无法发放给修建陵墓的工人，工人们已经沦落到靠抢盗为生，社会治安变得异常混乱。

拉美西斯十世的儿子拉美西斯十一世是古埃及第二十王朝，也是埃及新王国时期的最后一位法老。他在位时期，埃及已经完全丧失了在亚洲叙利亚和巴勒斯坦的霸权。古埃及最著名的游记《温阿蒙历险记》就创作于此时，记述了阿蒙神庙的长老温阿蒙为建造阿蒙神的圣舟，前往腓尼基的比布鲁斯购运木材，途中备受各族欺凌的故事，最后温阿蒙为自己的不幸和埃及帝国声威不再放声大哭。《温阿蒙历险记》反映了此时埃及江河日下、四方叛离的悲惨景象，连阿蒙神庙长老外出也如同丧家之犬一般。

虽然阿蒙神庙长老在国外已无昔日地位，但在埃及国内的"阿蒙祭司长"阿蒙霍特普却已像法老一样行使特权，发号施令，底比斯的卡纳克神庙也成为拉美西斯王宫之外的另一政治中心。拉美西斯十一世有意重振王权，他密令底比斯南部的努比亚（今苏丹北部）总督潘纳西反对底比斯阿蒙祭司。努比亚总督潘纳西早就对阿蒙祭司独揽大权的行为不满，便以"尊王讨逆"的口号进犯底比斯，双方激战的结果是"阿蒙祭司长"阿蒙霍特普兵败倒台，拉美西斯十一世趁机将其免职流放。

结果刚走了一只狼，又迎来一头虎。继任的"阿蒙祭司长"霍里赫

"阿蒙祭司长"阿蒙霍特普（左）和法老拉美西斯九世（右）

尔无论是野心还是能力都远超过前任，他不仅控制了底比斯，还控制了努比亚，成为努比亚的总督和将军。有了努比亚军队作后盾，霍里赫尔直接自称法老，并另创了一套纪年系统。但是他只控制了南方的上埃及地区，北方的下埃及三角洲地区名义上依然掌握在埃及王室手中，实际上却被当地贵族长官斯门德斯控制，拉美西斯十一世政令不出宫殿，连陵墓也中止施工。

约公元前1077年，拉美西斯十一世病逝，控制北方下埃及三角洲的贵族长官斯门德斯通过与王室成员坦塔蒙结婚，取得王位合法继承权，他以下埃及的塔尼斯为都，建立了埃及第二十一王朝（约公元前1077—前945年）。而南方底比斯的"阿蒙祭司长"霍里赫尔虽名义上仍尊埃及第二十一王朝斯门德斯为法老，实际上却独立掌控南方上埃及地区，此时埃及帝国实际上已被斯门德斯与霍里赫尔两大家族南北瓜分。维持将近500年辉煌的新王国时代结束了，埃及进入长达400多年分裂混乱、异族入侵的第三中间期，曾经拥有的世界超级大国的地位也一去不复返了，甚至不得不用和亲政策来讨好昔日的奴仆以色列人。

二、巴比伦第四王朝

在以色列兴起、埃及没落的同时，中东文明的另一个中心巴比伦也开始步入一段动荡不安的剧变时代。巴比伦第三王朝在国王阿达德·舒马·乌苏尔在位期间，曾多次击败亚述，重新恢复了巴比伦的西亚霸主地位，阿达德·舒马·乌苏尔也成为巴比伦人崇拜的英雄，古巴比伦文学中就有以他为主人公的史诗歌颂其英雄事迹。然而巴比伦第三王朝的短暂复兴不过是其灭亡前的回光返照罢了。约公元前1187年，伟大的巴比伦国王阿达德·舒马·乌苏尔去世，两年后，巴比伦的死敌埃兰迎来了他们伟大的国王，巴比伦第三王朝的掘墓人——舒特鲁克·纳洪特（约公元前1185—前1155年在位）。

埃兰中王国时期贴金箔的青铜盔

舒特鲁克·纳洪特是埃兰舒特鲁克王朝的第二位国王，在舒特鲁克王朝之前，埃兰处于安善王朝时期，全国的政治中心在安善城。最迟在舒特鲁克·纳洪特成为埃兰国王后，埃兰进入了苏萨王朝时期，苏萨成了全埃兰的政治、宗教中心。舒特鲁克·纳洪特在位时期，在苏萨大兴土木，将全国各地的石碑集中到苏萨，在此以后，苏萨城基本都是埃兰地区的国都。

野心勃勃的舒特鲁克·纳洪特不满足于只统治埃兰地区，通过精心策划后，他统领埃兰的虎狼之师对巴比伦发动全面战争，成功攻陷巴比伦城，将包括马尔杜克神像和《汉谟拉比法典》石柱在内的许多珍宝掠往埃兰国都苏萨，从此《汉谟拉比法典》石柱再未回到巴比伦，一直到1901年才在苏萨遗址中被考古学家发现。

巴比伦沦陷后，巴比伦第三王朝的末代国王恩利尔·那丁·阿奇也在随后的抵抗战争中兵败被俘，被押送到埃兰，历时达400多年的巴比伦第三王朝就此灭亡，埃兰王国达到历史上的全盛时期。埃兰的国都苏萨也成为当时西亚地区的中心城市，在今苏萨城遗址东南约40千米处至今仍留有专门为供奉守护苏萨城的牛神而建造的乔加·赞比尔古建筑群，这是一座砖砌成的高达52米的金字形神塔及周边附属群，被联合国教科文组织列入《世界遗产名录》，代表了埃兰王国曾经的辉煌。

腐朽的巴比伦第三王朝的灭亡，反而让巴比伦文明再次获得新生，在巴比伦被攻陷后，南部伊辛城的统治者马尔杜克·卡比特·阿海舒打

建于埃兰中王国时期的乔加·赞比尔古建筑群

出"驱逐蛮夷"的旗号开展复国运动，建立了巴比伦第四王朝，因其早先的根据地在伊辛，所以又称伊辛第二王朝。

埃兰人不甘心就此失去到手的肥肉，在约公元前1150年，新王西尔哈克·印舒希纳克继位后，再次大举侵入富饶的两河流域地区，两河流域南北的巴比伦和亚述都难挡其攻势。直到约公元前1124年，巴比伦第四王朝最雄才大略的国王尼布甲尼撒一世即位，巴比伦和埃兰的军力格局才开始逆转。

随着埃兰王西尔哈克·印舒希纳克日渐年老多病，埃兰对巴比伦的攻势开始减弱，而巴比伦的力量却在不断恢复。约公元前1120年，在尼布甲尼撒一世在位的第五年，埃兰王西尔哈克·印舒希纳克去世，埃兰国内因王位继承权问题出现动乱，巴比伦王尼布甲尼撒一世趁火打劫，一举击败埃兰，攻占埃兰首都苏萨，夺回被埃兰掠走的巴比伦主神马杜克的金像，埃兰历史上的中王国时期就此结束。

击败最强对手埃兰之后，尼布甲尼撒一世又将矛头指向巴比伦的老对手——北方的亚述，此时的亚述国王是阿淑尔·雷什伊希一世，他生性奢靡，安于享受，在位时期大兴土木，建造了许多规模庞大的宫殿，但在对外族的侵略上却表现得无能为力。巴比伦王尼布甲尼撒一世成功地从他的手中夺取了亚述的艾卡拉吐姆城，并掠走了亚述的雷神阿达德的雕像，以报亚述曾经从巴比伦掠走神像之仇。

三、中亚述盛世

巴比伦文明的复兴只是昙花一现，约公元前1115年，软弱的亚述国王阿淑尔·雷什伊希一世去世，其精明强干的儿子提格拉特·帕拉沙尔一世继位。他鼓励商业，大肆兴修神庙等公共建筑和灌溉系统，并致力于法制改革，参照古巴比伦的法典撰写了属于亚述人的《亚述法典》。不过《亚述法典》不像巴比伦的《汉谟拉比法典》那样铭刻在石碑上，而是写在泥板上，从上面的条文可知，今日西亚诸多饮食方面的禁忌和对妇女贞节的重视在亚述时期就已形成，如法律规定丈夫有权用鞭笞和肢残等刑罚惩戒不忠的妻子，亚述人的妻女上街必须蒙面，妓女和女奴蒙面则将受到惩罚。

提格拉特·帕拉沙尔一世在结束了亚述内

提格拉特·帕拉沙尔一世时期的雕刻像

部的混乱局面后，便重启亚述对外扩张的步伐。他在位之时，亚述除面临南方巴比伦的威胁外，还面临着北方民族迁移浪潮的侵袭。在赫梯帝国崩溃后，周边的蛮夷民族纷纷迁入亚述北面的小亚细亚半岛，曾经显赫一时的赫梯民族在这次移民浪潮中逐渐被同化消失，在民族迁移造成的多米诺骨牌效应下，不断有来自北方的蛮族侵入亚述本土。

亚述王提格拉特·帕拉沙尔一世认为要杜绝北方蛮夷的侵入，就要御敌于千里之外，以攻为守，解决小亚细亚的混乱局面。提格拉特·帕拉沙尔一世在上任的第一年击退来犯之敌后，就开始多次北征，在此后几年亚述军队一路打到幼发拉底河和底格里斯河的源头，降服了当地23个王和60个部落，迫使他们每年向亚述进贡12 000匹马和2000头牛。约公元前1111年，提格拉特·帕拉沙尔一世攻占小亚细亚东南部的战略和商贸中心——卡帕多西亚，对卡帕多西亚的占领标志着亚述在小亚细亚地区霸权的建立，从而暂时结束了赫梯灭亡之后小亚细亚的混乱无主状态。

亚述的复兴引起了南方的巴比伦王尼布甲尼撒一世的不安，约公元前1110年，在亚述攻占卡帕多西亚的第二年，巴比伦王尼布甲尼撒一世乘亚述北征未归之机入侵亚述领土，结果却被亚述王提格拉特·帕拉沙尔一世回军击败，短暂兴盛的巴比伦第四王朝就此走向衰微。

在安定了亚述南北边界后，提格拉特·帕拉沙尔一世开始西征叙利亚地区。过去叙利亚被埃及和赫梯两大强国南北瓜分，随着埃及和赫梯的衰败，该地区出现政权真空，来自阿拉伯半岛属闪米特语系的游牧民族阿拉米人（《圣经》中译为亚兰人）侵入这一真空地带。

对小亚细亚战争的胜利，让亚述王提格拉特·帕拉沙尔一世对同样出现类似无主状态的叙利亚表现出极大的征服欲，同时他也意识到，如果不加阻止，不断从西方拥来的阿拉米人将成为亚述以后的强大对手。在此后的战役中，他成功征服了从地中海沿岸的阿穆如国到巴比伦的腊皮库的所有阿拉米人的部落。"据其纪年铭文记载，在他的39年的统治中，他曾28次渡过幼发拉底河西征作战，一度到过地中海岸边的腓尼基城市阿尔瓦德（今叙利亚阿尔瓦德岛），并乘船入海。亚述王声名远播，叙利亚和腓尼基各城邦纷纷向他表示臣服，甚至连埃及的法老也向

亚述的象牙雕刻

他送来了礼物。"①

亚述向西扩张一路凯歌，南方的巴比伦早已按捺不住，新任的巴比伦王马尔杜克·那丁·阿海继承父亲尼布甲尼撒一世的遗风，乘着亚述远征，再次抄底亚述后院，攻占亚述都城附近的行都重镇埃卡拉图，掠走了亚述的神像，带领巴比伦的军队进驻到亚述都城以南不到50千米处。

提格拉特·帕拉沙尔一世率领西征的得胜之师火速归国，在决定性的尼尼微战役中再次击败巴比伦。此后亚述与巴比伦在边境展开长达10年的拉锯战，最终亚述军队横扫了巴比伦北部，攻占巴比伦城并焚毁了城内的宫殿。不过长年征战也让亚述军队筋疲力尽，提格拉特·帕拉沙尔一世没能征服巴比伦全境，在抢掠巴比伦城后就撤回本土。亚述和巴比伦的战争严重消耗了两国的实力，亚述被迫放弃了向西扩张的政策，因为亚述从西方撤军，叙利亚的阿拉米部落势力再次复兴，并侵扰亚述和巴比伦王国的领地，两国的势力都呈现收缩状态，尤其是巴比伦，因受国内饥荒的影响，早已无力再战，约公元前1081年，新任的巴比伦王马尔杜克·沙皮克·泽瑞被迫与亚述停战议和。此时，阿拉米人的势力已十分强大，甚至打败了战无不胜的亚述王提格拉特·帕拉沙尔一世，阿拉米人已发展成亚述最大的威胁。

提格拉特·帕拉沙尔一世死后，他的次子阿淑尔·拜勒卡拉（公元前1073—前1056年在位）夺得长兄的王位，这个野心勃勃的新王一心想重振其父的霸业，他重启对南方巴比伦的战争，攻取巴比伦北部的两座城市，俘虏了两城总督，并扶持亲亚述的总督阿达德·阿普拉·伊丁那（约公元前1067—前1046年在位）夺取巴比伦的王位，令他娶亚述公主为妻。在西部，阿淑尔·拜勒卡拉沿着其父先前的征战路线，再次

---

① 刘文鹏主编：《古代西亚北非文明》，中国社会科学出版社，1999年，第289页。

取得对阿拉米人的巨大胜利，一路西征直达地中海的阿尔瓦德岛，让亚述的霸权再次抵达地中海。

随着亚述在西亚霸权的确立，亚述的圣城阿淑尔城也成为西亚的中心城市。阿淑尔城共有8座用彩色琉璃砖装饰的城门，周边高大的城墙共有4000多米长，城墙用砖石建筑，分内外两重，内墙厚7米，每隔30米设一塔楼，外城墙下有宽20米的护城河，两端与依城流过的底格里斯河相通，沿河修筑了防洪石堤。阿淑尔城内共有38座神庙，神庙建筑群以亚述主神阿淑尔神庙①和高大宏伟的塔庙为中心，月神辛和太阳神沙玛什的神庙分立两侧，周边还有祭祀天神安和风雨神阿达德的小塔庙。亚述王宫是城内最大的建筑，已发现3座宫殿遗址，其中规模最大的长112米、宽98米。位于亚述王宫大门两侧的长着翅膀的牛身和人首组合的人首翼牛像，则是与埃及狮身人面像齐名的上古中东地区最常见的守卫神像。

亚述的人首翼牛像

四、阿拉米人的大马士革王国

阿淑尔·拜勒卡拉统治时期是中亚述王国最后的强盛时期，在他过

---

① 亚述人在信仰上完全照搬巴比伦神话，只是将至高神从巴比伦的主神马尔杜克换成了亚述的主神阿淑尔。

世之后，亚述国内发生了大范围饥荒，亚述的国力急剧下降，阿拉米人再次反叛并侵入亚述边境，亚述王国在阿拉米人迁徙浪潮打击下瓦解衰落，其领土只剩下最初的阿淑尔、尼尼微和埃卡拉图一带。

亚述南部的巴比伦也同样饱受阿拉米人的侵掠，国力急剧下降，随后巴比伦尼亚进入了一个十分混乱的时期，各种势力纷争四起，王朝更替频繁。约公元前1025年，巴比伦第五王朝（约公元前1025—前1004年）替代巴比伦第四王朝后，仅过了大约21年就被政变推翻，随后的巴比伦第六王朝（约公元前1004—前985年）也不到20年就被埃兰人玛尔·比提·阿普拉·乌苏尔所建立的埃兰王朝，也就是巴比伦第七王朝（约公元前985—前979年）取代。埃兰人的第七王朝的寿命更是只有短短的6年时间，巴比伦人就在那布·穆金·阿普利领导下再次夺回政权，建立起第八王朝（约公元前979—前943年）。

此时大量阿拉米人已侵入巴比伦尼亚，并在巴比伦尼亚的北部底格里斯河与埃兰之间定居，同时，另一支闪米特部落迦勒底人也侵入巴比伦南部领土，并成功在巴比伦南部的苏美尔定居，使巴比伦迅速迦勒底化，直到今天，人们还常用迦勒底来称呼巴比伦尼亚南部地区。巴比伦尼亚已经沦为异族迁移的战场，巴比伦第八王朝时连供奉主神马尔杜克的宗教仪式都无法进行。随着亚述和巴比伦的衰弱，阿拉米人成为叙

巴比伦石雕

利亚和伊拉克地区的主导力量，并垄断了陆上贸易，他们在叙利亚和伊拉克地区建立起许多城邦，其中最强大的是大马士革王国，《圣经》中所提到的亚兰国（阿拉米国）就特指大马士革王国。

叙利亚的大马士革和黎巴嫩的比布鲁斯同被誉为"世界上最古老的持续有人居住的城市"，早在阿拉米人到来之前就已经存在。在阿拉米语中"大马士革"意为"水源充足之地"，阿拉米人通过开凿运河地下水道

铭刻有阿拉米文的上古石碑浮雕

建立起大马士革发达的供水系统，这套供水网络系统经后代不断修缮一直沿用至今。发达供水系统的建立，让地处从两河流域到腓尼基沿海、从小亚细亚到阿拉伯腹地的商路贸易枢纽大马士革迅速发展为繁华的西亚历史名城，直到今日这里依然是叙利亚的首都。

阿拉米人兴起的一个重要原因是他们生活的地方临近掌握先进锻铁技术的腓力斯丁人，他们从邻居那里学会了锻造铁器以及淬火等热处理技术，从而打造出比亚述人的青铜武器更实用的铁制武器，铁器也随他们的迁移扩张普及叙利亚和伊拉克地区，大马士革更是成为中东最大的冶铁中心。

除了向巴勒斯坦的邻居腓力斯丁人学习冶铁外，阿拉米人还从他们沿海的近邻腓尼基人那里学会了字母文字，创造出属于自己的阿拉米字

母，阿拉米字母和冶铁技术一样随着阿拉米人的东移传入叙利亚、伊拉克和小亚细亚地区，并由此传遍整个亚洲大陆，演化出阿拉伯、波斯、印度、突厥、蒙古和满文字母等几百种曾在亚洲地区使用的字母文字，成为亚洲字母系统的始祖。

第五节 结语

在四大河流域文明中，黄河流域的中华文明属于后起之秀，但在这一时期中华文明已经成功超过了古埃及文明，两河文明等先行者，成为当时世界上人口最多、覆盖面积最广的文明，而中华文明的延续性也将远远超过其他的三条大河流域文明。

西周初期是各古老文明发展的重要分际时期，在中国，周王朝替代了商王朝，周公行封建，作礼乐，使中华文明的政治和文化体系更为完备。西周文明与殷商文明相比，可以说有了质的改变，正是从西周开始，中国告别了上古的"巫鬼文化"，进入古典的"礼乐文化"时代。

《中国历史通论》的作者王家范认为："西周是中国真正进入文明时代的关键，后世的中国文明，其深基正是从这里扎下了根。"虽然与之前的夏、商一样，周王朝内部仍有很多的邦国，不过夏、商两代的诸侯主要是从原有各部落发展起来的小邦，仅是在名义上从属于王朝，而周代的诸侯则主要是由周王朝分邦建国。"周王朝与诸侯国不仅保持政治和文化上的关系，而且与同姓诸侯保有宗法关系，与异姓诸侯结有婚姻关系。不论从传统文献还是从铜器铭文来看，周代中原各邦已经有了共同的基本文化特征。"① 而这些共同的基本文化特征正是维系华夏文明的重要纽带，让古老的中华文明能延续至今。

---

① 白寿彝主编：《中国通史·第三卷（上）》，上海人民出版社，1994年，乙编第6章第2节。

周朝替代商朝是中国历史发展的进步，而与此同时，雅利安人取代印度河流域土著、希腊的多利安人替代阿卡亚人则直接导致了当地文明的严重倒退。在这一时期，印度与希腊的第一批文明已被扫荡殆尽，而第二批文明尚未形成，这一时期没有文字记录，也没有确切可考的历史，只有口口相传的一些神话和传说，社会发展程度从文明阶段倒退回史前传说时代。这是因为周朝替代商朝是实行德政的诸侯起兵替代了实行暴政的国君，而雅利安人入侵印度河流域、多利安人替代阿卡亚人则是野蛮的入侵者摧毁了当地的原有文明，进而导致了这三大区域文明的不同命运。

与被外来入侵者毁灭的爱琴文明、印度哈拉帕文化不同，在约公元前12世纪的海上民族侵略浪潮中，古埃及法老拉美西斯三世带领埃及人民击退了外来蛮族的入侵，实现埃及的中兴，但在他之后，古埃及文明依然不可避免地走向衰败，这与周代商后蓬勃发展的华夏文明形成鲜明的对比。作为埃及盛极而衰的历史转折人物，拉美西斯三世个人的行为和后来古埃及整体文明的衰败并无太大关系，问题在于周边环境的变化和古埃及文明自身发展出现的瓶颈。

和进入"礼乐文明"的西周王朝相比，古埃及王朝与殷商王朝一样仍处于神权统治时代，神权与王权之争，神庙势力的过分强大，最终成为古埃及文明发展的重大包袱。而埃及周边的环境同样也限制了古埃及文明的对外发展。与华夏文明一样，同为大河文明的埃及凭借尼罗河畔的肥沃土地，养活了周边民族难以企及的人口，成为古老的文明中心之一。但不同的是，华夏文明随着自身发展不断向四方扩张，将中原周边的四夷都逐步纳入同一文明体系，周族征服商族在中国历史上看来并非外族入侵，而是朝代更替，是历史的发展，而非文明的中断。

相比之下，虽然古埃及的文明成果也逐渐向四周扩散，但干旱的草原沙漠地带一直是农耕文明和游牧文明的分界线，埃及除尼罗河两岸的绿洲外，周边尽是荒漠，这导致古埃及王朝的有效统治很难扩展到埃及之外的地区。所以受古埃及文明影响的周边异族最终不是融入古埃及文明，而是发展出各自的文明，并成为古埃及王国的主要竞争者，甚至入侵者。

同理，两河流域的自然地理环境与古埃及类似，在这类干旱地区只有河流周边的带状区域适合发展农业，河流两岸被开发完毕便再难进一步发展。相比之下，黄河流域流经的华北平原大部属于半湿润的温带落叶阔叶林带，有利于农业从大河流域向周边的森林地带扩张，尤其是随着冶金技术的发展，大面积开垦森林也变得没有那么困难，这使得华夏文明拥有了更广阔的发展空间。可以说正是自然条件的限制决定了古埃及文明、两河流域文明这两大古老文明的后天不足。在这一时期，两河流域的亚述与巴比伦也因外族阿拉米人的入侵一度走向衰弱，但与古埃及文明不同的是，入侵两河流域的蛮族阿拉米人带来了更先进的冶铁技术，使两河文明成为最早普及铁器的大河文明，完成铁器革命的两河文明将再次兴起，并确立起对尼罗河埃及文明的优势，中东地区将进入以两河文明为主导的铁器时代。

历史大事件对照表

中　华	两河流域	东地中海地区	古埃及	古希腊	古印度	美　洲
约公元前 1185—前 1153 年，商王祖甲在位。约公元前 1147—前 1113 年，商王武乙在位，其间周族部落首领古公亶父将周族迁往岐山之下的周原定居，并改国号为周。约公元前 1057 年，西伯昌受命称王，是为周文王。约公元前 1046 年，牧野之战，周武王灭商建周。约前 1042—前 1040 年，管蔡之乱，周公东征。约公元前 976—前 922 年，周穆王在位，向四方扩张周王朝的势力。	约公元前 1157 年，巴比伦，俘虏巴比伦王恩利尔·那丁·阿奇，巴比伦第三王朝灭亡。约公元前 1155 年，伊辛王马尔杜克·卡比特·阿海舒打着复兴巴比伦的口号驱逐埃兰人，建立巴比伦第四王朝。约公元前 1150 年，埃兰王西尔哈克·印舒希纳克即位，入侵巴比伦地区。约公元前 1120 年，巴比伦尼布甲尼撒一世攻占埃兰首都苏萨，巴比伦第四王朝进入全盛时期。约公元前 1115—前 1076 年，述王提格拉特·帕拉沙尔一世在位，入侵叙利亚，古欧巴比伦，称霸两河流域。约公元前 1025—前 1004 年，巴比伦第五王朝。约公元前 1004—前 985 年，巴比伦第六王朝。约公元前 984—前 979 年，巴比伦第七王朝，亦名埃兰王朝。约公元前 978—前 943 年，巴比伦第八王朝。	约公元前 11 世纪，腓尼基比布鲁斯国王阿希兰的石椁上的文字，是迄今为止已经解读的最古字母。公元前 11 世纪，阿拉米人在叙利亚建立大马士革王国。约公元前 1020 年，以色列士师撒母耳立扫罗为王，建立以色列王国。约公元前 1000—前 960 年，以色列大卫王在位，定都大卫城（耶路撒冷）。约公元前 960—前 930 年，大卫之子所罗门在位，以色列进入全盛时期。约公元前 960 年，腓尼基推罗国王希拉姆一世与以色列王所罗门结盟。约公元前 950 年，示巴女王访问所罗门王。	约公元前 1155 年，拉美西斯三世死于宫廷谋杀，埃及文明开始走向衰弱。约公元前 1077 年，埃及法老拉美西斯十一世去世，埃及新王国时期结束，混乱的第三中间期。	约公元前 11—前 9 世纪，古希腊黑暗时代。约公元前 1068 年，雅典君主科德鲁斯在多利安人入侵中战死，雅典的王政时代结束，他的儿子墨冬成为古雅典共和国的建立者和首任执政官。	约公元前 1200—前 900 年，《梨俱吠陀》的创作年代。约公元前 11 世纪，雅利安人扩张到恒河谷。	约公元前 1200—前 400 年，存在于今墨西哥南部和中美洲地区的奥尔梅克文化被誉为印第安文明之母。其遗产包括金字塔、巨石雕像、翡翠玉石器、羽蛇神、美洲虎、鸟崇拜等，其最著名的艺术作品奥尔梅克巨石头像，用整块岩石雕成，其中最大的一座高 305 厘米，重达 30 吨。

主要参考文献

- A.H. 丹尼:《中亚文明史(第一卷)》,芮传明译,中国对外翻译出版公司,2002 年。
- K.M. 潘尼迦:《印度简史》,简宁译,新世界出版社,2014 年。
- 阿巴·埃班:《犹太史》,阎瑞松译,中国社会科学出版社,1986 年。
- 阿诺德·汤因比:《历史研究》,刘北成译,上海人民出版社,2000 年。
- 阿诺德·汤因比:《人类与大地母亲:一部叙事体世界历史》,徐波译,上海人民出版社,2001 年。
- 埃尔顿·丹尼尔:《伊朗史》,李铁匠译,东方出版中心,2010 年。
- 白寿彝主编:《中国通史》,上海人民出版社,1994 年。
- 柏杨:《中国人史纲》,同心出版社,2006 年。
- 查尔斯·辛格:《技术史(Ⅰ—Ⅶ)》,王前、孙希忠等译,上海科技教育出版社,2004 年。
- 崔连仲主编:《世界军事后勤史资料选编》,金盾出版社,1990 年。
- 范文澜:《中国通史简编》,人民出版社,1949 年。
- 费尔南·布罗代尔:《地中海考古:史前史与古代史》,蒋明炜、吕华等译,社会科学文献出版社,2005 年。
- 费尔南·布罗代尔:《文明史》,常绍民、冯棠等译,中信出版社,2017 年。
- 葛剑雄:《中国人口史》,复旦大学出版社,2005 年。
- 拱玉书:《日出东方:苏美尔文明探秘》,云南人民出版社,2002 年。
- 拱玉书:《西亚考古史》,文物出版社,2002 年。

- 海斯、穆恩、韦兰：《全球通史》，冰心、费孝通译，红旗出版社，2015年。
- 汉斯—克里斯蒂安—胡夫：《不朽的法老：拉美西斯二世》，胡俊等译，中国社会出版社，2000年。
- 荷马：《荷马史诗·奥德赛》，王焕生译，人民文学出版社，2015年。
- 荷马：《荷马史诗·伊利亚特》，罗念生译，人民文学出版社，2003年。
- 亨德里克·房龙：《人类的故事》，刘缘子等译，生活·读书·新知三联书店，1997年。
- 霍华德·斯波德克：《全球通史：从公元前500万年至今天》，陈德民译，上海社会科学院出版社，2018年。
- 季羡林主编：《印度古代文学史》，北京大学出版社，1991年。
- 贾雷德·戴蒙德：《崩溃——社会如何选择成败兴亡》，江滢、叶臻译，上海译文出版社，2011年。
- 贾雷德·戴蒙德：《枪炮、病菌与钢铁——人类社会的命运》，谢延光译，上海译文出版社，2006年。
- 杰里·本特利：《新全球史》，魏凤莲译，北京大学出版社，2007年。
- 金寿福：《古埃及〈亡灵书〉》，商务印书馆，2016年。
- 靳文翰等主编：《世界历史词典》，上海辞书出版社，1985年。
- 克莱默：《文明摇篮》，苏耀成译，中国言实出版社，2004年。
- 兰勇：《中国历史地理学》，高等教育出版社，2002年。
- 勒内格鲁塞：《草原帝国》，蓝琪译，商务印书馆，2007年。
- 李竞恒：《干戈之影：商代的战争观念、武装者与武器装备研究》，四川师范大学电子出版社，2011年。
- 李绍明等主编：《三星堆与巴蜀文化》，巴蜀书社，1993年。
- 李政：《赫梯文明与外来文化》，江西人民出版社，1996年。
- 理查德·奥弗里：《泰晤士世界历史》，毛昭晰等译，新世纪出版社，2011年。
- 联合国教科文组织编：《非洲通史》，中国对外翻译出版公司，1984年。
- 林承节：《印度史》，人民出版社，2004年。
- 林太：《印度通史》，上海社会科学院出版社，2012年。
- 刘建、朱明忠、葛维钧：《印度文明》，中国社会科学出版社，2004年。
- 刘文鹏：《古代埃及史》，商务印书馆，2000年。
- 刘文鹏主编：《古代西亚北非文明》，中国社会科学出版社，1999年。
- 鲁保罗：《西域文明史》，耿昇译，中国藏学出版社，2014年。

- 吕思勉：《中国通史》，华东师范大学出版社，1992年。
- 吕思勉：《中国文化史》，海潮出版社，2008年。
- 罗伯特·路威：《文明与野蛮》，张庆博译，生活·读书·新知三联书店，1984年。
- 罗素：《西方哲学史（上卷）》，李约瑟、何兆武译，商务印书馆，1963年。
- 麦格雷戈：《大英博物馆世界简史（精装版）》，余燕译，新星出版社，2014年。
- 钱穆：《国史大纲》，商务印书馆，1996年。
- 乔治·威尔斯、（美）卡尔顿·海斯：《全球通史》，李云哲译，中国友谊出版公司，2016年。
- 史仲文、胡晓林主编：《世界全史：百卷本》，中国国际广播出版社，1996年。
- 史仲文、胡晓林主编：《中国全史：百卷本》，中国书籍出版社，2011年。
- 世界上古史纲编写组：《世界上古史纲》，人民出版社，1979年。
- 司马迁：《史记》，中华书局，2011年。
- 斯塔夫里阿诺斯：《全球通史：1500年以前的世界》，吴象婴、梁赤民译，上海社会科学院出版社，1999年。
- 斯塔夫里阿诺斯：《全球通史：从史前史到21世纪》，吴象婴、梁赤民等译，北京大学出版社，2005年。
- 斯威布：《希腊神话和传说》，楚图南译，人民文学出版社，2003年。
- 王国维：《观堂集林》，中华书局，1959年。
- 王海利：《埃及通史》，上海社会科学院出版社，2014年。
- 王家范：《中国历史通论》，华东师范大学出版社，2000年。
- 王世舜译注：《尚书》，中华书局，2011年。
- 王文锦译解：《礼记译解》，中华书局，2001年。
- 韦尔斯：《全球通史》，桂金译，民主与建设出版社，2016年。
- 吴慧：《中国古代商业史》，中国国际广播出版社，2010年。
- 吴于廑、齐世荣主编：《世界史：古代史编》，高等教育出版社，2011年。
- 吴宇虹等：《古代两河流域楔形文字经典举要》，黑龙江人民出版社，2006年。
- 吴宇虹：《泥板上不朽的苏美尔文明》，北京大学出版社，2013年。
- 吴宇虹、杨勇、吕冰编：《世界消失的民族》，山东画报出版社，2009年。
- 希罗多德：《希罗多德历史》，王以铸译，商务印书馆，1959年。
- 许宏：《大都无城：中国古都的动态解读》，生活·读书·新知三联书店，2016年。
- 杨伯峻：《春秋左传注》，中华书局，2016年。

- 杨飞主编:《中国建筑》,中国文史出版社,光明日报出版社,2004年。
- 杨飞主编:《中国文物》,中国文史出版社,光明日报出版社,2004年。
- 叶蓓卿译注:《列子》,中华书局,2011年。
- 尤瓦尔·赫拉利:《人类简史》,林俊宏译,中信出版社,2014年。
- 张殿吉主编:《外国历史大事典》,河北教育出版社,1989年。
- 赵乐生译:《吉尔伽美什:巴比伦史诗与神话》,译林出版社,1999年。
- 中国基督教协会译:《圣经》,中国基督教协会印发,1996年。
- 中国社会科学院考古研究所编著:《21世纪中国考古学与世界考古学》,中国社会科学出版社,2002年。
- 周一良、吴于廑主编:《世界通史》,人民出版社,1962年。
- 周有光:《汉字和文化问题》,辽宁人民出版社,2000年
- 朱伯雄主编:《世界经典雕塑建筑鉴赏辞典》,中国青年出版社,2004年。
- 朱伯雄主编:《世界美术史》,山东美术出版社,2006年。
- 朱绍侯、齐涛、王育济编:《中国古代史》,福建人民出版社,2010年。
- 朱庭光主编:《外国历史大事集》,中国社会科学院出版社,2017年。
- 朱熹集注《诗经》:上海古籍出版社,2013年。
- 左丘明:《国语》,上海古籍出版社,2015年。
- 《中国大百科全书》总编委会:《中国大百科全书》,中国大百科全书出版社,2009年。
- 《徐苹芳先生纪念文集》编辑委员会:《徐苹芳先生纪念文集》,上海古籍出版社,2012年。

图书在版编目(CIP)数据

全球史下看中国：从大河文明到地缘文明 / 翁启宇著 . — 上海：上海社会科学院出版社，2023
 ISBN 978 - 7 - 5520 - 3845 - 3

Ⅰ．①全… Ⅱ．①翁… Ⅲ．①世界史—文化史 Ⅳ．①K103

中国版本图书馆 CIP 数据核字(2022)第 033309 号

全球史下看中国:从大河文明到地缘文明

著　　者：	翁启宇
责任编辑：	王　勤
封面设计：	陆红强
出版发行：	上海社会科学院出版社
	上海顺昌路 622 号　邮编 200025
	电话总机 021 - 63315947　销售热线 021 - 53063735
	http：//www.sassp.cn　E-mail：sassp@sassp.cn
照　　排：	南京理工出版信息技术有限公司
印　　刷：	上海市崇明县裕安印刷厂
开　　本：	890 毫米×1240 毫米　1/32
印　　张：	9
字　　数：	236 千
版　　次：	2023 年 1 月第 1 版　2023 年 1 月第 1 次印刷

ISBN 978 - 7 - 5520 - 3845 - 3/K·651　　　　　　　　　定价:49.80 元

版权所有　翻印必究